教育部人文社会科学研究青年基金项目
"乡村教育振兴背景下校长交流轮岗政策实施效果的评估研究"
（23YJC880094）研究成果

◎ 现代教育治理丛书

交流轮岗政策中的
教师发展

宋萍萍 ——— 著

Teacher Development
under Teacher Rotation Policies

ZHEJIANG UNIVERSITY PRESS
浙江大学出版社
·杭州·

图书在版编目(CIP)数据

交流轮岗政策中的教师发展 / 宋萍萍著. -- 杭州：

浙江大学出版社，2025. 4. -- ISBN 978-7-308-25416-8

Ⅰ. G451.2

中国国家版本馆 CIP 数据核字第 20240WH049 号

交流轮岗政策中的教师发展
JIAOLIU LUNGANG ZHENGCE ZHONG DE JIAOSHI FAZHAN

宋萍萍　著

责任编辑	吴伟伟
文字编辑	梅　雪
责任校对	陈逸行
封面设计	雷建军
出版发行	浙江大学出版社
	（杭州天目山路 148 号　邮政编码 310007）
	（网址：http://www.zjupress.com）
排　　版	大千时代（杭州）文化传媒有限公司
印　　刷	杭州高腾印务有限公司
开　　本	710mm×1000mm　1/16
印　　张	18.75
字　　数	278 千
版 印 次	2025 年 4 月第 1 版　2025 年 4 月第 1 次印刷
书　　号	ISBN 978-7-308-25416-8
定　　价	98.00 元

序

改革开放以来,中国的经济和社会高速发展,基础教育改革的理念与方向深受其他国家的影响,与此同时,中国教育改革的成功经验也逐渐走向国际,影响其他国家教育改革的方向与措施。在教师专业发展领域,中国的教师学习与专业发展方式的变革既受全球化的影响,也展现出本土特色。探讨中国交流轮岗政策下教师的跨校合作如何影响教师学习的过程与结果,既有助于总结中国教师学习的独特经验,又能够丰富全球围绕教师专业发展的讨论。无论是中国情境还是西方情境,校本教师专业发展都被视作推进教育改革、实现学校改进与教师教育变革的重要方式。随着教师专业发展背后认识论、学习理论的转变,新的教师专业发展模式更加强调教师学习的情境性、建构性与社会性,将教师学习"嵌入"日常教学实践,重视教师的集体参与和反思。其中,实践共同体(communities of practice)强调在真实的教学情境中,通过教师间协商与反思的过程改进教学实践,成为教师互动学习的理想场所。然而对于教师在实践共同体中如何开展合作、其合作的过程如何影响教师发展、教师与所处情境的互动如何影响个体在共同体中的参与等问题,学术界仍然争论不休。

宋萍萍博士的研究方向是现今国际学术界有关教师发展的最前沿方向。宋博士的研究从实践共同体的学术视角切入,以轮岗教师为例,讨论如何通过教师在实践共同体中的参与实现专业发展。个体在实践共同体中的学习与发展主要体现为合法的边缘性参与的过程,也是个体实现对共同体实践的充分胜任的过程。受所处情境的影响,教师在共同体中可能会呈现出不同的互动过程与参与形态。宋博士借助"实践共同体"与"合法的边缘性参与"两个概念,对作为经验丰富的"新来者"(newcomer)的轮岗教师从边缘到中心的参与历程进行了分析,尤其对共同体中的情境性互动如何影响教师的参与进程进行了细致的探讨。她的研究能够捕捉莱夫(Lave)与温格(Wenger)的理论核心,最重要的是,通过深入的实证研究,修订了莱夫与温格合法的边缘性参与理论的不足之处,对当前国际学术界有关教师专业发展、实践共同体以及合法的边缘性参与等讨论,具有理论层面的贡献。

近年来,校长教师交流轮岗政策作为中国推动优质教育资源辐射、促进义务教育优质均衡发展的重要举措,已被提升至国家战略的高度。通过交流轮岗,实现不同学校教师之间的跨校交流与合作,进而提高教师的专业素养,是近来中国学术界关心的热门议题。教师交流轮岗政策在落实过程中能否达到其原本构思的成效仍是值得进一步关注的议题。宋博士从教师发展的角度切入,应用实践共同体理论,探讨教师在交流轮岗与跨校合作中如何获得专业发展,通过质性研究方法,对上海市两所个案学校进行了深入的分析。她回应了当下中国教育政策中的热点问题,对轮岗教师在共同体中的互动路径与规则等进行深入探讨,尤其对轮岗教师的参与样态进行了分类,归纳出轮岗教师在交流过程中的四种参与类型,具有原创性。她的研究反映了当下中国校本教研的现状、教师交流轮岗政策的实践情况及其面临的困难和挑战,对中国的教师专业发展与教师交流轮岗政策的有效实施提出了具有前瞻性的建议。

黎万红

香港中文大学

教育学院教育行政与政策学系

2024 年 3 月 1 日

前　言

　　全球化与知识社会的浪潮，给学校教育带来了巨大的挑战，如何实现教育改革与创新、培养适应新时代要求的人才始终是政策制定者、教育工作者以及社会大众关心的议题。作为学校教学工作最重要的实施主体，教师获得深入且持续的专业发展是教育改革成功的关键因素。教师专业发展被视作教育改革理念和改革措施与学生学习之间重要的桥梁，是教育改革不可或缺的组成部分。温格的实践共同体理论为教师专业发展提供了方向。实践共同体将学习视为一个参与的过程，强调在真实的教学情境中，通过教师之间持续的意义协商，重新建构对教与学的认识。然而受制度背景、文化环境和组织情境等因素的影响，教师在共同体中的互动表现出一定的情境性与复杂性。教师在实践共同体中互动学习的过程及其对教师发展的影响等问题依然存在诸多争议以及进一步探讨的空间。

　　当前，全球教育改革对学校教师的专业素养提出了新的要求。顺应全球教育改革的浪潮，我国致力于通过校本教研制度增进教师合作，促进教师专业发展。近年来，为进一步提高学校教师专业素养，提升校本教研质量，国家出台校长教师交流轮岗政策，旨在通过辐射优质教育资源、促进不同学校教师之间的跨校合作，推动义务教育优质均衡发展。在独特的政策与社会文化情境脉络下，对轮岗教师与流入校教师之间合作互动过程的研究，能够为教师专业发展的国际学术讨论提供新的视角和思路。

　　在交流轮岗的政策背景下，两校教师如何展开互动合作？轮岗教师在流入校如何参与共同体的实践？他们的参与方式表现出哪些特点？轮岗教师与其他教师以及所处情境的互动如何影响轮岗教师的参与进程？两校教师的跨校合作对教师发展产生了怎样的影响？这些问题亟待系统研究。本书采取个案研究方法，通过立意抽样从上海市两所初中共招募 38 名教师，基于实践共同体的理论视角，探讨轮岗教师与流入校教师之间意义协商的过程。

本书共分为七章。第一章是导论，基于我国校长教师交流轮岗政策的背景，讨论了政策实施过程中教师发展面临的问题，分析了当前国际上关于实践共同体与合法的边缘性参与研究的趋向与不足。

第二章是对教师发展与实践共同体相关理论的回顾。本章梳理了当前国际教师发展研究的相关议题以及实践共同体理论的研究进展，分析了我国校长教师交流轮岗政策与实践共同体研究的现状。

第三章对研究问题与研究方法等进行了阐释。本书以实践共同体理论以及合法的边缘性参与理论为基础，对轮岗教师与流入校教师互动合作的过程以及轮岗教师的参与形态进行考察。本章也对研究方法的选择、研究过程的实施以及研究的可靠性与伦理考量进行了讨论。

第四章至第六章通过实证研究探讨了轮岗教师与流入校教师互动合作的过程，包括教师之间的合作目标与实践共享（第四章）、轮岗教师与流入校教师之间的互动规范（第五章）、轮岗教师在共同体中的参与样态（第六章）。这一部分是实证研究部分，为后续的理论分析提供了数据支持。

第七章通过对实证研究的结果加以概括性阐述，提出了对实践共同体理论以及合法的边缘性参与理论的本土理解，回应国际关于教师发展、实践共同体与合法的边缘性参与的学术讨论。同时，本章总结了我国交流轮岗政策下教师发展面临的困难与挑战，指出其未来发展的方向。

最后，由衷感谢香港中文大学黎万红教授、尹弘飚教授、黄丽锷教授以及田野调查的 38 位受访者对本书研究的支持与帮助。同时感谢浙江大学出版社的帮助。本书得以顺利出版，笔者在此深表谢忱。

宋萍萍

2024 年 3 月

目 录

CONTENTS

第一章 导 论

第一节 研究背景

一、实践背景

近年来,校长教师交流轮岗政策成为我国辐射优质教育资源、促进义务教育均衡发展的重要举措。教师交流轮岗政策致力于通过教师在不同学校之间的流动实现改进薄弱学校教学实践、缩小校际差距的目的。2013 年,《中共中央关于全面深化改革若干重大问题的决定》明确提出,统筹城乡义务教育资源均衡配置,实行公办学校标准化建设和校长教师轮岗交流。2014 年,教育部等三部门联合印发《关于推进县(区)域内义务教育学校校长教师交流轮岗的意见》,校长教师交流轮岗制度在各地进入常态化和制度化阶段。2021 年,随着中共中央办公厅、国务院办公厅《关于进一步减轻义务教育阶段学生作业负担和校外培训负担的意见》(简称"双减"政策)的出台,不少地区开始大面积、大比例地推行校长、教师交流轮岗,让这一政策再次受到关注。2022 年,教育部等八部门印发《新时代基础教育强师计划》,进一步提出要"重点加强城镇优秀教师、校长向乡村学校、薄弱学校流动""完善交流轮岗激励机制"。作为建设高素质专业化创新型教师队伍以及促进国家教育公平与提升教育质量的重要举措,当前教师交流轮岗制度已被提升到国家战略的高度。[①]

---

① 操太圣.推进"大面积、大比例"校长教师轮岗交流的策略选择[J].人民教育,2022(8):18-21;叶菊艳.交流轮岗制度如何实现"人""校"双赢——教师交流轮岗制度完善的三个方向[J].人民教育,2022(23):39-44.

（一）教师交流轮岗政策的实施背景

义务教育均衡发展与教育公平一直是我国追求的目标，但长期以来，受历史、政策以及经济等多方面因素的影响，我国中小学教育在城乡以及学校之间存在非均衡发展的问题。不少地区"择校热"持续升温，使治理择校乱收费以及推进就近入学等政策面临重重阻力。义务教育均衡发展的关键在于学校均衡，而学校均衡的关键则在于师资均衡，当前师资力量配置失衡是阻碍义务教育均衡发展的关键性要素。① 为了缩小当前我国城乡与校际在义务教育的师资水平以及办学质量上的较大差距，解决日益严重的"择校"问题，国家以及地方采取了一系列措施，其中教师交流轮岗成为当前国家与地方教育行政部门均衡配置师资、减少择校现象、促进义务教育教师资源共享、实现义务教育均衡发展的重要举措。② 教师交流轮岗政策以教育均衡发展为导向，鼓励和支持优秀教师、骨干教师流动到薄弱学校，发挥交流轮岗教师的辐射与带动作用，提高薄弱学校的教育教学质量，致力于让每一位学生都能享受到优质教育。

与教师自主的职业选择不同，教师交流轮岗政策通过有意识的制度安排对教师进行配置，以实现教育均衡发展的目标。一般而言，教师在职业内或职业间的流动存在两种形式：一种是教师自主的流动，通过教师自主的职业选择来实现；另一种是由国家行政部门主导的，通过行政手段将教师在区域以及校际进行调配。教师本身作为"自然人"和"经济人"，其自主的流动往往受人力资本市场的影响，具有一定的自主性、自发性以及无序性。教师个体自利、自主的流动往往会形成从贫到富、从低到高的单向流动。这种自发性流动可能会引发某个学校或区域的教师流失危机，加剧学校之间、城乡之间的教育资源

---

① 司晓宏,杨令平.西部县域校长教师交流轮岗政策执行中的问题与对策[J].教育研究,2015(8):74-80;刘光余.构建基于受援学校的教师专业发展机制——教师轮岗制度的政策趋向探析[J].当代教育科学,2010(15):27-30,34.

② 刘利民.走内涵式综合改革之路——关于进一步推进基础教育改革的若干思考[J].人民教育,2013(10):10-15;马焕灵,景方瑞.地方中小学教师轮岗制政策失真问题管窥[J].教师教育研究,2009(2):61-64.

不均衡。[①] 而教师交流轮岗政策则是由教育行政部门主导的,借助一定的行政力量,通过有序性、计划性的流动实现师资在校际的合理配置,以促进义务教育的均衡发展。[②]

(二)教师交流轮岗政策的发展脉络

2001 年以前,教师交流政策的主要目标是引导教师资源合理地流向师资匮乏的农村地区或郊区县。1996 年,国家教育委员会印发《关于"九五"期间加强中小学教师队伍建设的意见》,鼓励教师由城市到农村、从强校到薄弱学校任教,打破教师的单位所有制和地区所有制,以满足农村边远地区对教师的需求。1999 年,中共中央、国务院印发了《关于深化教育改革全面推进素质教育的决定》,对全面实施素质教育进行了部署,强调要合理配置教师资源,鼓励大中城市骨干教师到基础薄弱学校任教或兼职,中小城市(镇)学校教师以各种方式到农村缺编学校任教,加强农村与薄弱学校教师队伍建设。这一阶段教师的交流轮岗工作处于兴起阶段,受社会经济发展水平以及地理环境等因素的限制,教师流动面临诸多现实困难,使教师流动难以在短期内有效执行。此时城乡之间、学校之间的交流多处于自主、鼓励的阶段,在法律层面尚没有明确的教师流动政策。

2002—2006 年,这一阶段城乡之间、学校之间的教育质量依然存在较大的差距,农村学校普遍出现音体美以及信息技术等学科教师短缺的现象,此时教师流动政策的重心从单方面对农村师资的援助转移到区域间对学科教师的资源共享和协调发展。[③] 2005 年,教育部印发《关于进一步推进义务教育均衡发展的若干意见》,首次将"均衡"作为义务教育发展的指导思想和发展方向。该意见强调要采取各种有效措施,建立区域内骨干教师巡回授课、紧缺专业教师流动教学、城镇教师到农村学校任教服务期等制度,切实解决农村学校教师

---

①　操太圣,吴蔚.从外在支援到内在发展:教师轮岗交流政策的实施重点探析[J].全球教育展望,2014(2):95-105.

②　谢秀英.教师流动不同方式经济影响分析[J].中国教育学刊,2010(3):8-10.

③　操太圣,吴蔚.从外在支援到内在发展:教师轮岗交流政策的实施重点探析[J].全球教育展望,2014(2):95-105.

不足以及整体水平不高的问题。2006年,《教育部关于大力推进城镇教师支援农村教育工作的意见》进一步重申,要加大本地大中城市中小学对农村学校的对口支援工作力度,缓解农村学校紧缺师资不足的矛盾。这一阶段,教师流动政策的效用得以显现,出现了诸多具有针对性的教师流动形式。但是此时教师流动的具体操作程序以及范围等仍然相对模糊,如何进一步制度化以及规范化教师流动政策成为需要教育行政部门思考的问题。①

2006年至今是教师交流轮岗政策的制度完善阶段。2006年9月1日起施行的《中华人民共和国义务教育法》明确规定:县级人民政府教育行政部门应当均衡配置本行政区域内学校师资力量,组织校长、教师的培训和流动,加强对薄弱学校的建设。自2007年教育部制定的《国家教育事业发展"十一五"规划纲要》提出建立中小学教师和校长定期交流和轮岗制度以来,我国中小学教师流动政策的重点转变为区域内特别是县域内教师双向轮岗交流。2010年,《国家中长期教育改革和发展规划纲要(2010—2020年)》首次明确提出,实行县(区)域内教师、校长交流制度,加快薄弱学校改造,着力提高师资水平。2013年,《中共中央关于全面深化改革若干重大问题的决定》进一步明确提出,要统筹城乡义务教育资源均衡配置,实行公办学校标准化建设和校长教师交流轮岗。2014年,教育部等三部门联合印发了《关于推进县(区)域内义务教育学校校长教师交流轮岗的意见》,对加快推进校长教师交流轮岗从以下六个方面做出全面部署:第一,加快实现校长教师交流轮岗的工作目标。各地要充分认识校长教师交流轮岗工作的重要性紧迫性,加快建立和不断完善义务教育校长教师交流轮岗制度,推进校长教师优质资源的合理配置,重点引导优秀校长和骨干教师向农村学校、薄弱学校流动。力争用3至5年时间实现县(区)域内校长教师交流轮岗的制度化、常态化,率先实现县(区)域内校长教师资源均衡配置,支持鼓励有条件的地区在更大范围内推进,为义务教育均衡发展提供坚强的师资保障。第二,合理确定校长教师交流轮岗的人员范围。教

---

① 王华.义务教育教师交流轮岗政策执行研究——以湖南省L县为例[D].重庆:西南大学,2016.

师交流轮岗的人员范围为义务教育阶段公办学校在编在岗教师。在同一所学校连续任教达到地方教育行政部门规定年限的专任教师均应交流轮岗。第三,不断创新校长教师交流轮岗的方式方法。校长教师交流轮岗的重点是推动优秀校长和骨干教师到农村学校、薄弱学校任职任教并发挥示范带动作用,可根据各地的经验和做法采取多种交流方式(如学区一体化管理、学校联盟、教育集团以及对口支援等)。第四,建立健全校长教师交流轮岗的激励保障机制。各地要在编制核定、岗位设置、职务(职称)晋升等方面制定优惠政策,激发校长教师参与交流轮岗的积极性与主动性。第五,全面推进义务教育教师队伍"县管校聘"管理改革,打破教师交流轮岗的管理体制障碍。第六,切实落实校长教师交流轮岗工作的责任主体。在党委政府统一领导下,各级教育、组织、财政、编制等部门要形成联动机制,加强统筹规划、政策指导和督导检查,共同推进校长教师交流轮岗工作。至此,教师交流轮岗政策进入系统的制度建构与实施阶段。2021 年,随着"双减"政策的出台,校长、教师交流轮岗进入大面积、大比例推行实施阶段。2022 年,教育部等八部门联合印发《新时代基础教育强师计划》,进一步明确将"重点加强城镇优秀教师、校长向乡村学校、薄弱学校流动"作为促进教师专业发展、辐射优质教育资源的重要举措。

综上所述,教师交流轮岗政策从出台起,其目标非常明确地指向改善农村学校、薄弱学校的师资力量,提升农村学校、薄弱学校的教育质量,以缩小城乡、区域以及校际教育质量的差距。从当前的政策来看,其主要循着以师资配置为核心的教育均衡发展的思路,关注师资配置的"量",而对教师流动推动教育均衡发展的内在机制较少关注。尽管在轮岗政策的相关配套措施中偶有谈及通过教师流动能有效促进教师专业发展,以实现学校教育的内涵式提升,但更多将通过流动实现教师专业发展视作资源均衡化目标的副产品。[①]

(三)教师交流轮岗的实践探索

2006 年以来,教师流动政策开始进入制度化与规范化阶段,各地纷纷出

[①]　操太圣,吴蔚.从外在支援到内在发展:教师轮岗交流政策的实施重点探析[J].全球教育展望,2014(2):95-105;龙宝新.论教师专业发展取向的区域教师流动工作系统[J].教育发展研究,2017(6):27-34.

台了相应的教师流动政策。据统计,截至 2013 年 8 月底,全国已有 22 个省(区、市)地方政府出台了教师交流轮岗的相关政策。各地将县域内校长教师的交流轮岗作为推动义务教育均衡发展的重要措施,上海、北京、沈阳、厦门、江苏等地纷纷开展义务教育学校校长教师交流轮岗实践活动,并在实践中积累了丰富的经验。

(1)教师交流轮岗的对象与范围。一是对校长或教师在同一学校的任职年限做出规定。各地已出台的校长教师交流轮岗政策一般要求校长在同一所学校连任两届后必须进行流动,在同一所学校连续任教满 6 年或 9 年的教师需要参与交流轮岗。二是对交流对象的年龄也有限制,如福建省、江西省规定距离法定退休年龄不足 5 年的校长教师可以不纳入交流范围。三是明确不纳入或暂时不纳入交流的对象,如重大教科研项目的主持教师、在农村学校或薄弱学校已有较长年限工作经历的教师等。①

(2)教师交流轮岗的时间。各地对教师交流轮岗的时间规定有所不同,较为灵活。浙江省嘉兴市规定,从 2016 年开始,义务教育学校教师在参评浙江省特级教师、县级及以上名师名校长和申报高级教师职称时,须具有两所学校的任职经历,且在每所学校任职时间不少于 3 年,或在农村学校有 6 年及以上的工作经历。河北省规定,城镇中小学教师评聘中、高级职称,应该具备在农村学校任教 1 年或薄弱学校任教 3 年的经历。贵州省规定,城镇中小学教师评聘高级教师职务应有农村学校或薄弱学校任(支)教 1 年以上经历。山西省晋中市规定,教师交流轮岗的服务年限,可根据学校距离县城的距离远近灵活地确立为 1 年、2 年或 3 年。上海市对教师交流轮岗的时间规定较为灵活,从各区出台的教师流动政策来看,其流动时间多为 1—2 年。教师交流轮岗的具体实践根据各地学校的现实需求、学段年限、学科教学需要、流入校工作需要以及教师任务安排等做出灵活安排。

(3)教师交流轮岗的形式。近年来,各地探索了灵活多样的教师流动形

---

① 夏智伦,刘奇军,汤毓婷.县域内义务教育学校校长教师轮岗交流对策研究——以湖南省义务教育学校为例[J].当代教育论坛,2015(3):1-10.

式,有的采取变更人事关系,即"人走关系动"的方式让教师在校际流动,也有的通过结对帮扶以及集团化等不变更人事关系的方式进行柔性流动。截至目前,我国不同地区已探索出教师定期交流轮岗、支教、对口支援、优质教师资源辐射以及教育集团化等多种教师交流形式,其中,教育集团化办学是近年来促进教育均衡发展的重要方式之一。2012 年,《国务院关于深入推进义务教育均衡发展的意见》指出,要发挥优质学校的辐射带动作用,鼓励建立学校联盟,探索集团化办学。集团化办学是以优质学校的资源优势和品牌效应为依托,以一所或几所名校为核心,构建优质学校与多个学校联盟的集团,通过订立共同的教育发展目标,实现名校与其他学校教育资源的优化配置,加大优质教育资源的共享与辐射力度,提升和改善薄弱学校的办学质量。[①] 当前,杭州、上海、北京以及重庆等地陆续成立了形式多样的教育集团,在推动义务教育均衡发展以及促进教育公平方面发挥了重要作用。教育集团中,学校之间通过内部轮岗、走教、跨校师徒结对、定期教学研讨以及专题培训等形式共享教学资源、合作开展教学研究与设计活动,最终提升教学质量,实现互动增能。[②] 集团内部的教师流动在优化教育集团内部教师资源的配置、实现校际合作与交流、提升各成员教师的专业素养与水平等方面发挥重要作用。集团学校之间通过"骨干带教"、组团支教、组建名师工作室、特需教师送教等形式开展集团内教师流动,通过骨干教师跨校带教以及跨校指导教研组等方式,激发成员校自身的造血功能。例如,上海市杨浦区控江二村小学推进教育集团内涵发展,开展集团内骨干教师交流工作,每年派出一定数量骨干教师到分校担任支教工作,而分校也相应派遣成员到中心校学习,通过两校"支教、送教、跟教、带教"等"四教合一"的教师交流活动,盘活集团内部已有的名师资源,激活各校内部的造血功能,推动集团内教师的专业发展。[③]

---

① 孟繁华,张蕾,佘勇.试论我国基础教育集团化办学的三大模式[J].教育研究,2016(10):40-45;范勇,田汉族.基础教育集团化办学热的冷思考——基于成本与风险视角[J].教育科学研究,2017(6):32-36.

② 戚小丹.杭州市名校集团化办学的实践与思考[J].现代教育科学,2011(4):48-50.

③ 李彦青,孟繁华.由稀释到共生:基础教育集团化建设的突破与超越[J].中国教育学刊,2016(5):57-61.

（四）教师交流轮岗政策的实施对教师工作的影响

自《中共中央关于全面深化改革若干重大问题的决定》明确提出实行校长教师交流轮岗以来，国家以及地方教育部门为推动政策的顺利实施，出台了一系列的制度保障措施，多围绕促成教师流动的途径、方式以及保障等问题，如在评级评优、薪酬待遇等方面对流动教师实行一定的优惠政策以激励教师到农村学校或薄弱学校任教，建立"县管校用"的教师管理制度，扫除教师流动的制度障碍，使教师由"学校人"转变为"系统人"等。这些政策在消解城乡教师二元化格局、实现教师资源均衡化配置以及促进教师队伍的专业发展等方面发挥了重要作用。[①] 但是也有研究指出，无论是在薪资上的补贴还是专业上的职称评定，这些措施在本质上是通过经济或声誉等外在激励手段，吸引教师参与流动，并安心在流入校任教，可以说更多关注的是"留人"的问题。事实上，这些措施只能激励那些需要这些激励的人，并不必然激励优秀者，而那些接受激励的人也可能"人在而心不在"，其内在动机未被真正激发。[②]

从政策设计者的角度来看，轮岗教师被视作促进薄弱学校发展、提升教学质量的重要外力，他们被期待带来新的教学理念与教学方法，在流入校扮演领头羊、变革者的角色，在与同侪教师的日常互动中逐渐影响他人，带动其他教师的发展以及推动整个学校的变革。但是在实践中，有研究指出，轮岗教师作为能动者进入流入校之后，在与外在环境的持续互动过程中，并不一定能够产生积极的影响力量，相反他们或许并不热心参与学校的事务，持"过客"或"旁观者"的心态，甚至有的轮岗教师没有带来改变反而被新的环境所同化。[③] 司晓宏和杨令平通过对西部县域流动教师的访谈发现，部分教师对参与交流轮岗有抵触与畏难情绪，将交流轮岗视为一种不得已的被迫行为，难以真正投入

---

① 马焕灵，景方瑞.地方中小学教师轮岗制政策失真问题管窥[J].教师教育研究,2009(2):61-64;司晓宏,杨令平.西部县域校长教师交流轮岗政策执行中的问题与对策[J].教育研究,2015(8):74-80.

② 叶菊艳,卢乃桂."能量理论"视域下校长教师轮岗交流政策实施的思考[J].教育研究,2016(1):55-62.

③ 操太圣,吴蔚.从外在支援到内在发展:教师轮岗交流政策的实施重点探析[J].全球教育展望,2014(2):95-105.

教学工作。① 还有一些轮岗教师参与流动更多是为了"评职称""完成任务",这些教师虽然流动到薄弱学校,但是"流身不流心",对教学工作的热情较低,不能全身心投入,难以给流入校教学质量带来积极影响。② 还有一些轮岗教师在流入校出现了不适应的状况,由于流出校与流入校在学生的学业水平、教师的教学态度与行为能力以及学校制度文化等方面存在较大差异,在优质学校适用的教学模式与教学方法并不一定能够完全适用于流入校,可能出现"水土不服"的状况。③ 例如,一些参与流动的名校教师到了薄弱学校就发现自己不会教书了,原来的教学设计与教学方式都不再适用。他们难以适应流入校的教学情境,其自身的教学效能以及身心健康也受到影响。④ 中国教育科学研究院对全国 11867 名校长以问卷的形式考察其对教师流动的看法,结果发现 72.70％的校长认为流入教师并不是学校需要的,也有过半的校长认为难以满足流入校教师的需求,还有 40.36％的校长认为流入教师不好管理。⑤

综上所述,当前教师交流轮岗政策的相关研究更多关注的是以政府为主导,以加大投入为特征的外延式发展,局限于关注师资配置的"量",而较少关注教师流动的"质"。⑥ 这些措施更多聚焦于如何让教师"动起来"的层面,而至于这些轮岗教师在流入校是否心有所依,其如何参与流入校的教学实践,能否以及如何发挥其领导辐射作用则较少顾及。⑦ 对校长教师交流轮岗政策的

① 司晓宏,杨令平.西部县域校长教师交流轮岗政策执行中的问题与对策[J].教育研究,2015(8):74-80.
② 刘伟,朱成科.农村学校实施教师轮岗制度的困境及其对策[J].教学与管理,2010(22):6-8;黄启兵.教师轮岗制度分析[J].中国教育学刊,2012(12):23-26.
③ 刘光余.构建基于受援学校的教师专业发展机制——教师轮岗制度的政策趋向探析[J].当代教育科学,2010(15):27-30,34;张建,程凤春.名校集团化办学的学校治理:现实样态与实践理路[J].中国教育学刊,2016(8):16-22.
④ 叶菊艳,卢乃桂."能量理论"视域下校长教师轮岗交流政策实施的思考[J].教育研究,2016(1):55-62.
⑤ 中国教育科学研究院.教师流动促进学校均衡发展——校长视角下的义务教育教师流动状况调查分析[N].中国教育报,2012-08-27(3).
⑥ 高臣,叶波.教师专业发展取向下的城乡教师流动[J].上海教育科研,2015(2):59-62.
⑦ 操太圣,吴蔚.从外在支援到内在发展:教师轮岗交流政策的实施重点探析[J].全球教育展望,2014(2):95-105;丁娟.交流政策背景下城乡教师专业发展面临的挑战及其对策[J].教育导刊,2015(11):23-26.

关注,不能仅仅停留于是否有校长与教师愿意参与交流轮岗,还要关注交流轮岗的校长与教师在流入校的有效工作与能量发挥,关注轮岗教师如何实现自身的专业发展以及带动流入校教师的专业发展。[①]

二、理论背景

教育改革能否成功在很大程度上取决于教师能否掌握教育实践改革所期待的技能、理念与视角,能否持续学习以不断回应全球化时代与知识社会带来的种种挑战。[②] 学校是教育改革的前线,教师是教育改革的实践者,教育改革的成功推行,必须依赖教师的持续改变,这就对教师提出了更高的要求,教师需要对自身的教学知识与教学实践进行持续的变革式提升。[③] 无疑,学校教师的专业发展是提高教师教学素养、实现教育改革目标的关键要素。教师的专业发展是更新教师的教学观念与实践策略、推行学校教育系统性变革的基石。[④] 构建高效且可持续的教师专业发展模式以促进教师的持续学习与改变成为教育研究者以及政策制定者等孜孜追求的目标。

20 世纪 80 年代以来,教师发展成为教育领域备受关注的研究主题。教师发展是教师作为能动的学习者,在正式的专业发展项目或非正式的教学实践情境中获得的所有的专业洞悉。[⑤] 传统上,教师专业发展主要被理解为教师培训,研究者和政策制定者将教学看作一项技术活动,基于"过程—产品"的分析逻辑对教师的教学行为与效能进行分析,其主要通过工作坊、一次性讲座

① 操太圣. 推进"大面积、大比例"校长教师轮岗交流的策略选择[J]. 人民教育,2022(8):18-21; 叶菊艳. 交流轮岗制度如何实现"人""校"双赢——教师交流轮岗制度完善的三个方向[J]. 人民教育, 2022(23):39-44.

② Darling-Hammond L, McLaughlin M W. Policies that support professional development in an era of reform[J]. Phi Delta Kappan, 1995(8):597-604.

③ Stein M K, Smith M S, Silver E A. The development of professional developers: Learning to assist teachers in new settings in new ways[J]. Harvard Educational Review, 1999 (3):237-270.

④ Darling-Hammond L, Richardson N. Teacher learning: What matters [J]. Educational Leadership, 2009(5):46-53.

⑤ Clement M, Vandenberghe R. Teachers' professional development: A solitary or collegial (ad)venture? [J]. Teaching and Teacher Education, 2000(1):81-101.

以及短期培训课程等方式让教师掌握事先由大学专家或研究者提供的学习材料。[①] 随着对教师、教学实践以及教学情境等认识的不断深入,人们注意到教师的学习与结果之间并不是线性的二元因果关系,教师的学习与发展受其所处工作情境的文化、制度以及个体的影响,与教师所处的工作情境紧密相连。[②] 一种基于教师工作情境的学习受到关注。利特尔(Little)[③]、蒂涅莱(Tynjälä)[④]以及博尔科(Borko)[⑤]等研究者发现,学校作为教师教学工作开展的场域,为教师学习提供了最重要且真实的学习情境。教师的学习与认知总是与教师的日常教学活动相关联,教师与学校中的其他同事就教学实践问题展开持续的专业交流与对话,这些学习经验深刻影响教师对于教学实践的理解与诠释。[⑥] 教师学习从远离课堂与教学实践的大学与学院培训机构转移到学校、课堂等教师教学实践的场所之中,学校成为能够为教师提供学习情境、资源与机会的场所。[⑦]

对于学习的情境性与社会性的重视使人们关注教师在工作情境中如何获得持续的转变与提升。教师实践共同体成为教师学习的理想情境,因为实践共同体为教师学习创造了强有力的学习情境。在实践共同体中,教师集体参

---

① Stein M K, Smith M S, Silver E A. The development of professional developers: Learning to assist teachers in new settings in new ways[J]. Harvard Educational Review, 1999 (3): 237-270.

② Webster-Wright A. Reframing professional development through understanding authentic professional learning[J]. Review of Educational Research, 2009 (2): 702-739.

③ Little J W. Professional community and professional development in the learning-centered school [M]// Kooy M, Van Veen K. Teacher Learning that Matters: International Perspectives. New York: Routledge, 2012: 22-46.

④ Tynjälä P. Perspectives into learning at the workplace[J]. Educational Research Review, 2008 (2): 130-154.

⑤ Borko H, Jacobs J, Koellner K. Contemporary approaches to teacher professional development[M]//Peterson P, Baker E, McGaw B. International Encyclopedia of Education. Oxford: Elsevier, 2010: 548-556.

⑥ Kwakman K. Factors affecting teachers' participation in professional learning activities[J]. Teaching and Teacher Education, 2003 (2): 149-170.

⑦ Ball D L, Cohen D. Developing practitioners: Toward a practice-based theory of professional development[M]//Darling-Hammond L, Sykes G. Teaching as the Learning Profession: Handbook of Policy and Practice. San Francisco: Jossey-Bass, 1999: 3-32.

与、探究与反思,通过互动沟通、批评、对话以及合作的过程实现互惠发展。[①]温格认为,实践共同体是个体在长时间追求联合事业的过程中共同分享实践与经验。[②] 在实践共同体中,不同观点或不同专长的个体基于共同的目标,通过参与共同体活动,成员对于他们在做的事情以及这些事情对其生活和共同体的意义建构起共同的理解。实践共同体包含三个维度:共同的参与指的是成员通过相互介入与互动,在讨论和对话中建立起共享的观点;联合的事业意味着成员具有共享的目标以及相似的兴趣;共享的智库则是成员通过共同协商建立起叙事、隐喻、故事或物质性中介物等以满足实践共同体的需要。[③]

实践共同体是教师学习与互动合作的重要场域。在实践共同体中,教师通过实践呈现、互动合作与实践反思等形式分享与建构知识,实现教学实践的持续提升。首先,实践呈现。通过对教学实践的示范与公开,帮助教师将隐性知识显性化,使教师之间能够相互分享基于课堂情境的学习策略。[④] 而教师在实践共同体中不同形式的话语互动也会有助于成员间教学实践的分享与交流。[⑤] 其次,在共同体中,教师之间的互动合作是成员间学习的重要方式。成员间反思性的、原生性的对话有助于分享实践性知识,建立对彼此以及共同体的归属感与认同感。[⑥] 但是贾尔斯(Giles)与哈格里夫斯(Hargreaves)也指出,并不是所有的合作都能促进教师的专业发展。在"硬造的"合作中,教师的合作并不以专业发展为目的,而是被要求围绕行政人员的意图与兴趣进行"合

① Yildirim R. Adopting communities of practice as a framework for teacher development[M] // Kimble C, Hildreth P, Bourdon I. Communities of Practice: Creating Learning Environments for Educators. Charlotte: Information Age, 2008: 233-254.

② Wenger E. Communities of Practice: Learning, Meaning, and Identity[M]. Cambridge: Cambridge University Press, 1998.

③ Wenger E. Communities of Practice: Learning, Meaning, and Identity[M]. Cambridge: Cambridge University Press, 1998.

④ Street C. Examining learning to teach through a social lens: How mentors guide newcomers into a professional community of learners[J]. Teacher Education Quarterly, 2004 (2): 7-24.

⑤ Little J W. Inside teacher community: Representations of classroom practice[J]. Teachers College Record, 2003 (6):913-945.

⑥ Gallagher T, Griffin S, Parker D C, et al. Establishing and sustaining teacher educator professional development in a self-study community of practice: Pre-tenure teacher educators developing professionally[J]. Teaching and Teacher Education, 2011 (5): 880-890.

作",这种依靠外力来实施控制的合作,可能会引起教师的"策略性服从",而破坏真正的合作。[①] 最后,在实践共同体中,教师通过集体反思的过程,能够接触到不同观点,帮助个体阐明已有想法,深入检视自身的教学实践,改进教学质量。[②] 综上,教师在实践共同体中通过多种方式展开互动学习,研究者对于教师之间的合作如何影响教师发展仍存在不同的见解,这一问题仍需要进一步研究以丰富相关讨论。

实践共同体中成员之间的互动关系是影响教师学习与互动的重要因素。成员之间的互动规范对教师在共同体中的行为起引导作用,在一定程度上影响教师互动的持续性和深度。[③] 其一,成员之间的合作与支持是分享教学经验、实现互惠发展的重要前提,而个人主义、孤立的互动关系则会限制教师之间的深度交流。[④] 其二,成员之间的尊重与信任是影响成员间互动交流的重要因素。诸多研究发现,尊重与信任的同侪关系与共同体氛围有助于教师顺利进入新的共同体,是教师尝试开展创新性实践、建立对共同体归属感的重要条件。[⑤] 其三,冲突在共同体中普遍存在。但是研究者对冲突在实践共同体中扮演的角色存在不同的看法:一种观点认为,冲突可能会加剧成员的分裂,破坏共同体的凝聚力[⑥];另一种观点则认为,冲突具有一定价值,成员间对教

---

① Giles C, Hargreaves A. The sustainability of innovative schools as learning organizations and professional learning communities during standardized reform [J]. Educational Administration Quarterly, 2006 (1): 124-156.

② Daniel G R, Auhl G, Hastings W. Collaborative feedback and reflection for professional growth: Preparing first-year pre-service teachers for participation in the community of practice[J]. Asia-Pacific Journal of Teacher Education, 2013(2): 159-172.

③ Little J W. Locating learning in teachers' communities of practice: Opening up problems of analysis in records of everyday work[J]. Teaching and Teacher Education, 2002 (8): 917-946.

④ Lieberman J. Reinventing teacher professional norms and identities: The role of lesson study and learning communities[J]. Professional Development in Education, 2009 (1): 83-99.

⑤ Street C. Examining learning to teach through a social lens: How mentors guide newcomers into a professional community of learners[J]. Teacher Education Quarterly, 2004 (2): 7-24;Roberts J. From know-how to show-how? Questioning the role of information and communication technologies in knowledge transfer[J]. Technology Analysis & Strategic Management, 2000 (4): 429-443.

⑥ Correa J M, Martínez-Arbelaiz A, Aberasturi-Apraiz E. Post-modern reality shock: Beginning teachers as sojourners in communities of practice[J]. Teaching and Teacher Education, 2015 (48): 66-74.

学的不一致与冲突性见解会引发教师之间的批判性反思与对话,为教师的深度学习提供机会①。其四,实践共同体中存在矛盾与权力关系。共同体成员在经验、专长以及年龄等方面存在不同,处于共同体中心的熟手或专家似乎在意义协商中有更大权力,也对新手获得从边缘走向中心的合法性具有一定的决定权。② 在实践共同体中,教师之间的互动是合作还是角力,当前研究争论不休。如何看待教师互动中的冲突及其对教师发展的影响,这需要进一步的研究和探讨。

知识的快速更新使教师仅局限于个别学科或专业范围的学习已不再足够,跨越共同体的边界,协商与整合不同情境的要素,是教师实现知识创新的重要方式。③ 边界跨越是专业人员进入一个自身并不熟悉,或在某种程度上并不胜任的领域。④ 边界物与跨界者是教师跨界学习的中介。边界物具有较强的可塑性,为人们跨越边界协商行动提供中介性工具;跨界者则是在不同的共同体之间穿梭的人,其核心工作是将一个共同体的元素介绍和引入其他共同体,实现不同社群之间的联结。⑤ 在两个不同的实践共同体之间的沟通需要建立起共享的意义,只有这样,外来的信息才能在本土情境获得一定的合法性。

个体在实践共同体中的学习是通过合法的边缘性参与实现的。莱夫和温

① Achinstein B. Conflict amid community: The micropolitics of teacher collaboration[J]. Teachers College Record, 2002(3): 421-455.

② Roberts J. Limits to communities of practice[J]. Journal of Management Studies, 2006 (3): 623-639; Rogers R, Fuller C. "As if you heard it from your momma": Redesigning histories of participation with literacy education in an adult education class[M]// Lewis C, Enciso P, Moje E B. Reframing Sociocultural Research on Literacy: Identity, Agency, and Power. Mahwah: Lawrence Erlbaum, 2007: 75-114.

③ Tsui A B M, Law D Y. Learning as boundary-crossing in school-university partnership[J]. Teaching and Teacher Education, 2007 (8): 1289-1301.

④ Suchman L. Working relations of technology production and use[J]. Computer Supported Cooperative Work, 1994(2): 21-39.

⑤ Wenger E. Communities of Practice: Learning, Meaning, and Identity[M]. Cambridge: Cambridge University Press, 1998.

格用"合法的边缘性参与"揭示个体在实践共同体中的学习过程。[①] 在合法的边缘性参与这一概念中,"合法"指的是人们归属于实践共同体的一种方式或成为实践共同体成员的一种方式,新来者只有被授予一定的合法性,才有进入共同体参与实践的机会。而边缘性则是多元的、或多或少的、非中心的参与方式。"边缘性参与"并非一个消极的术语,边缘是一个有潜力向共同体的活动领域更深入方向前进的位置,它暗含着一种开放的通道,强调个体通过逐步加强参与,到达共同体的中心。[②]

合法的边缘性参与具备以下五个特征:第一,个体通过合法的边缘性参与获得高度情境性的、互动性的隐性知识。合法的边缘性参与将"参与"作为学习实践文化的一种方式,为学习者提供了把共同体的实践文化纳为己有的机会。第二,合法的边缘性参与中存在多元学习关系。个体在实践共同体中从边缘走向中心的过程可能是在与专家、熟练工或其他同伴的多元互动关系中实现的。第三,连续性与更替性是合法的边缘性参与的重要特征。实现实践共同体的连续性发展需要代代相传,合法的边缘性参与作为实现这一连续性的途径,与同一过程中所固有的更替性之间存在矛盾。第四,在从边缘走向中心的过程中,个体可能呈现出不同的参与程度与参与轨迹。根据成员在实践共同体中的参与程度,从中心向外围可分为核心参与者、积极参与者、边缘参与者以及局外人等。同时,受教师个体因素以及与其他成员的互动关系等影响,个体可能呈现出进入式(inbound)轨迹、边缘性(peripherality)轨迹以及外在(outbound)轨迹等多种参与形式。第五,合法的边缘性参与的关键是新来者进入实践共同体并满足所有共同体成员必须满足的条件,其中合法性与边缘性是最重要的两个条件。[③] 总体来看,对合法的边缘性参与的关注聚焦于

① Lave J, Wenger E. Situated Learning: Legitimate Peripheral Participation[M]. Cambridge: Cambridge University Press, 1991.

② Lave J, Wenger E. Situated Learning: Legitimate Peripheral Participation[M]. Cambridge: Cambridge University Press, 1991.

③ Lave J, Wenger E. Situated Learning: Legitimate Peripheral Participation[M]. Cambridge: Cambridge University Press, 1991; Wenger E. Communities of Practice: Learning, Meaning, and Identity[M]. Cambridge: Cambridge University Press, 1998.

影响合法的边缘性参与的条件和因素,而对个体在实践共同体中与其他个体的互动过程及其如何影响个体从边缘到中心的参与进程则较少关注,这方面需要进一步的研究予以补充。

根据博尔齐洛(Borzillo)等的观点,个体从边缘到中心充分参与共同体实践需要经历五个阶段,分别是意识(awareness)、分配(allocation)、责任(accountability)、构筑(architectural)、推广(advertising)。[①] 第一个阶段是意识阶段,个体对实践共同体产生关注,判断自身如何能够从共同体的实践中有所受益。第二个阶段是分配阶段,在这一阶段,边缘参与者逐步作为积极的参与者参与社群的讨论,他们自身在特定领域的专长、在组织中承担的责任以及在社群中的位置逐渐可视化。第三个阶段是责任阶段。这些积极参与者在实践共同体中公开自己,并能够协助其他成员发展他们的专长。第四个阶段是构筑阶段。积极参与者发起一些创新性的实践,拓展整个社群的视野。最后一个阶段是推广阶段。成员在整个社群中推广他们的议题或实践,他们引领和组织成员就这些新的实践议题展开讨论,同时也不断吸引新的成员参与实践,以推动更大的共同体的发展。

在中国的教育情境中,研究者初步尝试从实践共同体的视角考察当前中国教研组的实践与建设情况。已有研究关注到教师在教研组中的联合事业、共享智库的建立以及教师之间的互动关系等,但是仍然存在诸多争议以及有待进一步深入探讨的问题,如教研组的文化情境如何影响教师之间的互动?教师如何建立起联合的愿景以及共享的知识库,其过程是怎样的?教师之间的互动究竟如何影响教师发展?有研究者认为,教师在教研组中能够公开对话、切磋教学。[②] 但也有研究者认为,教师在共同体中的互动停留于"技术来、

---

① Borzillo S, Aznar S, Schmitt A. A journey through communities of practice: How and why members move from the periphery to the core[J]. European Management Journal, 2011(1): 25-42.

② Wong J L N. What makes a professional learning community possible? A case study of a mathematics department in a junior secondary school of China[J]. Asia Pacific Education Review, 2010 (11): 131-139.

技术去"的层面,且受外在行政力量的影响,对教学实践的影响有限。① 此外,已有研究大多聚焦同一学校教师在教研组中的情况,对不同校教师之间的跨校合作交流关注较少。

综合以上讨论,国际教育理论界对教师实践共同体中教师的学习与合作、互动关系等议题有所关注,但是鉴于教师在实践共同体中的学习与发展存在不同的样态,对教师与其他个体的互动如何影响个体在实践共同体中的参与过程等问题仍然需要进一步探讨。具体到中国情境中,在教师交流轮岗的政策背景下,政策设计者期待轮岗教师在流入校通过与同侪教师的交流互动分享自身的教学经验,并在流入校的教学情境中通过意义的协商过程建构起新的教学实践,进而实现双方教师的专业发展。那么轮岗教师进入流入校之后,其如何与流入校教师展开互动? 轮岗教师如何参与共同体的实践? 轮岗教师与流入校教师的互动如何影响轮岗教师对共同体实践的参与并呈现出怎样的参与样态? 诸多问题仍有待进一步探索。

第二节　研究目的与问题提出

一、研究目的

近年来,基于实践共同体的教师发展受到越来越多研究者的关注。实践共同体理论强调教师在真实的工作情境中,通过共同的参与和互动、试验新的想法以及对经验进行反思等方式提升教学实践水平。个体在实践共同体的学习是从边缘走向中心、最终实现充分参与共同体实践的过程,也是教师提升知识与技能、获得身份发展的过程。当个体进入新的实践共同体时,在与所处共同体情境的复杂互动中,个体对共同体实践的参与、在共同体中的学习进程及其专业发展可能存在多种复杂的样态。尽管当前研究对教师在实践共同体中

---

① 陈桂生.我国教研组演变的轨迹[J].教育管理研究,2006(4):38-41;胡惠闵.教师专业发展背景下的学校教研组[J].全球教育展望,2005(7):21-25.

的学习与互动关系已有一定程度的考察,但是对于教师在共同体中的情境性互动如何影响教师从边缘到中心的学习进程则关注较少。在中国的教育情境中,基于学习共同体的教师发展活动已有相当长的一段历史,如教师在教研组、备课组中的合作。教师交流轮岗制度的实施,则是在已有的学习共同体中引入其他学校的教师资源,期待通过来自不同共同体教师的碰撞和交流,拓宽教学视野,激发共同体的活力,实现互惠发展。然而对于轮岗教师进入流入校之后,其如何与其他成员开展互动学习的过程,在以往的研究中仍然着力较少。从当前对于教师交流轮岗政策的研究来看,对城乡教师流动多是从师资配置均衡的角度加以阐释,而较少从教师专业发展的角度关注教师流动促进基础教育均衡发展的内在机理。[①] 事实上,轮岗教师进入流入校之后,其交流轮岗工作才刚刚开始。每一所学校都有其自身的教育特点与资质要求,有其独有的"优秀教师"标准,来自优质学校的教师将自身的知识与能力因地制宜地与流入校的教学情境相结合至关重要。[②] 轮岗教师进入流入校之后,他们如何参与流入校共同体的实践?其呈现出怎样的互动过程?教师的跨校流动如何影响轮岗教师自身以及流入校教师的专业发展?这些问题都值得探究。本书从实践共同体的角度出发,探讨在教师交流轮岗政策的改革背景下,轮岗教师如何参与流入校的共同体实践。

二、研究问题

基于上述讨论,本书从实践共同体以及合法的边缘性参与的研究视角出发,探讨在教师交流轮岗政策背景下,轮岗教师进入流入校之后,与同侪教师的互动如何影响轮岗教师以及流入校教师的专业发展。具体可初步表述为以下三个问题。

第一,我国教师交流轮岗政策背景下,轮岗教师如何与流入校教师分享其教学资源?

---

① 高臣,叶波.教师专业发展取向下的城乡教师流动[J].上海教育科研,2015(2):59-62.
② 龙宝新.论教师专业发展取向的区域教师流动工作系统[J].教育发展研究,2017(6):27-34.

第二,在交流轮岗过程中,轮岗教师如何与流入校教师展开互动?

第三,轮岗教师与流入校教师及所处情境的互动如何影响轮岗教师在教研组中的参与进程?

第三节 研究意义

本书立足于我国教师交流轮岗政策的背景,从实践共同体的视角探讨轮岗教师与流入校教师的互动合作过程,以深化我们对实践共同体和教师发展理论的理解。同时,本书总结了我国教师交流轮岗政策与教师发展制度在促进教师学习与合作方面的经验与不足,具有重要的实践意义。

第一,丰富国际上有关教师发展的相关讨论。当前,越来越多的国际研究者关注教师在实践共同体中的专业发展。鉴于中国独特的文化与情境,教师在中国教育改革情境中,基于实践共同体的互动与发展可能与西方教师有所不同。本书以中国教师交流轮岗政策为背景,旨在通过个案研究,结合细致的描述与深刻的分析,对不同学校教师在实践共同体中的互动及其对教师发展的影响展开探讨,以丰富国际学术界有关教师发展的讨论。

第二,本书将实践共同体理论与个体从边缘到中心的五个发展阶段相结合,考察教师与共同体中其他教师的互动过程以及可能的参与样态。莱夫和温格认为,个体在实践共同体中的学习与发展是一个逐渐从边缘走向中心的过程,这一过程具有情境性,与教师个体及其与其他教师的互动密切相关。[1] 在实践共同体中,个体与他人的互动如何影响个体的参与过程仍然是一个值得深入探讨的议题。本书基于实践共同体的理论,探讨在中国教师交流轮岗政策背景下,轮岗教师与流入校教师的互动情况以及这一互动如何影响轮岗教师对共同体实践的参与进程。

第三,对教师交流轮岗政策与教师发展的相关制度建设提出建议。教师

---

[1] Lave J, Wenger E. Situated Learning: Legitimate Peripheral Participation[M]. Cambridge: Cambridge University Press, 1991.

交流轮岗政策的有效实施在很大程度上取决于教师的个人主动性及其专业才能的发挥。只有得到教师的认同并转化为实践,政策才能真正发挥其预期的作用。本书通过对轮岗教师参与共同体实践的过程进行考察,挖掘教师对于这一政策的真实反应,这不仅可以从政策执行者的角度提供反馈意见,还可为未来教师交流轮岗政策的制定与教师发展制度的改进提供参考。

第二章　文献综述

　　教育改革能否顺利推行,在很大程度上取决于教师能否成功地掌握新的实践愿景所期待的技能和理念。[①] 教师作为教育改革的实践者,需要在教学信念、知识与教学实践等方面实现"变革式"的提升。[②] 无疑,教师发展在提高教师教学质量、促进学校发展方面扮演着重要角色。本章首先阐述教师发展的概念、维度、模式的转变,其次分析当前教师发展的相关议题,最后对当前实践共同体的学术讨论进行梳理,试图发现以往研究中存在的不足,为未来研究的开展奠定基础。

第一节　教师发展

　　对于教师发展的探讨,最初缘自对教师是不是专业人员以及教学是不是一门专业等问题的讨论。20 世纪 60 年代,随着教师专业化的提出,该议题引起社会学界以及教育学界的重视。在社会学取向的教师专业化路径中,教学只能算一门"半专业"或边际专业。随着人们对教师以及教学工作认识的不断深入,研究者开始转变教师专业化的探索方向,由外在的要求地位的提高与权力的控制,开始转向教学本身,注重谋求教师自身专业能力的提升。1980 年,霍伊尔(Hoyle)就指出,必须把教师专业化的两个目标辨别清楚:一是将教师

---

① Darling-Hammond L, McLaughlin M W. Policies that support professional development in an era of reform[J]. Phi Delta Kappan, 1995(8): 597-604.

② Stein M K, Smith M S, Silver E A. The development of professional developers: Learning to assist teachers in new settings in new ways[J]. Harvard Educational Review, 1999 (3): 237-270.

视为社会层序中的一个阶层,专业化的目的就是争取专业的地位以及集体向上流动;二是将教师视为一个在教室中为学生提供服务的教育工作者,他们必须以提高自身的教学水平、扩展个人知识以及技能为发展方向。① 由此,以教师发展为主题的研究正式进入人们的视野。

一、教师发展的概念

20 世纪 80 年代以来,教师发展已经成为教育研究的一个重要领域。越来越多的学者认识到教师发展在提升教师的教学品质、学生的学业成就以及推进教育变革的顺利实施中发挥着重要作用。尽管在过去的三四十年中,人们从未停止过对教师发展这一领域的探索,但是其中仍然存在诸多不清楚或尚未解决的问题,而教师发展的概念便是其一。在研究中,教师发展(teacher development)的概念可谓莫衷一是,人们根据对教师个体认知、教师发展内容与情境等理解的不同而建立起对教师发展这一概念的不同诠释。

首先,基于对教师个体认知的不同来定义教师发展。一种观点将教师发展等同于"教师训练"(teacher training),将教师发展定义为让教师学习新的知识和技能以提升他们作为专业人员的素养的过程,认为教师发展是弥补教师在知识和技能方面"缺陷"的过程。② 这种对教师发展的定义视教师为被动的、有待于"被发展"的个体。与这种观点不同,康奈利(Connelly)和克兰迪宁(Clandinin)认为,教师的发展不是借由外部的强制灌输完成的,而是教师自我理解以及反思的过程。③ 教师不是被动的、有"缺陷"的个体,而是具备主动

---

① Hoyle E. Professionalization and deprofessionalization in education[M]//Hoyle E, Megarry J. World Yearbook of Education 1980: The Professional Development of Teachers. London: Kogan Page, 1980: 42-54.

② Wilson S M, Berne J. Teacher learning and the acquisition of professional knowledge: An examination of research on contemporary professional development [J]. Review of Research in Education, 1999 (1): 173-209; Guskey T R. Staff development and the process of teacher change[J]. Educational Researcher, 1986 (5): 5-12.

③ Connelly F M, Clandinin D J. Teachers as Curriculum Planners: Narratives of Experience [M]. New York: Teachers College Press, 1995.

学习能力和意愿的个体。[①] 教师能够在对个人的或专业的成长历程以及当前的实践状态进行反思的基础上建构起对于教学的理解,作为一名反思性实践者,其个人的、内在的因素是教师成长的最终决定因素。[②]

其次,从教师发展的内容进行定义。一种观点认为,教师发展的重点在于明确教师的专业标准和知识基础,强调通过寻求一种有事实根据的"科学的知识基础"来建构"好的教学"。[③] 还有一种观点认为,教师有自己独特的生活经验、背景与生活方式,教师的专业发展不是教师对外在技术性知识的获取,而是通过各种形式的"反思",对自己的成长历程、当前的实践状态或隐含于实践状态之中的个人的知识或信念加以澄清。[④] 此外,有学者认为,教师发展离不开相应的生态环境的支持,因而教师发展不仅包含教师个人层面知识、技能、情感、观点等方面的发展,还应涉及整个群体、组织以及脉络层面的发展,涉及整个生态与文化的转变。[⑤]

最后,从教师发展的情境进行定义。早期人们对于教师发展的理解主要指的是在正式的专业发展项目(工作坊、地方或国家会议、大学课程等)中,有目的地致力于提升职业的表现以适应当下或未来的教师角色的活动。[⑥] 也有

---

① Clark C. Teachers as designers in self-directed professional development[M]// Hargreaves A, Fullan M. Understanding Teacher Development. New York: Teachers College Press, 1992: 75-84.

② Schön D A. Educating the Reflective Practitioner: Toward a New Design for Teaching and Learning in the Professions[M]. San Francisco: Jossey-Bass, 1987; Hargreaves A, Fullan M G. Understanding Teacher Development[M]. New York: Teachers College Press, 1992.

③ Hargreaves A, Fullan M G. Understanding Teacher Development[M]. New York: Teachers College Press, 1992; Shulman L. Knowledge and teaching: Foundations of the new reform[J]. Harvard Educational Review, 1987 (1): 1-23.

④ Goodson I. Studying the teacher's life and work[J]. Teaching and Teacher Education, 1994 (1): 29-37; Connelly F M, Clandinin D J. Teachers as Curriculum Planners: Narratives of Experience [M]. New York: Teachers College Press, 1995.

⑤ Hargreaves A. Changing Teachers, Changing Times: Teachers' Work and Culture in the Postmodern Age[M]. New York: Teachers College Press, 1994; Little J W. Professional community and professional development in the learning-centered school [M]// Kooy M, Van Veen K. Teacher Learning that Matters: International Perspectives. New York: Routledge, 2012: 22-46.

⑥ Stein M K, Smith M S, Silver E A. The development of professional developers: Learning to assist teachers in new settings in new ways[J]. Harvard Educational Review, 1999 (3): 237-270.

学者认为,所有正式以及非正式的学习情境都可以为教师学习和成长提供支持。① 教师发展是教师通过正式或非正式的学习机会提升和拓展教师的专业素养的过程②,这一过程包含教师在教室、学校以及其他组织情境中所有的专业洞悉③。

尽管人们对于教师发展的定义仍然存在诸多模糊以及有争议之处,但是总体而言,近年来学界对教师发展这一概念的理解呈现出一些普遍趋势。我们发现,教师发展不仅包含知识与技能等方面的提升以及教师对自我的理解,还包括对教师发展之土壤的培育,即教师工作的生态文化环境的转变。④ 其不仅涉及教师在正式的、有计划的专业发展项目中的学习,同时也包含教师在日常的教学实践情境中与同事、学生的非正式互动中获得的所有的学习经验。⑤ 教师自身作为能动的学习者,其专业发展并不是简单地由他人决定的,教师能够在反思自己的成长历史和现实教学实践的基础上建构起自身对于教学的理解,其发展是一个自我主导的过程⑥,这一过程贯穿整个教师职业发展生涯。⑦

---

① Desimone L M. Improving impact studies of teachers' professional development: Toward better conceptualizations and measures[J]. Educational Researcher, 2009(3): 181-199.

② Richter D, Kunter M, Klusmann U, et al. Professional development across the teaching career: Teachers' uptake of formal and informal learning opportunities[J]. Teaching and Teacher Education, 2011 (1): 116-126.

③ Clement M, Vandenberghe R. Teachers' professional development: A solitary or collegial (ad)venture? [J]. Teaching and Teacher Education, 2000(1): 81-101.

④ Hargreaves A, Fullan M G. Understanding Teacher Development[M]. New York: Teachers College Press, 1992.

⑤ Fishman B J, Marx R W, Best S, et al. Linking teacher and student learning to improve professional development in systemic reform[J]. Teaching and Teacher Education, 2003 (6): 643-658; Maskit D. Teachers' attitudes toward pedagogical changes during various stages of professional development[J]. Teaching and Teacher Education, 2011 (5): 851-860.

⑥ Clark C. Teachers as designers in self-directed professional development[M]// Hargreaves A, Fullan M. Understanding Teacher Development. New York: Teachers College Press, 1992: 75-84; Day C. Developing Teachers, the Challenge of Lifelong Learning[M]. London, Philadelphia: Falmer Press, 1999.

⑦ Day C. Developing Teachers, the Challenge of Lifelong Learning[M]. London, Philadelphia: Falmer Press, 1999; Guskey T R. Professional development and teacher change[J]. Teachers and Teaching, 2002 (3): 381-391.

二、教师发展的维度

教师发展的维度主要回应教师发展应该包含哪些方面内容的问题。研究者对教师发展的维度存在多种不同的看法,如贝尔(Bell)和吉尔伯特(Gilbert)将教师发展划分为个人发展、专业发展以及社会性发展三个方面。[①]而埃文斯(Evans)聚焦教师个体层面,认为教师发展应该包含行为发展(behavioural development)、态度发展(attitude development)以及智能发展(intellectual development)三个维度。[②] 其中行为发展指的是个体的专业表现和行为改进的过程,涉及教师工作的过程、程序、工作的产出和效率以及教学能力四个子维度。态度发展指的是改进教师对待工作的态度的过程,涉及教师的理解(如自我理解等)和信念、教师的价值观以及工作的动机等三个方面。智能发展强调的是个体对专业相关的认识论、理性、综合和分析能力都有所提升的过程,包含教师的知识基础、推理能力、教师对知识的综合以及分析能力四个子维度。

在诸多分析维度中,哈格里夫斯(Hargreaves)和富兰(Fullan)对于教师发展维度的划分更为全面清晰,受到广泛认可。他们认为,教师发展主要包含以下三个维度——作为知识与技能的教师发展、作为自我理解的教师发展以及作为生态改变的教师发展。[③]

作为知识与技能的教师发展认为,促进教师发展是培养教师的知识和技能,从而增强教师为所有学生提供高质量学习机会的能力。这些知识与技能涉及教师对于教学策略的灵活运用以及对学科知识的熟练掌握等,具体表现为学科教学的知识与信心、班级管理技能、教学策略以及对不同学习风格的反

① Bell B, Gilbert J. Teacher development as professional, personal, and social development[J]. Teaching and Teacher Education, 1994(5): 483-497.

② Evans L. What is teacher development? [J]. Oxford Review of Education, 2002 (1): 123-137; Evans L. The "shape" of teacher professionalism in England: Professional standards, performance management, professional development and the changes proposed in the 2010 White Paper [J]. British Dducational Research Journal, 2011 (5): 851-870.

③ Hargreaves A, Fullan M G. Understanding Teacher Development[M]. New York: Teachers College Press, 1992.

应等。① 作为知识与技能的教师发展特别强调"知识基础"对于提升教学专业水准的重要性，认为一个教师若要达到好的教学效果，则必须具备良好的专业知识基础，应充分信任由专家和研究者生产的结构化的、教育教学的"专业知识"。舒尔曼（Shulman）提出，教学专业的知识基础包括七种范畴：内容知识、一般教育知识、学科教育知识、课程知识、有关学生的知识、教育背景知识和有关教育目的及历史等方面的知识。② 知识与技能取向的教师发展强调教师通过对知识和技能的掌握和学习提升教师的专业水准。

作为自我理解的教师发展，其主要目的并不是"获取"外在的、技术性的知识与技能，而是强调教师通过个人或集体的努力，经由多种形式的"反思"，如教师叙事、合作自传或个人史的描述等方式，对自己、自身的专业活动以及相关的物或事等有更为深入的"理解"，探索和发现其中的"意义"，澄清隐含于实践中的知识与信念，以促成"反思性实践"为追求。如果说作为知识与技能的教师发展关注的核心议题是"什么样的知识对教学是有效的"，将教师对外来知识的"获取"作为教师发展的主要内容，那么作为自我理解的教师发展关注的问题则是"教师实际知道什么"。③ 教师自身作为一个独一无二的个体，有着自身独特的生活史和心理存在，教师个人的背景、生活经验以及校内与校外的生活方式等都会影响教师对于教学的看法，教师个人的"实践性知识""故事""意象"等都会对教师专业活动发挥作用。④ 因而作为自我理解的教师发展并不依赖对"正规的"或"科学的"教育理论的学习，其专业发展的主要内容是通过教师自身或与他人合作，借助相应的工具进行反思。

作为生态改变的教师发展重视对教师所处的情境以及文化的塑造或重

---

① Hargreaves A, Fullan M G. Understanding Teacher Development[M]. New York：Teachers College Press，1992.

② Shulman L. Knowledge and teaching：Foundations of the new reform [J]. Harvard Educational Review，1987 (1)：1-23.

③ Fenstermacher G D. The knower and the known：The nature of knowledge in research on teaching[J]. Review of Research in Education，1994 (1)：3-56.

④ Goodson I. Studying the teacher's life and work[J]. Teaching and Teacher Education，1994 (1)：29-37；Connelly F M, Clandinin D J. Teachers as Curriculum Planners：Narratives of Experience [M]. New York：Teachers College Press，1995.

构。在利特尔(Little)看来,教师发展的内容不仅包括教师在知识、技能上的提升以及自我理解的发展,还包括对教师发展之土壤的培育。[①] 作为知识与技能的教师发展以及作为自我理解的教师发展离不开生态环境的支持。哈格里夫斯认为,如果没有足够的时间以及学校领导的支持,教师的批判性反思就不可能发生;如果教师之间工作相互隔离,则会导致教师无法与同事展开合作与交流,因而教师所在的文化环境是影响教师教学实践的重要方面。[②] 利伯曼(Lieberman)指出,教师专业发展的顺利实施需要营造良好的共同体文化氛围,如在学校中营造合作、开放以及信任的氛围;给教师探究以及问询的时间和机会;对领导力进行重新分配,重视教师扮演领导角色的作用;建立学习共同体,促进教师之间的合作学习等。[③] 作为生态改变的教师发展,关注的不仅是教师的个人层面,还涉及整个群体、脉络以及组织的发展,强调整个教师发展的生态与文化的转变。

作为知识与技能的发展、作为自我理解的发展以及作为生态改变的发展是教师发展不可分离的三个重要维度,理想的教师发展应该对以上三个方面的内容都有所涵盖。

三、教师发展模式的转变

随着全球化以及知识社会的到来,传统的教师专业发展模式不断面临冲击与挑战。施莱克尔(Schleicher)指出,在变革时代,教师自身学习以及发展的方式都发生了变化,需要为教师学习建构有助于知识创建、传播、分享和积累的生态环境,其中,教师的合作学习、作为学习型组织的学校、研究知识的开发和

① Little J W. Professional community and professional development in the learning-centered school [M]// Kooy M, Van Veen K. Teacher Learning that Matters: International Perspectives. New York: Routledge, 2012: 22-46.

② Hargreaves A. Changing Teachers, Changing Times: Teachers' Work and Culture in the Postmodern Age[M]. New York: Teachers College Press, 1994.

③ Lieberman A. Practices that support teacher development: Transforming conceptions of professional learning[J]. Innovating and Evaluating Science Education, 1995 (64): 67-78.

运用等都被认为是必不可少的条件。^① 施泰因(Stein)、史密斯(Smith)和西尔弗
(Silver)对传统的教师专业发展模式与教师专业发展的新模式进行了对比(见
表 2-1)。^②

表 2-1　新旧教师发展模式比较

维度	传统的教师专业发展模式	教师专业发展的新模式
发展策略	以活动、技术、观念以及材料为主	注重理解学科内容能力的提升以及指导学生概念的发展
	主要采取工作坊、课程以及研讨会的形式	形式多样,为教师提供课堂上的支持以及与实践活动相关的支架
	持续时间短以及有限的教师承诺	持续时间长,更为开放的教师个人承诺
知识与信念	教师教育者设定活动议程	教师与专业发展人员共同安排活动议程
	教师学习理论的依据是个体心理学	学习理论包含社会以及组织的相关因素
	新知识在课堂中的传递是教师需要解决的问题	面临的挑战与教学实践密切相关且能为建立更广泛知识基础的学习提供支架
情境	情境的独特性并没有成为教师发展的影响因素	情境的独特性是影响专业发展的重要因素
	远离学校、教室与学生	发生在很多场所,包括学校和教室
关键议题	将教师作为单独的个体来发展	除教师之外,还注重发展教学项目和共同体
	忽视对领导力的训练	重视对领导力的训练

　　传统的教师发展将教学视为一项技术活动,基于"过程—产品"的逻辑,通过一次性工作坊、会议以及短期培训等形式,让教师通过学习一系列由教师教育者事先提供的学习材料而达到提升教学知识和技能的目的。这种一次性或短期的训练模式认为存在一个"最好的"实践,教学方式、学生评价、教室管理以及课程等可以超越情境的限制而适用于不同的学校。最有能力的教师就是

　　① Schleicher A. Lessons from the world on effective teaching and learning environments[J]. Journal of Teacher Education, 2011 (2): 202-221.

　　② Stein M K, Smith M S, Silver E A. The development of professional developers: Learning to assist teachers in new settings in new ways[J]. Harvard Educational Review, 1999 (3): 237-270.

那些能够将他们从工作坊或会议中所学习的内容成功地转移到课堂教学实践中的教师。[①]

　　有学者认为,这种去情境化的教师发展加剧了理论(在课程中学到什么)与实践(在工作中做了什么)的分离,无论设计得如何灵活,学习都不可能以"包裹"的形式传递。[②] 随着人们对于教师学习和教师发展认识的不断深入,加之传统的教师专业发展模式并没有带来教师教学质量的实质改变,这种侧重说教、与教师真实的工作情境相脱离的发展模式逐渐被人们舍弃。

　　首先,传统的教师发展模式将教师视为缺乏主观意愿和自我导向学习能力的个体,认为教师需要接受一定程度的"训练",通过参与由国家教育部门或专家等组织的一次性工作坊或短期培训课程等形式,从一个"缺乏知识"的个体转变为"拥有知识"的个体。教师的角色就是执行一系列已经认证好的知识与程序,而教师发展就是帮助教师掌握专家所提供的知识。教师被置于服从与从属的地位,教师作为学习者的自主权以及教师自身的能动性被忽视。[③]

　　其次,知识无法等同于实践。即便是教师掌握了专家所提供的知识,教师也可能并不清楚在具体的教学情境中该如何教学。因为知识是在不可预测的复杂的教学情境中被使用的,这就需要教师具备一种能力,能够识别学生的知识、想法或目的,还需要教师具备反思自身教学的能力,能够思考哪些教学方法是有效的、哪些是无效的,对哪些学生有效、对哪些学生无效。这表明,实践并不能完全等同于人们所认为的知识。教学发生于具体的情境之中,针对某个特定的问题,在特定的学生群体与教师之间展开互动。教师可以了解学科知识以及关于儿童、教学和教育的知识,这些知识如何应用于教学却无法从实践之外学习到,脱离实践的学习就类似于"在人行道上学习游泳"。无论哪一

---

①　Cochran-Smith M, Lytle S L. Relationships of knowledge and practice:Teacher learning in communities[J]. Review of Research in Education, 1999(24):251-307.

②　Webster-Wright A. Reframing professional development through understanding authentic professional learning[J]. Review of Educational Research,2009 (2):702-739.

③　Webster-Wright A. Reframing professional development through understanding authentic professional learning[J]. Review of Educational Research, 2009 (2):702-739;陈向明. 从教师"专业发展"到教师"专业学习"[J]. 教育发展研究,2013(8):1-7.

类型的知识都无法准确而全面地描述实践。因而,在鲍尔(Ball)和科恩(Cohen)看来,对于教师如何学习这一问题,答案就是在实践中学习以及从实践中学习(learn in and from practice),而不是单纯地为实践做准备。①

再次,教师发展并不等同于知识与技能的发展。教师发展还涉及教师作为完整的人的发展。教师不仅是储存知识与技能的机器,他们还有着自己的生命经验和生活情境,以及对于教学的认知、情感和价值判断。教师的发展不仅包括知识与技能等方面的功能性发展,还包括情感、动机、价值观等态度性发展。② 教师的发展不是由外部的强制灌输完成的,而是一个教师自我理解以及反思的过程。教师通过个人或集体的努力,借由"反思"的途径,对个人的或专业的成长历程、当前的实践状态,以及隐含于实践状态中的个人的知识、信念、身份等予以澄清。③ 教师作为一名反思性实践者,其个人的、内在的力量是教师成长的最终决定因素。

最后,传统的教师发展将教师个体与其所处的情境相分离。尽管学习是学习者、情境以及学习内容之间的互动过程这一点受到广泛的认可,但是当前大部分传统的教师专业发展所采用的工作坊、一次性讲座等活动形式都将"学习"与教师的"工作"人为地分割开来。帕特南(Putnam)与博尔科(Borko)认为,学习不仅是个体在大脑中对符号处理的过程,学习活动所发生的物理与社会情境也是学习的一部分,教师在工作场所与其他成员以及中介物之间的互动在很大程度上决定了学习的内容以及学习如何发生。④ 学习本身是一种社会文化活动,不同的共同体对于实践的要求和界定存在不同,这导致处于共同

---

① Ball D L, Cohen D. Developing practitioners: Toward a practice-based theory of professional development[M]//Darling-Hammond L, Sykes G. Teaching as the Learning Profession: Handbook of Policy and Practice. San Francisco: Jossey-Bass, 1999: 3-32.

② Evans L. What is teacher development? [J]. Oxford Review of Education, 2002 (1): 123-137.

③ 王建军. 学校转型中的教师专业发展[M]. 北京:教育科学出版社,2008.

④ Putnam R T, Borko H. What do new views of knowledge and thinking have to say about research on teacher learning? [J]. Educational Researcher, 2000 (1): 4-15.

体中的成员最终在态度、行动、惯习等方面也存在诸多不同。[①] 学习的情境性与社会性决定个体参与不同的共同体会有不同的学习体验。[②]

　　事实上这种将学习者与其所处的情境分割开的方式体现了明显的二元思维。这种二元思维还表现在将学习分为正式学习和非正式学习、理论的学习和实践的学习等。马尔科姆（Malcolm）、霍金森（Hodkinson）和科利（Colley）认为，教师学习不仅发生在正式的教师发展项目中，还发生在教师的日常工作实践中，正式学习与非正式学习不应该被视为两个分割的领域。[③] 正式的学习往往被视为在时间、空间、目标和支持方面有组织有安排的学习活动，具备具体的课程内容，往往代表着传统意义上的"训练"模式。[④] 这种训练模式假设教师通过工作坊或课程的形式提升自身的知识与技能，进而将专家传递给他们的知识带到工作场所中。而非正式的学习并没有特定的课程内容，也不局限于特定的环境，所有课堂观察、与同事或家长的合作、教师网络以及学习小组等都属于非正式学习，它们往往根植于教师的工作实践。[⑤] 事实上，教师的正式学习与非正式学习并不是二分的，而是处于一个连续体的两端。[⑥]

　　与传统的教师发展模式不同，教师发展的新模式不再将教师看作被动的、接受"培训"的个体，而是将教师看作具有主观意愿和自我导向学习能力的个

---

　　① Billett S. Learning through work：Workplace affordances and individual engagement[J]. Journal of Workplace Learning，2001(5)：209-214；Giddens A. The Constitution of Society：Outline of the Theory of Structuration[M]. Cambridge：Polity Press，1984.

　　② Wenger E. Communities of Practice：Learning，Meaning，and Identity[M]. Cambridge：Cambridge University Press，1998.

　　③ Malcolm J，Hodkinson P，Colley H. The interrelationships between informal and formal learning[J]. Journal of Workplace Learning，2003 (7/8)：313-318.

　　④ Eraut M. Informal learning in the workplace[J]. Studies in Continuing Education，2004 (2)：247-273.

　　⑤ Richter D，Kunter M，Klusmann U，et al. Professional development across the teaching career：Teachers' uptake of formal and informal learning opportunities[J]. Teaching and Teacher Education，2011 (1)：116-126.

　　⑥ Kyndt E，Gijbels D，Grosemans I，et al. Teachers' everyday professional development：Mapping informal learning activities，antecedents，and learning outcomes[J]. Review of Educational Research，2016 (4)：1111-1150.

体。① 教师可以基于自身的理解建构自身的学习活动,教师不是被动的接受者,而是积极的学习者和知识的创造者。教师可以通过扮演领导者的角色,发挥自身的能动性,通过质疑他人的假设发觉实践中的问题,以改进教学实践、促进学校文化重建②,其专业发展是一个"自觉""自造"的过程。③

同时,随着情境学习理论的提出,知识被看作是个体在参与社会实践中通过与其他个体、中介物、结构以及文化等的交互性以及理解性互动建构的,而不是从抽象的学科知识或脱离实践的社会文化工具中获得,情境本身是学习的一部分。④ 对学习的情境性和社会性的理解也影响了教师发展的内涵以及范式,教师发展与学习的场所由大学或培训中心转移到教师自己所在的学校以及课堂,嵌入教师日常的工作实践,教师在学习时所采用的学习材料与他们的日常工作实践紧密相关。⑤ 重视以专业学习共同体、实践共同体等为基础的学习情境的建立,强调合作对于教师学习与改变的积极作用。⑥ 基于上述理解,德西蒙(Desimone)、达林-哈蒙德(Darling-Hammond)与理查森(Richardson)等研究者对"何为有效教师专业发展的特征"这一问题总结出了类似的观点,并将其归纳为以下几个方面:(1)在内容上聚焦学科知识以及学生如何学习;(2)与教师的日常工作相联系的嵌入式是教师专业有效发展的一个显著特征;(3)积极而不是被动地学习;(4)强调教师之间的合作,重视同伴间的互助与支持;(5)强调国家、地方以及学校提供的专业发展机会要基于教师的成长需求,配合教师的日常状态;(6)专业发展活动的持续性;(7)专业发

---

① Webster-Wright A. Reframing professional development through understanding authentic professional learning[J]. Review of Educational Research, 2009 (2): 702-739.

② Cochran-Smith M, Lytle S L. Relationships of knowledge and practice: Teacher learning in communities[J]. Review of Research in Education, 1999(24): 251-307.

③ 王晓莉. 教师专业发展的内涵与历史发展[J]. 教育发展研究,2011(18):38-47.

④ Putnam R T, Borko H. What do new views of knowledge and thinking have to say about research on teacher learning? [J]. Educational Researcher, 2000 (1): 4-15.

⑤ Borko H. Professional development and teacher learning: Mapping the terrain [J]. Educational Researcher, 2004(8): 3-15.

⑥ Little J W. Locating learning in teachers' communities of practice: Opening up problems of analysis in records of everyday work[J]. Teaching and Teacher Education, 2002 (8): 917-946; McLaughlin M W, Talbert J E. Professional Communities and the Work of High School Teaching[M]. Chicago: University of Chicago Press, 2001.

展必须包含评价环节以及提供充足的时间和其他资源。①

　　综上,我们发现随着对教师、知识以及学习理解的转变,教师发展的范式也发生了相应的变化:由大学本位的教师发展转向学校本位的教师发展;由对教师个体的关注转向基于教师学习共同体的对话与合作;由侧重对教师的培训和传递转向对教师反思理性以及教师个体实践性知识的重视;对教师角色的理解也由被动的接受者转向学习的领导者。

第二节　教师发展的主要议题

　　在教师发展领域有一些共同的关注,本节围绕近年来教师发展研究出现的主要议题,对当前教师发展领域基于工作情况的教师学习(teacher learning in the workplace)以及教师发展的影响因素等议题展开具体分析。

一、基于工作情境的教师学习

　　早期的认知学习理论将学习视为发生在个体大脑中的认知过程,个体对知识与技能的习得是一个"输入—加工—输出"的过程。建立在此种认知基础上的教师学习多脱离教师工作的真实情境,采用工作坊、会议、研讨会、讲座以及其他短期培训课程等形式,注重教师对外来的有关教学与课堂管理的"科学知识"的获得。然而,随着对个体学习的社会文化环境的关注,人们注意到,个体学习的发生与结果之间并不是单纯的、线性的二元因果关系,教师的学习受其所处工作情境的文化、制度、个体以及其他事物的影响,与其所处的工作情

---

① Desimone L M. Improving impact studies of teachers' professional development: Toward better conceptualizations and measures [J]. Educational Researcher, 2009 (3): 181-199; Darling-Hammond L, Richardson N. Teacher learning: What matters[J]. Educational Leadership, 2009(5): 46-53.

境紧密相连。① 一种根植于教师工作情境的学习日益受到人们的重视。②

　　基于教师工作情境的学习多采用一种参与式的视角理解教师学习与教学的过程。斯法特（Sfard）认为，个体学习可分为两种隐喻：一种是获得（acquisition）隐喻，认为学习是个体大脑中的思维过程，学习即对外界知识与技能的获得，强调知识的稳定性、复制性与可操控性；另一种是参与（participation）隐喻，关注学习的情境性（situatedness）、境脉性（contextuality）、文化嵌入性（cultural embeddedness）以及社会中介性（social mediation），注重个体与其所处情境的交流互动，重视沟通与协商的过程，认为知识是人们参与社会文化实践的产物，强调情境的结构对个体学习的影响。③ 参与隐喻受莱夫和温格提出的情境学习理论的影响，情境学习理论对教师基于工作情境的学习具有重要的启示意义。莱夫和温格认为，工作场所作为一种特殊的情境，蕴含着丰富的学习资源，对于个体的学习进程与模式具有重要影响。④ 他们提出了实践共同体的概念，引发人们对于学习的环境与社会维度的高度关注与深入探究，突出工作情境对于个体学习的重要价值。

　　基于工作情境的教师学习强调"在场的"（on-site），与教师的教学工作情境相结合的学习方式。⑤ 这种学习方式认为，教师的学习不仅限于教师个体知识与能力的提升，还涉及教师与其所处的教学工作情境之间的互动形成的理解，教师的工作情境以及对该情境的理解和体认在很大程度上决定着教师学习与专业发展的效果。既然教师所处的工作情境以及对该情境的理解与教

　　① Webster-Wright A. Reframing professional development through understanding authentic professional learning[J]. Review of Educational Research, 2009 (2): 702-739.

　　② Tynjälä P. Perspectives into learning at the workplace[J]. Educational Research Review, 2008 (2): 130-154; Ball D L, Cohen D. Developing practitioners: Toward a practice-based theory of professional development[M]//Darling-Hammond L, Sykes G. Teaching as the Learning Profession: Handbook of Policy and Practice. San Francisco: Jossey-Bass, 1999: 3-32.

　　③ Sfard A. On two metaphors for learning and the dangers of choosing just one[J]. Educational Researcher, 1998 (2): 4-13.

　　④ Lave J, Wenger E. Situated Learning: Legitimate Peripheral Participation[M]. Cambridge: Cambridge University Press, 1991.

　　⑤ Imants J, Van Veen K. Teacher learning as workplace learning[M]// Peterson P, Baker E, McGaw B. International Encyclopedia of Education. Oxford: Elsevier, 2010: 569-574.

师学习和专业发展紧密相关,那么如何理解教师的工作情境? 利特尔指出,学校是教师教学工作开展的重要场域,教师的学习与专业发展无时无刻不同他们所处学校的课程与教学实践、学生成就以及学校改进等相关联。① 更重要的是,教师与学校中的其他同事就教学实践问题展开持续的专业交流与对话,这些学习经验深刻地影响着教师对于教学实践的理解与诠释。范维恩(Van Veen)和库伊(Kooy)通过对已往教师学习研究的考察,发现越来越多的教师在学校情境中学习,把教师日常的课堂教学实践作为学习的重要场域,将教师的学习与教学提升以及学生成就联系在一起。② 博尔科认为,基于工作情境的教师学习要融入教师的教学实践,它既可以是教师在学校本土情境中接受的指导与训练,在教室中与问题学生的互动,也可以是教师与同事在学习共同体或探究性学习小组中的合作对话等。③ 对工作情境的教师学习的理解,需要将教师与他们作为参与者的社会系统都考虑进来。

夸克曼(Kwakman)基于情境学习理论,指出教师所处学校的课堂教学情境提供了最重要以及真实的学习场域,教师的学习与认知总是与教师的日常教学活动相关联,这些真实的活动能够培养教师思考与解决问题的能力,教师在与其他个体、中介物以及操作系统的互动中解决教学实践中遇到的问题。教师的学习具有一定的社会性,个体在某个特定的环境中与他人的互动是决定个体学习到什么以及学习如何发生的重要因素。教师参与不同形式与主题的社群进行学习,通过与他人持续互动与合作的过程获得多元的观点、理论与概念等。此外,教师参与教学活动的最终目的是提升教学实践,促进教师的专业发展。基于以上分析,他将教师在工作情境中的学习界定为"教师个人或与

① Little J W. Professional community and professional development in the learning-centered school [M]// Kooy M, Van Veen K. Teacher Learning that Matters: International Perspectives. New York: Routledge, 2012: 22-46.
② Van Veen K, Kooy M. Stepping back and stepping in: Concluding thoughts on the landscapes of teacher learning that matters [M]// Kooy M, Van Veen K. Teacher Learning that Matters: International Perspectives. New York: Routledge, 2012: 255-260.
③ Borko H. Professional development and teacher learning: Mapping the terrain [J]. Educational Researcher, 2004(8): 3-15.

其他人共同参与日常教学活动以促进教师专业发展的过程"。[①] 伊曼茨
(Imants)和范维恩指出,基于工作情境的教师学习有以下四个主要特点:第
一,从聚焦教师个体的知识、技能以及教学素养(如新的教学方法等)转移到关
注学生学习以及具体的教学问题。第二,从"不在场"的学习情境转移到教师
的日常工作情境。第三,从单一的会议或短期培训项目转移到长期性、持续性
的学习。第四,教师从被动的变革参与者转变为积极的学习者,而变革本身也
逐渐被视为涉及多元要素互动之下的复杂过程。[②] 基于工作场所的教师学习
有利于促进学习的转移,能够满足个体不同的学习需要,获得集体的知识,促
进同事之间的合作和学校的改进。但是并不是所有基于工作情境的学习都会
促进教师发展与学校改进,它们也可能会加剧既有的偏见,巩固既有的教学实
践模式而拒绝创新。[③]

教师学习的情境性与社会性的理解使人们意识到教师的学习与其所处的
工作情境不可分离,不少研究者尝试探讨教师究竟在什么样的工作情境中才
能够获得专业学习与发展的持续提升。富勒(Fuller)和昂温(Unwin)提出了
拓展性的学习环境与限制性的学习环境的概念以阐释工作情境对教师正式以
及非正式学习机会的影响。拓展性的学习环境指的是具有较为广泛以及多元
的学习机会、重视以及支持学习的文化,能够为教师之间的合作性工作提供机
会;成员之间相互支持;教师的学习根植于课堂教学实践;支持教师在不同的
学习小组中学习;提供教师跨越本校情境的学习机会。限制性的学习环境则
与之相反,其主要体现为教师之间独立工作,其聚焦点并非教师学习,缺乏校
内以及跨校的拓展性的学习机会等。[④]

---

① Kwakman K. Factors affecting teachers' participation in professional learning activities[J]. Teaching and Teacher Education, 2003 (2): 149-170.

② Imants J, Van Veen K. Teacher learning as workplace learning[M]// Peterson P, Baker E, McGaw B. International Encyclopedia of Education. Oxford: Elsevier, 2010: 569-574.

③ Knight P. A systemic approach to professional development: Learning as practice[J]. Teaching and Teacher Education, 2002 (3): 229-241.

④ Fuller A, Unwin L. Learning as apprentices in the contemporary UK workplace: Creating and managing expansive and restrictive participation[J]. Journal of Education and Work, 2003 (4): 407-426.

莫雷尔（Morrell）发现，教师在暑期研讨实践共同体中，通过参与情境性的活动，教师能够与其他人一起工作，解决与他们教学实践切身相关的实际问题。莫雷尔通过调查发现，教师在实践共同体中通过以下四种方式有力地推动了彼此的专业发展：首先，通过公开教学实践，教师能够接受来自同事不同视角的批判性观察，为同事之间展开更具体且实质的对话提供了机会。其次，共同的计划与研讨。教师针对课堂发生的实践问题提出关切，共同商讨解决策略，在这一过程中，大部分教师认识到信息共享与对话的重要性。再次，大量参与教学实践的机会。教师需要观察、指导以及参与自身小组之外的其他小组的活动，丰富的学习机会帮助教师了解到多元的教学方法与模式。最后，基于探究的反思性对话。通过教学研讨会、课例探究等形式，在教学方式、路径以及理念方面展开争论与对话，思考如何将从共同体中获得的教学理念与方法应用于实际教学中。①

有研究者对教师如何通过逐步建立实践共同体以推动彼此持续专业发展的历程进行了考察。② 教师之间先通过合作性的任务建立起对他人以及共同体的初步认识，而后随着合作的逐步深入，成员对彼此的期待逐步增强。随之出现的是成员之间在特定问题上的矛盾与不和谐，通过自我呈现、分享个人逸事以及集体反思等方式不断解决问题，成员的实践性知识以及反思能力得到提升。最终随着成员间的共同分享以及相互扶持，成员间建立起共享的责任感，彼此的专长得以发展。

哈巴卜-拉维（Habhab-Rave）采用个案研究法，探究法国两所不同学校中数学与科学教师基于工作情境的教师学习对教师发展的影响。研究发现，在一所个案学校中，教师之间相互支持与交流，能够针对教学理论与实践展开讨论、交流与反思，但少有批判性的对话与争鸣。而在另外一所个案学校中，成员间具有更为开放的学习氛围，教师能够针对学科问题展开批判性对话，分享

---

① Morrell E. Legitimate peripheral participation as professional development: Lessons from a summer research seminar[J]. Teacher Education Quarterly, 2003 (2): 89-99.

② Mak B, Pun S H. Cultivating a teacher community of practice for sustainable professional development: Beyond planned efforts[J]. Teachers and Teaching, 2015 (1): 4-21.

与批判是成员间建立共同信念与实践的一种重要方式,教师之间保持"诤友"的同侪关系,愿意以一种支持性的立场挑战以及质疑他人的观点。通过成员之间的反思与对话,教师以往的观念、视角等受到挑战,在这一过程中新的教学观点与理念得以产生。①

伊尔迪里姆(Yildirim)以三位来自不同学校的英语学科教师为研究对象,考察情境与教师专业学习和发展的关系。研究发现,通过建立实践共同体,教师学习获得有力支持,在共同体中教师相互分享与交流对教学的不同理解与视角,反思发现自身的问题与不足;通过不同校教师之间的对话、碰撞,教师共同建构起新的教学观点,进一步加深对英语教学的理解和认识。②

霍金森等通过对英国中学英语教师基于工作情境的学习的考察,发现教师处于一种限制性的学习情境中,教师在封闭的教室中孤立地工作,较少与本学科以及其他学科的教师进行互动交流,同时跨越自己的学校情境与其他学校的教师进行合作的机会也较为有限,这种学习情境在较大程度上限制了教师的学习机会,不利于教师的持续学习与发展。③

综上讨论,基于教师工作情境的学习已经成为教师持续发展的重要方式之一。教师的学习与发展转移到教师的实际工作情境以及教学实践中。基于工作场所的学习的情境性以及社会性对教师的专业发展有重要影响,探讨教师在工作情境中如何实现持续的提升与发展,如何通过相互沟通、对话、批判与合作共同解决实践问题,是需要进一步关注的问题。

---

① Habhab-Rave S. Workplace learning in communities of practice: How do schoolteachers learn [M]//Kimble C, Hildreth P, Bourdon I. Communities of Practice: Creating Learning Environments for Educators. Charlotte: Information Age, 2008: 213-232.

② Yildirim R. Adopting communities of practice as a framework for teacher development[M] // Kimble C, Hildreth P, Bourdon I. Communities of Practice: Creating Learning Environments for Educators. Charlotte: Information Age, 2008: 233-254.

③ Hodkinson H, Hodkinson P. Improving schoolteachers' workplace learning[J]. Research Papers in Education, 2005 (2): 109-131.

二、教师发展的影响因素

教师在知识、技能、信念以及价值观等诸多方面的学习与提升均受其所处情境的影响。教师发展的影响因素主要包括以下四个方面：国家政策与市场环境；学校结构、文化氛围与学校领导；教师所处的学习共同体；教师个体因素。

(一)国家政策与市场环境对教师发展的影响

国家政策是影响教师专业发展的重要因素。当前国际教师的专业发展主要受两股推动力的影响：一是根植于教师的教学实践，认为教学质量的提升根本在于教师对学生学习的深入理解；二是倾向于对教师和教学实践进行标准化的外部控制，加强对教师的问责，促使教师达到既定的标准和要求。[①] 美国州际初任教师评价与支持联合会(INTASC)和全国教学专业标准委员会(NBPTS)以及英国工党于 2007 年发布的教师专业标准体系(TDAS)都体现了以"标准"为导向的教师专业发展取向。当前美国、英国以及澳大利亚等国家制定的一系列教师和教学标准，正在逐步增强国家对教学专业的控制，以达到问责(accountability)和表现主义(performativity)的目的。[②] 尽管标准的制定在一定程度上为提升教师的质量提供了保障机制，但是也存在诸多弊端。例如，达林-哈蒙德认为，通过提高标准、规范结果以及加强控制来应对挑战与不确定性的方式最终会失败，因为教学实践从根本上说是不确定的和不可预测的。[③] 还有学者指出，这种强调专业能力(capacity)、标准以及问责的方式体现的是政府的权力与控制机制。[④] 在表现主义的工作环境中，政府以及相

---

① Little J W. Teachers' professional development in climate of educational reform [J]. Educational Evaluation and Policy Analysis, 1993 (2): 129-151.

② 卢乃桂,钟亚妮.国际视野中的教师专业发展[J].比较教育研究,2006(2):71-76.

③ Darling-Hammond L. Standards, accountability, and school reform[J]. The Teachers College Record, 2004(6): 1047-1085.

④ Apple M. Educating the "Right" Way: Markets, Standards, God, and Inequality[M]. New York: Routledge, 2006.

应的教育管理部门决定了什么知识是"合法"的、合理的或有价值的。[①]

除了国家对教师专业发展所施加的控制,市场环境也能对教师专业发展产生影响。戴伊(Day)和萨克斯(Sachs)认为,当前欧美国家教育改革政策的核心变为授权代理、地方分权和市场化。其表现之一就是教育领域内准市场机制的引入,赋予家长和儿童更多的自由选择权,从而使学校和教师面临着重重压力;同时通过引入教师绩效工资等机制对教师进行审计和约束。[②] 在一个强调"表现"与"效率"的工作环境中,个体被视为组织中重要的人力资本,专业发展则成为提升个体能力进而提高生产效率以达成组织目标的重要手段。教育部门或学校将教师专业发展的重心放在如何提升教师的"能力"、管理系统和对教学成果的问责上,教师个体以及知识被视作提升生产效率、实现组织目标的工具。萨克斯指出,当前教育领域中的管理主义思想,将教师看作执行他人制订的计划和标准的技术执行者,教师沦为提供理想教育服务的供应者以满足家长或学生的需求。在这种背景下,教师的身份也逐渐"商业化"。[③] 教育领域中准市场机制的引入,使人们更加关注效率、效果以及经济,这对教师专业性以及教师专业发展都产生了较大影响。

(二)学校结构、文化氛围与学校领导对教师发展的影响

教师是学校的一部分,教师与学校的互动会影响教师的行为和态度。学校对教师的影响主要体现在以下三个方面。第一,学校的结构。学校的规模、课程的类型以及学校学生的家庭社会背景等均是学校结构的重要组成部分。[④]

---

① Ball S J. The teacher's soul and the terrors of performativity[J]. Journal of Education Policy, 2003(2): 215-228;Ball S J. Performativity, commodification and commitment: An I-spy guide to the neoliberal university[J]. British Journal of Educational Studies, 2012(1): 17-28.

② Day C, Sachs J. Professionalism, performativity and empowerment: Discourses in the politics, policies and purposes of continuing professional development [M]//Day C, Sachs J. International Handbook on the Continuing Professional Development of Teachers. Maidenhead: Open University Press, 2004: 3-32.

③ Sachs J. The activist professional[J]. Journal of Educational Change, 2000 (1): 77-94.

④ Brault M C, Janosz M, Archambault I. Effects of school composition and school climate on teacher expectations of students: A multilevel analysis[J]. Teaching and Teacher Education, 2014 (44): 148-159.

第二,学校的文化氛围。学校的文化氛围是一所学校区别于其他学校的重要特质,学校的文化氛围对教师个体的行为、态度、价值观、健康以及满意度等具有重要影响。[①] 一方面,学校的文化氛围可能会推进教师之间的合作,增强教师之间的互相依赖性;另一方面,学校的文化氛围也可能会导致教师之间相互孤立、竞争的局面。德沃斯(Devos)等研究者发现,在强调竞争、排名的学校中,教师的自我效能感比较弱。[②] 也有研究表明,在一种强调合作、分享的环境中,教师会更为主动、公开地分享他们的问题,与其他教师进行交流,教师在心理上的安全感是持续学习的重要前提。[③]

第三,校长领导作用的发挥在影响教师学习以及学校改进方面扮演着重要角色。在教师学习与发展的过程中,学校领导者的作用不可忽视。领导者既可以通过问责与标准化考试等方式对教师实现"技术监督与压迫",又可以在时间、资源与制度等方面为教师专业发展提供支持。例如,校长是以学习为中心的教学型领导,通过促进学生以及教师的学习,在学校中建立学习的共同愿景,能够为学生学习和教师发展创造良好的环境。[④] 其领导作用主要表现在:能够识别出教师的发展需要、鼓励教师试验新的教学方法、为教师学习提供资源、促进新的学习方式的开展等。[⑤] 利思伍德(Leithwood)与詹茨(Jantzi)提出变革型领导在教育变革中扮演重要角色,其主要通过以下三个维度为教师发展提供支持:一是建立愿景,即发展的目标或首要考虑的事情;二是对教师个体的关注,包括关心教师的感受和需要;三是在智能上的刺激,包

---

① Brault M C, Janosz M, Archambault I. Effects of school composition and school climate on teacher expectations of students: A multilevel analysis[J]. Teaching and Teacher Education, 2014 (44): 148-159.

② Devos C, Dupriez V, Paquay L. Does the social working environment predict beginning teachers' self-efficacy and feelings of depression? [J]. Teaching and Teacher Education, 2012(2): 206-217.

③ Grosemans I, Boon A, Verclairen C, et al. Informal learning of primary school teachers: Considering the role of teaching experience and school culture[J]. Teaching and Teacher Education, 2015(47): 151-161.

④ Hallinger P. Leadership for learning: Lessons from 40 years of empirical research[J]. Journal of Educational Administration, 2011 (2): 125-142.

⑤ Hallinger P, Lee M, Ko J. Exploring the impact of school principals on teacher professional communities in Hong Kong[J]. Leadership and Policy in Schools, 2014 (3): 229-259.

括为教师专业发展提供充分的支持,让教师重新思考其知识与实践。^① 变革型领导强调发展教师的能力以及培养教师对学校组织目标的认同与承诺,鼓励教师大胆尝试和挑战,促进教育变革。^② 然而,教学型领导与变革型领导都被质疑将领导力集中于校长一身,不利于教师的学习与发展。埃尔莫尔(Elmore)指出,教学与学习作为一项复杂的活动,如果不将领导的责任广泛分布于组织中的诸多个体,那么教育变革很有可能面临失败的危险。^③ 近年来,分布式领导的理念备受关注,分布式领导强调对领导权威和责任进行重新分配,教师共同参与决策,占据一定的领导空间。^④ 也有相关实证研究发现,当领导者将教师纳入与教师发展相关的政策制定时,教师在教学质量以及对学生的投入方面有较为明显的改善。^⑤

(三)教师所处的学习共同体对教师发展的影响

教师所处的学习共同体是影响教师发展的重要因素。邓恩(Dunne)等的研究显示,通过参与诤友共同体,教师的实践性知识增加,同时在教学实践层面,教师在课堂组织安排的灵活性增强,在教学步调上更加注重适应不同水平学生的需要。^⑥ 另外,教师之间思维的碰撞有助于促进教师的深层反思,教师从最初只关注自身的教学流程,到后来更加关注学生对于课程的理解,其反思的程度有所加深。^⑦

---

① Leithwood K, Jantzi D. Transformational school leadership for large-scale reform: Effects on students, teachers, and their classroom practices[J]. School Effectiveness and School Improvement, 2006 (2): 201-227.

② Leithwood K, Jantzi D, Steinbach R. Changing Leadership for Changing Times [M]. Buckingham: Open University Press, 1999.

③ Elmore R. Leadership for effective middle school practice[J]. Phi Delta Kappan, 2000(4): 268-269.

④ Spillane J P, Halverson R, Diamond J B. Towards a theory of leadership practice: A distributed perspective[J]. Journal of Curriculum Studies, 2004 (1): 3-34.

⑤ Bryk A S. Organizing schools for improvement[J]. Phi Delta Kappan, 2010(7): 23-30.

⑥ Dunne F, Nave B, Lewis A. Critical friends groups: Teachers helping teachers to improve student learning[J]. Phi Delta Kappan, 2000(4): 31-37.

⑦ Lambson D. Novice teachers learning through participation in a teacher study group[J]. Teaching and Teacher Education, 2010 (8): 1660-1668; Hung H T, Yeh H C. Forming a change environment to encourage professional development through a teacher study group[J]. Teaching and Teacher Education, 2013(36): 153-165.

　　教师学习共同体的建立也有利于教师文化的形塑和改善。其一,参与学习共同体有助于改变教师之间的个人主义,建立合作文化。斯托尔(Stoll)等的调查研究发现,共同体中教师通过分享教案、共同反思教学实践问题,集体探究和试验新的教学方法,改变了以往彼此孤立的局面,培育了合作性的教师文化。[1] 其二,肯定教师的权威及领导力。在共同体中,学校领导与教师共享对共同体事务的领导和决策权,教师在课程、教学以及学习等方面充分表达与自身教学实践密切相关的观点、兴趣和问题,发挥领导作用。[2] 其三,形成持续学习的文化氛围。与同侪教师之间的互动,可以帮助教师解决一线教学中面临的实际问题与挑战,教师从共同体中汲取新的知识、方法或理念,其学习的积极性和主动性被激发,有利于促进共同体成员的持续学习。[3]

　　然而,教师所处的学习共同体对教师发展的影响并不总是积极的。布雷克(Bryk)指出,人们对于教师共同体总是抱有过于美好的想象,而忽略了它潜在的"危险"。[4]首先,基于共同体的教师发展很容易将教师个体置于共同体的影响之下,以固有的模式实现对共同体成员的"再生产"。布雷克认为,共同体本身是围绕一个特定的"指导体系"组织起来的,这一体系涉及较为具体的教学实践、社会规范以及专业自主。作为一种"文化适应"(enculturation)的过程,教师在参与共同体的过程中会受该共同体中主流的规范、价值观以及实践的辐射与影响。只有成功地将共同体的规范或价值观内化到自己教学实践中的成员才会受到该共同体的接纳与认可,并获得相应的成员身份。在共同体规则与价值的辐射和影响之下,教师个体无论是在其获得的技能、信息、规范还是个人期待方面都表现出较高的同质性。其次,在共同体内部过于强调统一性与和谐的同事关系。边界是共同体存在的前提,共同体本身更倾向于

① Stoll L,Bolam R,McMahon A,et al. Professional learning communities:A review of the literature[J]. Journal of Educational Change,2006(4):221-258.
② Supovitz J A. Developing communities of instructional practice[J]. Teachers College Record,2002(8):1591-1626.
③ Stoll L,Bolam R,McMahon A,et al. Professional learning communities:A review of the literature[J]. Journal of Educational Change,2006(4):221-258.
④ Bryk A S. Support a science of performance improvement[J]. Phi Delta Kappan,2009(8):597-600.

吸纳具有共同的愿景、理念和价值观的个体成为共同体的成员。这就意味着共同体的封闭程度较高,成员之间难以有不同理念的碰撞和交流。[①] 同时,共同体过于追求和谐的同事关系,内部缺少多元声音,个体不愿意挑战更有权威的成员,回避冲突与对峙。[②] 在既有的框架之下,成员主要以适应共同体已有的规范和实践为主,而不是质疑和挑战其实践、规范等。这种运作模式的危险在于容易强化群体已有的思考方式,巩固现有的共同体结构,甚至导致教学实践被引入不恰当的轨道。[③]

(四)教师个体因素对教师发展的影响

除了受外在的学校以及共同体等情境的影响,教师自身也是具有能动性的个体,教师的自我意识与定位、教师自身所拥有的教学经验以及教师自身的能动性等都对专业发展发挥重要作用。

教师的自我意识与定位是教师对自身生存状态的审视与对自我发展愿景的规划。[④] 它是指教师以自我为认知与解构的对象,对自己的情绪、行为、想法、观念等进行反省与思考,以教育教学活动的开展为意识更新与自我构建的主要途径。[⑤] 教师对自我的认知与定位在一定程度上影响教师参与专业发展的动机与行为。[⑥] 具备积极的自我意识与定位的教师能够主动参与专业发展,通过整合与自身相关的反馈信息,觉察自己的专业优势与不足。[⑦] 他们能够了解专业发展的用途与益处,知道如何提升自身的专业能力,这样的认知与

---

① Achinstein B. Conflict amid community：The micropolitics of teacher collaboration[J]. Teachers College Record, 2002(3)：421-455.

② Wong J L N. Searching for good practice in teaching：A comparison of two subject-based professional learning communities in a secondary school in Shanghai[J]. Compare：A Journal of Comparative and International Education,2010b (5)：623-639.

③ Vause L P. Content and Context：Professional Learning Communities in Mathematics[D]. Toronto：University of Toronto，2009.

④ 包兵兵.试析教师的自我意识及其基本结构[J].当代教育科学,2010(23)：32-34.

⑤ Wohlers A I, London M. Ratings of managerial characteristics：Evaluation difficulty, co-worker agreement,and self-awareness[J]. Personnel Psychology,1989(2)：235-261.

⑥ 王双龙.教师自我意识与学校支持氛围对教师专业发展的影响研究[J].教育科学研究,2017(11)：74-78.

⑦ Cherniss C，Extein M，Goleman D，et al. Emotional intelligence：What does the research really indicate? [J]. Educational Psychologist,2006(4)：239-245.

觉察能力是发展其他能力的重要基础。而对自我的意识与定位较为消极的教师对工作与专业发展抱有负面的态度,会选择忽略或低估外界反馈的信息,不愿对自身的行为做出改变。[①] 教师的自我意识与定位也并不是一成不变的,会随着教师与其他个体的互动而有所变化。

　　教师的学习与发展是一个不断积累教学经验的过程[②],教师个人以往的教学经验在教师学习与发展中扮演着重要角色。王晓芳和黄丽锷的研究发现,教师以前的教学经验可能成为教师获得、应用以及创造新知识的障碍。他们发现,与年轻教师相比,经验丰富的教师更容易局限在当前的思维与行动模式中。[③] 帕特南和博尔科也指出,当新的知识与他们当前的教学经验不相符时,教师并不愿意做出改变。[④] 哈格里夫斯通过考察发现,教师对教育变革的不同情绪反应受生活、教学经验、生涯阶段等多方面因素的影响。处于不同的职业生涯阶段或教学年限不同会使教师对教育变革有不同的理解。处于职业生涯早期阶段的教师(少于或等于 5 年教学经验)与更有经验的教师相比,他们对待变革的态度更为积极。那些处于职业生涯晚期的教师(超过 20 年教学经验)更多地表现出对变革的抵制倾向,对新的教学理念持怀疑的态度。哈格里夫斯发现,那些处于职业生涯晚期的教师坚守某种固定的教学方法的时间越长,他们看待新的教学实践的态度越消极。对于那些处于职业生涯中期的教师来讲,他们对教育变革持一种混合的态度:一方面,他们能够很好地应对变革,因为他们积累了一定的信心和能力;另一方面,他们又对吸收新的知识

　　① Fletcher C, Baldry C. A study of individual differences and self-awareness in the context of multi-source feedback[J]. Journal of Occupational and Organizational Psychology, 2000 (3): 303-319.

　　② Kelly P. What is teacher learning? A socio-cultural perspective [J]. Oxford Review of Education, 2006 (4): 505-519.

　　③ Wang X, Wong J L. How do primary school teachers develop knowledge by crossing boundaries in the school-university partnership? A case study in China[J]. Asia-Pacific Journal of Teacher Education, 2017 (5): 487-504.

　　④ Putnam R T, Borko H. What do new views of knowledge and thinking have to say about research on teacher learning? [J]. Educational Researcher, 2000 (1): 4-15.

和技能持一种谨慎的态度。①

　　教师能动性在促进教师的专业发展中扮演着重要角色。作为能动者的教师不仅能够执行复杂的任务,还具备一定的技能和意愿来提高他们终身学习的能力并持续进行专业发展。② 教师能动性指的是以一种创造性的方式行动,通过有意识的行动、施加控制等方式影响自身的专业身份、教学实践、工作环境以及专业发展。③ 其体现为教师具备主动解决问题的意愿,支持他人的学习、建立共同体,具备批判性的反思意识与较强的创新能力。较强的专业能动性在一定程度上能减轻教师的工作压力,使教师对新的观点持更开放的态度。④ 教师能动性也体现在当外部的规范与教师自身的教学信念相冲突时,教师对外在规范与管理的反抗与抵制。⑤ 抵抗(resistance)作为教师实施能动性的一种表现,是对当前的工作实践以及组织形式的挑战,它表现为一种更为深入地参与活动与建立工作关系的愿望。圣尼诺(Sannino)、里韦罗斯(Riveros)等的研究指出,对峙、抵抗以及教学冲突的解决,能够为促进个体以及其他教师对实践的反思与教学的创新创造机会。⑥

　　此外,教师自身的教育信念与教育变革之间的一致性也会影响教师对变革的态度与行动。教师会依据自身对教学与学习本质的理解来判断教育变革的新模式是否有效,根据他们自身的教育信念赋予变革意义。唐奈(Donnell)

---

① Hargreaves A. Educational change takes ages: Life, career and generational factors in teachers' emotional responses to educational change[J]. Teaching and Teacher Education, 2005 (8): 967-983.

② Lipponen L, Kumpulainen K. Acting as accountable authors: Creating interactional spaces for agency work in teacher education[J]. Teaching and Teacher Education, 2011 (5): 812-819.

③ Eteläpelto A, Vähäsantanen K, Hökkä P, et al. What is agency? Conceptualizing professional agency at work[J]. Educational Research Review, 2013(10): 45-65.

④ Pyhältö K, Pietarinen J, Soini T. Teachers' professional agency and learning—From adaption to active modification in the teacher community[J]. Teachers and Teaching, 2015 (7): 811-830.

⑤ Toom A, Pyhältö K, Rust F O C. Teachers' professional agency in contradictory times[J]. Teachers and Teaching, 2015 (6): 615-623.

⑥ Sannino A. Teachers' talk of experiencing: Conflict, resistance and agency[J]. Teaching and Teacher Education, 2010 (4): 838-844; Riveros A, Newton P, Burgess D. A situated account of teacher agency and learning: Critical reflections on professional learning communities[J]. Canadian Journal of Education, 2012 (1): 202-216.

与盖丁格(Gettinger)指出,当教师个人的教育信念与价值观与教育变革不一致时,他们倾向采取抵制或消极的方式来应对外部的变革。[①]

综上所述,基于工作情境的教师发展不可避免地受其所处的学校组织的影响,其中,学校的结构与文化、校长或中层的领导实践在影响教师教学实践交流与互动中扮演重要角色,教师个人的自我意识与定位、教学经验以及能动性等也是影响教师专业发展的重要因素。在共同体层面,对于教师所处的学习共同体如何影响教师发展,当前研究仍然存在诸多争论。一种观点认为,教师通过与共同体其他成员的互动能够促进教师知识与技能的提升以及教师的深度反思。相反的观点则认为,共同体本身对同质性、统一性与和谐的人际关系的强调并不一定有利于教师的专业发展,对此仍然需要进一步的研究进行探索。

第三节　教师实践共同体

传统的教师发展主要是通过一次性工作坊、短期的教师培训以及大学课程等方式将知识传递给教师。随着人们对于学习、教学以及教师等认识的不断深入,教师不再被视为被动的信息接收者或课程与教学方法的执行者,而是课程的理解者以及知识与教学方法的创造者。人们开始重新思考教师应该在何种条件下学习,怎样学习以及学习什么等重要问题。[②] 近年来,在教师发展领域,实践共同体的理念备受关注。与传统的教师发展模式不同,基于实践共同体的教师发展重视采用一种合作、探究以及实践取向的教师发展路径,强调在真实的教学情境中,通过教师之间持续的合作与反思,重新建构对于教与学的认识。[③] 本节首先阐述实践共同体的概念、特征以及维度,其次回顾当前关

---

① Donnell L A, Gettinger M. Elementary school teachers' acceptability of school reform: Contribution of belief congruence, self-efficacy, and professional development [J]. Teaching and Teacher Education, 2015(51): 47-57.

② Cochran-Smith M. Teaching quality matters[J]. Journal of Teacher Education, 2003(2): 95-98.

③ Niesz T. Chasms and bridges: Generativity in the space between educators' communities of practice[J]. Teaching and Teacher Education, 2010 (1): 37-44.

于实践共同体理论的主要讨论，提出未来可进一步研究的方向。

一、实践共同体

（一）概念

传统的学习观将学习看作发生在个体大脑之中的认知过程，而莱夫和温格认为，学习并不是个体从外界"接受"大量的事实性知识，学习是个体存在于社会世界的一种方式，而不是逐渐认识它的方式。在人们的日常生活中，没有一种特殊形式的"学习"，只有根据文化背景的差异而不断变化的参与性实践活动。个体在日常生活中的参与不是一种学习的手段或途径，其本身就是学习。学习是社会实践内在以及不可分割的一部分，学习者在社会实践中发展出行动以及问题解决的方式，而不是将一系列知识结构从一个地方应用到另一个地方。莱夫和温格将学习视为个体参与日常生活与实践的真实的社会情境的过程，这种社会情境聚焦社会实践中的"实践共同体"。[①]

实践共同体是人与人之间、人与活动以及人与所处的世界之间的一系列联系，这些关系随着时间的推移而不断变化，并与其他相互关联、相互重叠的实践共同体存在联系。[②] 在实践共同体中，不同观点或不同专长的个体基于共同的目标，通过持续的互动，建立起新的意义。这种新的意义或理解并不是作为抽象的结构存在于参与者的大脑之中，而是源自和创生于个体作为共同参与者的情境性实践中。[③]

莱夫和温格提出实践共同体这一概念，他们以此来说明活动在联结个体与共同体关系中的重要性，以及共同体之于合法的个体实践的重要性。共同体并非意味着一定要同时存在一个定义明确的小组或社会性的清晰可见的界

① Lave J，Wenger E. Situated Learning：Legitimate Peripheral Participation[M]. Cambridge：Cambridge University Press，1991.

② Lave J，Wenger E. Situated Learning：Legitimate Peripheral Participation[M]. Cambridge：Cambridge University Press，1991.

③ Stein M K，Silver E A，Smith M S. Mathematics reform and teacher development：A community of practice perspective[M]//Greeno J，Goldman S. Thinking Practices in Mathematics Science and Learning. New York：Routledge，2013：17-52.

限。它意味着成员参与共同体的活动,并对他们在做的事情以及这些事情对其生活和共同体的意义有着共同的理解。① 1998 年,温格的《实践共同体——学习、意义与身份》一书对实践共同体的内涵进行了更为深入的探讨。在他看来,实践共同体是个体在长时间追求联合的事业的过程中共同建构起共享的、相互明确的实践、信念与理解。②

实践共同体并不是简单地将一群人聚集在一起围绕同一个任务工作,它强调成员间通过共同的投入与参与共享对意义的理解。在实践共同体中,意义(meaning)是一个非常重要的概念,实践作为一种日常生活的经历,其本质便是形成意义。③ 不管是谈话、行动、思考还是解决问题等,总是与特定的意义相关联。意义不是先前存在的,也不会通过某种特定的程序或机制实现,意义的形成是一个动态的、历史的过程,或者说,是通过拓展、修订、拒绝以及理解等方式不断地协商的过程(negotiation of meaning)。实践共同体是参与其中的成员对其实践展开意义协商的过程,在这一过程中,成员建立起路线、话语、工具、做事情的方式、符号等一系列共享的资源。温格将实践共同体中的意义协商过程分为参与(participation)以及具体化(reification)两个层面,认为成员是在积极参与实践,与他人建立关系,并通过设计、命名等过程,对共同体所生产的意义进行物化等过程展开协商。④

(二)特征

实践共同体主要存在以下三个特征。第一,实践共同体包含共享的目标、协商的意义与实践。实践共同体不是在特定的时间为了某种特殊需要而进行

---

① Stein M K, Silver E A, Smith M S. Mathematics reform and teacher development:A community of practice perspective[M]//Greeno J, Goldman S. Thinking Practices in Mathematics Science and Learning. New York:Routledge, 2013:17-52.

② Wenger E. Communities of Practice:Learning, Meaning, and Identity[M]. Cambridge:Cambridge University Press, 1998.

③ 赵志成,张佳伟. 探索院校协作中实践共同体的建设:香港优质学校改进计划"联校教师专业发展日"的个案研究[J].教育学报(香港中文大学),2012(1-2):115-134;Wenger E. Communities of Practice:Learning, Meaning, and Identity[M]. Cambridge:Cambridge University Press,1998.

④ Wenger E. Communities of Practice:Learning, Meaning, and Identity[M]. Cambridge:Cambridge University Press,1998.

的简单聚集,成功的实践共同体往往具有可供成员协商意义的共享的文化与历史资源,包括共同的文化、规范以及经验等,这些共享的经验构成了个体之间开展持续意义协商的知识基础。当个体尚处于实践共同体的边缘位置时,可以通过了解共同体以往以及当前经验协商的历史,更好地融入实践共同体。当个体能够通过与其他成员的互动协商逐渐进入实践共同体的历史与文化脉络时,个体借助这一过程获得了参与共同体实践的合法性,并对实践共同体的建设和发展做出了贡献。第二,个体与共同体之间以及共同体与社会组织之间构成相互依存的系统。这主要体现在两个方面:一是个体通过将共同体的实践个人化以转变和维持着共同体,而共同体则通过提供个人化的机会以及最终促成个体文化适应的途径来转变和维持个体,个体如何参与、参与怎样的实践都是共同体生态功能的一种体现。二是实践共同体本身也是更大的社会体系的一部分,共同体本身在一个更广泛的社会角色下发挥功能,这个角色赋予共同体以及成员的实践以意义。第三,共同体的延续发展依赖新成员不断的贡献、支持并最终实现对共同体的引领。新成员通过文化再适应的过程从共同体的边缘走向中心,逐步替代共同体中的老成员,最终引领共同体不断得以更新与发展,这一过程持续地发生在实践共同体中。真正得以不断持续发展的实践共同体中,共同体已有的熟手并不会因为要被替代而剥夺新来者参与共同体实践的机会,而新来者本身也可以带来一定资源供共同体内已有的成员学习,共同体中的更新、“流动”或“替代”是成员从边缘性参与向充分参与转变的象征,也是共同体得以持续存在与发展的保障。[①]

(三)维度

实践共同体成员通过参与共享的活动而联结在一起,实践共同体不同于正式的工作团队或兴趣小组,它强调成员间共享的实践。温格认为实践共同体的构成包含三个基本的维度:共同的参与(mutual engagement)、联合的事

---

① Barab S A, Duffy T M. From practice fields to communities of practice[M]// Jonassen D H, Land S M. Theoretical Foundations of Learning Environments. New York: Routledge, 2000: 25-44.

业(joint enterprise)以及共享的智库(shared repertoire)。^① 这三个维度构成实践共同体的基本结构,彼此密不可分,是实践共同体凝聚力的重要来源。

共同的参与强调实践共同体如何运作(how it functions),它指的是成员之间的相互介入与互动。温格指出,共同体中的实践并不是一种抽象的实体,而是人们共同参与活动、彼此协商的结果。没有人们的相互介入与持续的互动(如个体之间偶然的或不经意的互动),共同体仅仅是个体之间的简单集合而并不能构成实践共同体。共同的参与可以说是实践共同体的一个最基本的特点,实践共同体的存在有赖于成员之间持续的讨论、协商以及交流。在实践共同体中,成员间通过共同的参与和投入,相互分享经验、交流困难与不足、提出问题,引发对相关议题的争论与讨论,进而发展出新的观点并建立起对彼此以及共同体的认同感。^② 在实践共同体中,参与者在相互介入的过程中,容许多样性以及个人偏好的出现,每一位参与者都可以表达自身的观点,而无须做出一致行动,这有助于参与者发挥自身的专长,创造出更加丰富的知识与技能。^③

相互介入的活动创造了成员间各种各样的关系,不仅包含相互支持与彼此关怀,还包括异议、冲突和挑战。相互的介入并不要求参与者具有同质性,共同体的成员在年龄、兴趣以及经历和技能背景等方面存在不同,这些个体之间彼此交流信息与意见,发生冲突与合作,直接或间接地对各自的理解产生影响。温格、麦克德莫特(McDermott)与斯奈德(Snyder)发现,只要成员间拥有一定的共同基础,保持互动,成员之间的差异反而会促进更多的学习,增进共

---

① Wenger E. Communities of Practice:Learning, Meaning, and Identity[M]. Cambridge:Cambridge University Press,1998.

② Mak B, Pun S H. Cultivating a teacher community of practice for sustainable professional development:Beyond planned efforts[J]. Teachers and Teaching,2015(1):4-21.

③ Tsui A B M, Wong J L N. In search of a third space:Teacher development in Mainland China [M]// Chan C K, Rao N. Revisiting the Chinese Learner:Changing Contexts, Changing Education. Hong Kong:Springer,2009:281-311;Wenger E. Communities of Practice:Learning, Meaning, and Identity[M]. Cambridge:Cambridge University Press,1998.

同体的创造力。[①] 徐碧美、爱德华兹（Edwards）与洛佩兹-雷亚尔（Lopez-Real）的研究进一步指出，如果在实践共同体中只充斥着冲突与矛盾，则会阻碍实践共同体的发展与运作。[②] 成员之间的相互介入性（mutuality），关注的是社会资本的深度（the depth of social capital）。它强调的是社群成员通过一段时间的相互介入，能够在多大程度上建立起"共同体"的归属感，如人们能够很清楚地了解彼此，知道向谁寻求合作与帮助，彼此之间能够高效地展开合作。同时成员之间高度信任，这种信任不仅体现在私人关系上，还表现在他们有能力对社群的事业共同做出贡献，在共同解决现实问题时彼此感受到愉快舒适，能够坦诚相待，大胆质疑。通过不断地给予以及接受帮助，社群的成员能够清楚地认识到，他们所做出的每一份贡献在某种程度上都是互惠的，能够促进所有成员的共同发展。[③]

在教师的实践共同体中，成员之间的相互参与以及投入强调教师能够对影响他们专业发展的教学、课程以及相关政策等做出一定的反应和贡献。[④] 在教师的实践共同体中，成员作为学习者相互参与、介入，不断发展和建构新的教学实践，以回应学生的要求，而非实施既定的实践。吉斯（Guise）等通过研究发现，在传统的教学中，成员之间往往体现为孤立的教学以及单向的学习，指导教师为其他教师提供现成的教学材料而非与同侪教师共同参与反思性教学实践，两者之间往往体现为领导与被领导的关系，而非同侪合作关系。[⑤] 而在另外一种情况中，教师将学习视为一项社会性实践，成员之间采取一种探究性的立场，在社群中共同学习。教师们尝试挑战常规的教学模式，考

① Wenger E, McDermott R A, Snyder W. Cultivating Communities of Practice：A Guide to Managing Knowledge[M]. Boston：Harvard Business Press, 2002.

② Tsui A B M, Edwards G, Lopez-Real F, et al. Learning in School-university Partnership：Sociocultural Perspectives[M]. New York：Routledge, 2009.

③ Wenger E C, Snyder W. Communities of practice：The organizational frontier[J]. Harvard Business Review, 2000（1）：139-146.

④ Glazer E M, Hannafin M J. The collaborative apprenticeship model：Situated professional development within school settings[J]. Teaching and Teacher Education, 2006（2）：179-193.

⑤ Guise M, Habib M, Thiessen K, et al. Continuum of co-teaching implementation：Moving from traditional student teaching to co-teaching[J]. Teaching and Teacher Education, 2017（66）：370-382.

察理论与实践之间的差距,在借鉴他人观点的基础上建构出新的创生性的框架。其目的并不是发展教师已经知道的知识,而是通过与其他教师合作共同建构新的知识。霍金森等指出,个体在实践共同体中的参与以及相互介入存在不同的程度和层次,从广泛的意义上来讲,人们之间的社会性关系是学习发生的一个最根本性的条件,学习在任何参与性的活动中都是普遍存在的;从狭义的角度来看,成员在实践共同体中的社会性关系以及互动程度的不同,会带来不同程度的合作与学习。他们通过观察教师在艺术、音乐、信息技术以及历史四个不同的学科组中的互动发现,在艺术与音乐学科组中成员之间呈现出相对僵化以及孤立的参与方式,这使他们获得有限的学习机会。①

　　联合的事业指的是将人们联结在一起的共享的目标(what is about),为共同体成员的行动提供联合的目标和凝聚力。其中"事业"指的是学习能量的水平(the level of learning energy),它强调的是社群在多大程度上能够将学习置于其事业的核心位置。一个社群必须在推动以及维持探究精神方面表现出一定的领导力,必须能够认识到并有效解决社群当前在知识上存在的差距,同时对于外界不断出现的机会始终秉持开放态度。② 联合的事业指引着成员的行动,激励着成员的贡献与实践,并赋予他们行动以意义。首先,联合的事业所强调的"联合性"或"共同性"并不是说共同体中的每个人都信奉同一件事,或者在每一件事情上都达成一致,而是体现于该事业是成员经过协商的,是成员相互介入与集体协商的结果,成员在共同商议的过程中达成共识,共同承担,这一发展过程成为实践的构成部分。其次,联合的事业是实践者在共同参与实践的过程中逐步确立起来的,属于共同体自身的目标与事业。共同体所追求的事业可能会受外部情境的影响,但不是由外部指定的,共同体外部的目标或追求如果没有经过共同体内部成员之间的互动与协商,是无法转化为共同体内部成员的目标与追求的。最后,正是通过对这一共同事业的追求,成

---

① Hodkinson P, Hodkinson H, Evans K, et al. The significance of individual biography in workplace learning[J]. Studies in the Education of Adults, 2004 (1): 6-24.

② Wenger E, Snyder W. Communities of practice: The organizational frontier[J]. Harvard Business Review, 2000 (1): 139-146.

员间接纳彼此的不同与期待，建立起对彼此的责任感，这种共享的责任感促使成员相互分享信息与资源，关切他人的发展。在教师的实践共同体中，联合的事业是教师共同达成的，这一共识的目标是相对一致的，即提升学生的学习成绩，实现教师的专业提升与发展。[①] 斯凯里特(Skerrett)对加拿大一个中学英语实践共同体的运作与发展进行考察发现，社群本身实施由外在强加的发展目标与教育政策，而社群成员之间缺乏联合的发展愿景，成员之间在课程、教学以及学习的议题上较少能够围绕共同的目标以及任务做出回应，而外来的、标准化的实践工具导致社群本身未能达成一个联合发展的系统。[②]

共享的智库围绕何种能力得以生产(what capabilities it has produced)这一问题展开。参与者在追求共同的事业的过程中会生产出一系列供参与者协商意义的共享资源，如工具、符号、行动、做事情的方式以及支持成员协商意义的话语等。通过共同的参与以及资源的共享，成员会形成关于这个议题或领域中的共同做法及标准。如果共同体成立了一段时间，成员会期待彼此掌握共同体的基本知识，分享知识和资源可以让共同体在处理领域中的相关议题时更加有效。共享的智库既包含显性的资源，如专业工具或使用手册、理论、书籍、文章、研究方法、案例、故事以及与其他成员分享的资料库等，又包含隐性的资源，如对问题的见解和观点、某种行为模式、思想风格、某种伦理立场等。在实践共同体中，共享的智库不仅包含共同体的历史以及经年累月建立起来的知识，还是导向未来的，它为成员处理新的情况以及创造新的知识提供资源，成员之间共享实务有利于共同体的不断创新。[③] 根据斯克里布纳(Scribner)等对人工制品的划分，可以根据生成的方式将人工制品划分为预设的人工制品(designed artifacts)与生成的人工制品(emergent artifacts)。

① Cobb P, McClain K, De Silva Lamberg T, et al. Situating teachers' instructional practices in the institutional setting of the school and district[J]. Educational Researcher, 2003(6): 13-24.

② Skerrett A. "There's going to be community. There's going to be knowledge": Designs for learning in a standardised age[J]. Teaching and Teacher Education, 2010 (3): 648-655.

③ Wenger E. Communities of Practice: Learning, Meaning, and Identity[M]. Cambridge: Cambridge University Press, 1998; Wenger E, McDermott R A, Snyder W. Cultivating Communities of Practice: A Guide to Managing Knowledge[M]. Boston: Harvard Business Press, 2002.

预设的人工制品往往具有较高的结构化程度,由社群成员之外的个体创建,其内容往往不受实践共同体成员的影响。而生成的人工制品则由教师在沟通的过程产生,由群体的能动性激发,具有较大的不确定性,是成员意义协商的源泉与表现,并在互动过程中流动共享。① 教师在实践共同体中既可以分享个体或共同体既有的信息与资源,又可以创生新的知识。教师在实践的过程中通过与同侪教师协作以及沟通生成"实践性知识"(practical knowledge),实践性知识是教师经过与同侪的讨论与反思而生成的,具有隐性特征。② 教师在实践以及寻求改进实践的过程中建构知识,通过将新方法与理念等与不同的教师甚至是跨学科、跨校的教师进行分享,教师自身的批判性反思能力也得到提升。同时,新知识的建构与分享也推动共同体本身不断革新。③ 此外,实现实践共同体的持续发展需要成员对建立起来的智库及其对实践的效果始终保持清醒的自我意识(self-awareness)。概念、语言以及实践共同体的工具在某种程度上都是特定的历史以及观点的具体化表现。对这些工具的反思能够使一个共同体从多个视角理解他们自身发展的状态,反思其假设与模式,揭示背后隐藏的可能性,通过这种自我反思与意识推动社群的发展。

综上,实践共同体的三个维度是紧密相连的,共同的志趣和集体的目标将成员联系在一起,指引着成员的行动。成员之间通过共同参与活动,建立起互动的规范和关系,共同协商实践以及行动的意义。在这一过程中,不断建立起供参与者协商意义的话语、工具等资源。如果缺乏联合的事业内含的学习能量来推动社群发展,则社群很容易陷入停滞。如果不能通过持续互动建立起较强的归属感与介入感,则社群最终会四分五裂。一个社群如果没有对其自

① Scribner J P, Sawyer R K, Watson S T, et al. Teacher teams and distributed leadership: A study of group discourse and collaboration[J]. Educational Administration Quarterly, 2007 (1): 67-100.

② Van Driel J, Beijaard D, Verloop N, Professional development and reform in science education: The role of teachers' practical knowledge[J]. Journal of Research in Science Teaching, 2001 (2): 137-158.

③ Yildirim R. Adopting communities of practice as a framework for teacher development[M] // Kimble C, Hildreth P, Bourdon I. Communities of Practice: Creating Learning Environments for Educators. Charlotte: Information Age, 2008: 233-254.

身的智库和资源进行持续反思的能力,则可能会被禁锢于自身的历史之中。

二、关于实践共同体的主要讨论

近年来,实践共同体的理论在国际上获得广泛关注,实践共同体强调在真实的实践情境中,通过成员之间的互动反思来实现教与学的提升。其对于共同参与、联合愿景、实践导向等理念的强调对促进教师发展、提升教学实践具有重要的启示意义。当前学界对实践共同体的讨论,主要聚焦在以下几个方面:实践共同体中的教师学习、共同体成员之间的互动关系以及不同共同体之间的边界跨越。

(一)实践共同体中的教师学习

有研究者指出,实践共同体理论至少可以从两个方面帮助我们理解教师学习:一是实践共同体强调历史、社会以及社群对教师学习的影响,个体并不是在真空中建构知识的,而是具有一定的社会性和文化性。二是对行动的反思(reflection on action)。根据实践共同体理论,知识的建构总是根植于特定的实践,个体在社群中经过集体互动与反思所建构的知识要比单一个体对知识的建构更丰富。[①] 在实践共同体中,教师以教学活动为思考对象,对彼此的行为决策和由此产生的结果进行审视与分析。实践共同体是促进教师学习与互动合作的重要场所,教师通过实践呈现、互动合作以及实践反思等过程实现知识的分享与交流,提升教学实践,在成员之间建构起相互影响、相互促进的合作关系。

1. 实践呈现

在实践共同体中,成员间互动学习的最基本问题之一是共同体中的实践如何在个体之间分享。教师如何公开其实践以供他人反思、批判与学习,以及实践呈现的完整性和具体性是影响教师之间学习与合作的重要因素。[②] 利特

[①]　Butler D L, Lauscher H N, Jarvis-Selinger S, et al. Collaboration and self-regulation in teachers' professional development[J]. Teaching and Teacher Education, 2004(5): 435-455.

[②]　Little J W. Locating learning in teachers' communities of practice: Opening up problems of analysis in records of everyday work[J]. Teaching and Teacher Education, 2002 (8): 917-946.

尔将这一问题归纳为实践呈现的过程,实践呈现包含两个方面:实践的哪一个方面(face of practice)被呈现出来以及实践呈现的透明度(transparency of practice)如何。①

　　教师呈现其实践的哪一个方面以供他人反思或学习是影响学习效果的一个重要因素。教师在互动中最常涉及以下六个方面:教学内容知识、课堂管理、教育学、评价的方法、与学生的关系、与学生家庭的关系。② 实践呈现的另一个方面是实践呈现的透明度,或者说是实践再现的完整性和具体性。莱夫和温格曾指出,实践的社会组织结构、实践的内容以及中介物的透明度都是影响成员参与度的重要因素。③ 以共同体中的中介物为例,对于中介物的理解不仅是学会如何使用这些中介物,更重要的是认识到它是维系实践历史、参与实践文化生活的一种方式。因而成员对于实践的理解不仅涉及技术层面,还涉及与文化和社会组织的错综复杂的关系。

　　其中,公开与示范教学实践是实践呈现的一种重要方式。在实践共同体中,不同水平教师之间的合作需要建立在共享知识与技能的基础之上,然而,指导教师并不能很容易地将自身的知识分享给其他教师,因为实践的深度与复杂性往往需要他们用行动加以诠释。对反思性实践的公开与示范能够帮助同侪教师了解到指导教师所具备的实践性知识,提升教师的教学实践。④ 格莱泽(Glazer)和汉纳芬(Hannafin)的研究发现,作为教师领导者的指导教师,向同侪教师公开以及示范新的教学方法或资源的实施过程有助于提升同侪教师的教学实践。一方面,这种公开能够让同侪教师观察到教学策略以及工具的实施过程,有助于教师的思维迁移,学习如何将新的教学策略应用于自己的课堂中。另一方面,通过在真实的课堂情境中观察指导教师的示范活动,教师

　　① Little J W. Locating learning in teachers' communities of practice: Opening up problems of analysis in records of everyday work[J]. Teaching and Teacher Education, 2002 (8): 917-946.

　　② Levine T H, Marcus A S. How the structure and focus of teachers' collaborative activities facilitate and constrain teacher learning[J]. Teaching and Teacher Education, 2010 (3): 389-398.

　　③ Lave J, Wenger E. Situated Learning: Legitimate Peripheral Participation[M]. Cambridge: Cambridge University Press, 1991.

　　④ Street C. Examining learning to teach through a social lens: How mentors guide newcomers into a professional community of learners[J]. Teacher Education Quarterly, 2004 (2): 7-24.

能够了解到指导教师建构新的活动以及学习情境的思维策略,在这一过程中实现隐性知识的有效分享。①赛加尔(Saigal)采用多案例研究方法,对印度六所公立学校实施素质教育项目以促进教师专业发展的过程进行了考察。研究者发现,在实践共同体的互动中,教学实践的示范作为情境性的教学策略有利于促进教师的专业发展。在将新的教学策略引入学校的过程中,指导教师会公开并示范新的教学策略的实施过程,在示范这些方法的过程中指导教师根据本校教师当前的知识与经验,结合学校具体的课堂教学情境进行调整,并与其他教师共同协商如何将教学策略应用于课堂教学之中。同时,指导教师也通过在即时的课堂教学情境中示范如何与学生互动,进一步加深教师对于学习者的理解。②指导教师基于本土教学情境的教学示范活动是成员间意义协商过程的一个重要方面。这种教学示范是情境性的,同时也是即时性的,能够让教师观察以及体悟教学策略以及思维模式在具体的教学情境互动中的实施过程。

共同体中成员之间的互动学习除了可以通过课堂展示等形式分享实践,教师在共同体中的话语互动也是一种重要的实践呈现的形式。霍恩(Horn)的研究发现,教学重演(teaching replays)与教学预演(teaching rehearsals)这两种话语呈现方式有利于增强实践的"可视性"。她通过为期两年的民族志研究,对六位高中数学教师在合作性教师社群中的对话进行了分析,发现教学重演与教学预演能够让教师在互动中具体地阐释、重新思考以及修正他们对于复杂教学情境的理解。对实际的课堂教学实践发生的行为(教学重演)以及课堂中学生可能会出现的反应(教学预演)进行细致的描述能够有效地促进实践的再情景化,促进教师之间的深度互动。③利特尔对9年级学习小组中的教

① Glazer E M, Hannafin M J. The collaborative apprenticeship model: Situated professional development within school settings[J]. Teaching and Teacher Education, 2006 (2): 179-193.

② Saigal A. Demonstrating a situated learning approach for in-service teacher education in rural India: The Quality Education Programme in Rajasthan[J]. Teaching and Teacher Education, 2012 (7): 1009-1017.

③ Horn I S. Teaching replays, teaching rehearsals, and re-visions of practice: Learning from colleagues in a mathematics teacher community[J]. Teachers College Record, 2010 (1): 225-259.

师互动进行考察,发现成员较多依赖简短的缩写术语,或者使用压缩性的叙事来描述课堂实践的缩影,并没有具体阐述教学实践发生的情境以及动态的过程,这在一定程度上限制了成员之间教学实践的分享与交流。研究者还发现,课堂教学实践的呈现是成员通过互动共同建构、协商以及调整的,社群内部参与规范与参与结构等方面的不同使实践呈现的内容以及方式有所不同。① 埃雷迪亚(Heredia)等对科学教师在学习小组中共同设计形成性评价过程中的实践呈现进行分析,发现当教师使用模糊、抽象的语言来呈现教学实践时,成员之间对形成性评价工具的相关讨论会流于形式。当他们能够推动彼此更为深入、细致地呈现教学实践时,教师能够更好地识别评价的目标以及设计过程中的具体问题。同时研究者还发现,使用多种实践呈现的方式有助于他们更好地剖析使用形成性评价工具中遇到的问题,如通过观看同侪教师课堂教学的录像,教师能够很容易与自己的课堂教学联系在一起;通过反思自身的教学,细致地向同侪教师描述班级学生的困惑,教师之间的研讨更为深入。②

无论是通过课堂示范还是共同体中的话语沟通,对于这些中介物的理解和运用不应仅限于技术层面,还要理解它们在实践中的意义。就中介物本身而言,它们不仅是一种媒介,更是一种维系实践历史、参与实践文化生活的方式。③ 总体来看,尽管成员如何呈现其实践是影响共同体成员学习的一个非常重要的议题,但是相关的实证研究仍然相对较少。

2. 合作互动

在实践共同体中的合作与交流是成员之间实现共同学习的重要方式。建立在自愿以及共享知识基础之上的原生性的合作对话能够让成员自由表达自己的看法,从彼此的经历、故事中找到共鸣,建立起对彼此以及对整个共同体

---

① Little J W. Inside teacher community：Representations of classroom practice[J]. Teachers College Record，2003 (6)：913-945.

② Heredia S C, Furtak E M, Morrison D, et al. Science teachers' representations of classroom practice in the process of formative assessment design[J]. Journal of Science Teacher Education，2016 (7)：697-716.

③ Lave J, Wenger E. Situated Learning：Legitimate Peripheral Participation[M]. Cambridge：Cambridge University Press，1991.

的归属感。^① 成员间共同的分享以及相互支持有助于成员实践性知识的发展以及反思能力的提升。^②

班尼斯特(Bannister)采用个案研究与民族志研究方法,对高中数学教师围绕课程与教学改革的相关议题在学习社群中的互动进行了探讨。研究发现,通过教师之间的互动合作,教师对于如何提升"学困生"学业成绩这一联合事业(joint enterprise)的认识更加深入、多元,在不断追问、讨论的过程中,建构起一种安全、深度的合作文化。^③ 莫雷尔对教师参与暑期研讨共同体的经验进行考察,发现教师之间相互公开教学实践,共同参与教学计划制订与研讨活动,在教学方式、路径以及理念方面的争论与对话,能够促使教师重新反思自身关于教学与学习的理念,改进教学实践。^④ 赛加尔对教师实施素质教育项目的互动过程进行考察,发现校外指导教师与本校教师围绕真实的教学实践问题,共同参与学习活动的设计与实施,以探究的形式对教学策略展开深入的交流。^⑤ 在这一过程中,教师之间的互动与支持是相互的,是在实践共同体中通过相互的参与和投入进行意义协商的过程。

另外一种观点认为,并不是所有的合作都能为教师之间的互动学习创造有利条件,教师在实践共同体中的合作并不一定导向实践改进。在不同的实践情境中,教师习得的内容以及合作模式存在较大差异,教师在实践共同体中的合作互动可能会产生不同的甚至是截然相反的结果。

其一,尽管实践共同体可能带来技能提升与概念的革新,但是也可能强化

---

① Gallagher T, Griffin S, Parker D C, et al. Establishing and sustaining teacher educator professional development in a self-study community of practice: Pre-tenure teacher educators developing professionally[J]. Teaching and Teacher Education, 2011 (5): 880-890.

② Mak B, Pun S H. Cultivating a teacher community of practice for sustainable professional development: Beyond planned efforts[J]. Teachers and Teaching, 2015 (1): 4-21.

③ Bannister N A. Reframing practice: Teacher learning through interactions in a collaborative group[J]. Journal of the Learning Sciences, 2015(3): 347-372.

④ Morrell E. Legitimate peripheral participation as professional development: Lessons from a summer research seminar[J]. Teacher Education Quarterly, 2003 (2): 89-99.

⑤ Saigal A. Demonstrating a situated learning approach for in-service teacher education in rural India: The Quality Education Programme in Rajasthan[J]. Teaching and Teacher Education, 2012 (7): 1009-1017.

既有的实践与互动模式,阻碍创新。若共同体与某种特定的价值观联结在一起,则此时的互动与学习主要是确认共同体"既有想法与实践的正确性",而不是将集体的实践公开化以接受检视与修订。佐恩(Zorn)与泰勒(Taylor)指出,随着实践共同体的发展,成员的合作性互动会逐渐趋于保守,对外来的观念与理解往往持抵制与排斥态度,使知识创新与迁移变得困难。① 在知识发展过程中共同体中的成员可能会导向"惯习",形成集体性思维模式,抵制改变,阻碍共同体的成长与实践创新。其二,共同体中的成员互动过于强调和谐统一,设法弱化成员间的不一致与差异,这种高度统一性导致成员更倾向保持观点一致,使成员缺乏批判意识,对群体观念往往不加思考与批判地接受,由此造成共同体内部缺少多元声音,共同体的主流实践与价值观很少受到挑战。社群成员习惯听从主流"被认可"的特定观念而忽视其他重要议题,新知识与观念的形成受到一定程度的挤压。② 其三,强制性的合作会导致成员间的互动流于形式,难以有深度的知识共享与更新。霍金森等对中学教师在实践共同体中的学习进行考察,发现合作并不能通过强制的形式实现,强制性的合作最终会导致教师"策略性的服从"(strategic compliance)与抵抗。策略性的服从会摧毁教师之间真正的合作。他发现,当历史教研组的组长推动教师之间合作时,尽管教师表面上听从建议,但实际上仍然以个人主义为主,教师只关心自己的课堂教学,对他人表现出漠视,彼此之间少有交流互动。③ 斯凯里特通过对加拿大一个中学的英语实践共同体的考察发现,教师在实践共同体中很少针对课程教学的议题展开讨论,大多数教师之间的合作都围绕行政性议题展开,教师很少有针对课程教学问题展开意义协商的机会,而实践共同体本

---

① Zorn T E, Taylor J R. Knowledge management and/as organizational communication[M]// Tourish D, Hargie O. Key Issues in Organizational Communication. London: Routledge, 2004: 96-112.

② Attard K. Public reflection within learning communities: An incessant type of professional development[J]. European Journal of Teacher Education, 2012(2): 199-211.

③ Hodkinson H, Hodkinson P. Improving schoolteachers' workplace learning[J]. Research Papers in Education, 2005 (2): 109-131.

身也成为组织、行政以及实施训练的单位。① 贾尔斯和哈格里夫斯进一步指出,当前教师之间的合作大多数发生在正式的结构性训练项目和会议中,而教师之间非正式的、原生性的,针对课程、教学以及学习的合作性互动相对较少。② 在"硬造的"合作中,教师的合作并不以专业发展为目的,而是依靠外力来实施控制的合作。教师之间的合作应该是自然的、以发展为导向的,但是"硬造的"合作是行政导向的、强制性的,在时间、空间以及结果上都是可预见的。③

对于"硬造的"合作的批判,并不意味着借助外来力量所组织或计划的教师合作一无是处。事实上,在很多情况下,教师之间的合作与对话需要经过一定的组织与安排才能实现。④ 不同于"硬造的"合作所强调的,通过强制性或行政性的程序将教师联系在一起的方式,哈格里夫斯进一步提出了"安排的合作"(arranged collegiality)这一概念。⑤ "安排的合作"是通过是一种有意识的安排或重组组织的结构或规范帮助教师建立彼此之间的联系。其通过建立共同的规范、创建共同的语言,将人们置于相近的位置以建立共同的责任感,从而形成教师之间信任、尊重以及理解的文化。通过有意识地将一群特定的老师安排在一起,使他们有机会共同学习与合作,如将新手教师与有经验的教师安排在同一间办公室,或者使他们的教室相互毗邻,通过这种方式增加教师之间的非正式交流与合作。"安排的合作"强调通过有意识的组织或安排改变人们的交流方式或组织的结构等,最终使人们建立起新的关系,重塑学校的文化与实践。

---

① Skerrett A. "There's going to be community. There's going to be knowledge": Designs for learning in a standardised age[J]. Teaching and Teacher Education, 2010 (3): 648-655.

② Giles C, Hargreaves A. The sustainability of innovative schools as learning organizations and professional learning communities during standardized reform [J]. Educational Administration Quarterly, 2006 (1): 124-156.

③ Hargreaves A. Changing Teachers, Changing Times: Teachers' Work and Culture in the Postmodern Age[M]. New York: Teachers College Press, 1994.

④ Hargreaves A. Push, pull and nudge: The future of teaching and educational change[M]// Zhu X, Zeichner K. Preparing Teachers for the 21st Century. Heidelberg: Springer, 2013: 217-236.

⑤ Hargreaves A. Push, pull and nudge: The future of teaching and educational change[M]// Zhu X, Zeichner K. Preparing Teachers for the 21st Century. Heidelberg: Springer, 2013: 217-236.

3. 实践反思

在实践共同体中,成员之间对已有的或潜在的知识、经验或信念等进行持续而深入的检视、理解以及反思的过程是改进教学实践、提升教师专业素养的重要途径。丹尼尔(Daniel)、奥尔(Auhl)与黑斯廷斯(Hastings)指出,反思能够帮助成员持续地检视自身对实践共同体知识领域的理解,并拓展社群的知识基础,提升教学实践的质量。[①] 通过集体反思的过程,个体能够接触到不同的观点,认识到自身的不足,取长补短,提升自身的教学技能与实践。同时,在反思与互动的过程中,回答他人的问题也能够帮助个体阐明已有的想法,深入剖析自身的教学实践。实践共同体中的集体反思营造了一个广域的对话空间,在这个空间中,不同个性特点、兴趣、背景与经验的主体提供了对教学实践的不同认知与理解,形成多元的对话空间,在不同的观点与理念的竞争与碰撞中,新的知识得以建构。[②]

威廉斯(Williams)、马修斯(Matthews)和鲍(Baugh)的研究表明,在实践共同体中,教师之间的互动反思能够帮助教师更好地掌握共同体的实践,对教学问题进行细致深刻的分析。通过实践中的反思(reflect in practice),教师之间针对教学即时情境中出现的问题展开思考、评价,尤其是针对教学情境中出现的"意外"情况,对随后的教学安排做出即刻调整,以产生更好的教学效果;而在实践中反思(reflect on practice)则是在实践结束之后通过对已经发生的事件尤其是一些关键性事件的总结与思考,吸取其中的经验以应用到相似的情境中;为了实践的反思(reflect for practice)是在实践发生之前,教师对教研活动的预设和期待,其中包含同侪教师对自身的指导与帮助以及可能面临来自同侪教师的挑战性问题等。研究者发现,参与反思性实践对于指导教师本身也有帮助,借助反思他们能够重新思考自身的价值观、行为背后的原因以及

---

① Daniel G R, Auhl G, Hastings W. Collaborative feedback and reflection for professional growth: Preparing first-year pre-service teachers for participation in the community of practice[J]. Asia-Pacific Journal of Teacher Education, 2013(2): 159-172.

② Nissilä S P. Individual and collective reflection: How to meet the needs of development in teaching[J]. European Journal of Teacher Education, 2005 (2): 209-219.

如何做以实现更好的效果。①

　　反思总是发生在一定的情境之中,在不同的情境中,教师的反思也会有所不同。阿塔尔德(Attard)意识到,在特定的实践共同体中的个体可能具备相同的价值观以及教育目的,社群中的成员可能更容易关注实践的特定方面而忽视其他的重要议题。② 强调与同侪教师之间的反思以及批判性对话有助于教师质疑和挑战个体或群体已有的假设和观点,在此基础上创造出新的学习机会。共同体代表了一种集体的实践,同时隐含着关于如何行动的规范,处于共同体中的教师会根据其所处情境的特征和性质对自身的实践进行解释和调整。③ 例如,麦克唐纳(MacDonald)与廷宁(Tinning)的研究发现,批判性反思存在于那些重视社会公正、同情以及赋权的共同体中,但是在强调教师服膺于既有权威的共同体中则不会发生。④ 在奥文斯(Ovens)与廷宁看来,反思并不是一种可以获得的具体的知识或技能,它是个体在不同的情境中建构起来的,个体所处的社会情境在一定程度上决定了反思的不同形式。⑤

　　(二)共同体成员之间的互动关系

　　个体在参与实践共同体的过程中,建立起共享的互动规范。规范代表着一个共同体共享的道德生活,它鼓励成员为了共同体中所有成员的利益对自己的欲望加以约束;规范也体现为某种礼仪,成员在表达他们的不满以及协商冲突、不满的过程中持一种谨慎的态度。规范往往是内隐的,通常以不成文的形式对人们在特定共同体中的行为做出规定,阐明成员应该做什么,以及在特

---

① Williams E J, Matthews J, Baugh S. Developing a mentoring internship model for school leadership: Using legitimate peripheral participation[J]. Mentoring & Tutoring: Partnership in Learning, 2004 (1): 53-70.

② Attard K. Public reflection within learning communities: An incessant type of professional development[J]. European Journal of Teacher Education, 2012(2): 199-211.

③ Gelfuso A, Dennis D V. Getting reflection off the page: The challenges of developing support structures for pre-service teacher reflection[J]. Teaching and Teacher Education, 2014(38): 1-11.

④ MacDonald D, Tinning R. Reflective practice goes public: Reflection, governmentality and postmodernity [M]// Laker A. The Future of Physical Education: Building a New Pedagogy. London: Routledge, 2003: 82-101.

⑤ Ovens A, Tinning, R. Reflection as situated practice: A memory-work study of lived experience in teacher education[J]. Teaching and Teacher Education, 2009 (8): 1125-1131.

定的情况之下被期待做什么。[①] 个体想要成为共同体的成员就必须掌握共同体的规范,对共同体规范的学习有助于了解他们是谁及其归属于哪个共同体。[②] 规范并不是一成不变的,规范是成员在互动的过程中逐渐建立起来的,会随着共同体的发展而不断变化。[③] 利特尔基于实践共同体的视角,对教师在日常工作中的情境性互动进行考察,发现教师之间的互动规范如交流的传统、专业实践的实施规范等会在一定程度上影响成员参与探究实践的可能性。[④]

1. 合作与支持

在实践共同体中,成员之间的合作与支持是有效工作的前提。研究发现,共同体成员之间平等、合作的同伴关系有助于成员分享交流教学实践,表达多元声音;而成员之间孤立、个人主义以及等级性的互动关系会限制教师之间的互动与交流,影响教师之间的深度学习与发展。[⑤] 通过成员之间的合作性互动,个体公开自己的教学实践,相互分享彼此的经验,珍视彼此的专长,建立起双向支持与合作的互动关系。这不仅有助于教师知识与教学实践的提升,也有利于建立共享的价值观与愿景以及共同的责任感。[⑥]

霍金森等对教师在四个不同的学科组中的学习与互动进行探讨,发现在艺术与音乐学科组中,教师之间能够一起制订教学计划,共同参与决策的制定,在教学问题上能够获得来自同侪教师的帮助。而在信息技术组与历史组中,教师之间的联结较为松散,成员之间缺少固定的讨论时间,教师之间多处

---

① Kaasila R, Lauriala A. Towards a collaborative, interactionist model of teacher change[J]. Teaching and Teacher Education, 2010 (4): 854-862.

② Wenger E. Communities of Practice: Learning, Meaning, and Identity [M]. Cambridge: Cambridge University Press, 1998.

③ Grossman P, Wineburg S, Woolworth S. Toward a theory of teacher community [J]. Teachers College Record, 2001 (6): 942-1012.

④ Little J W. Locating learning in teachers' communities of practice: Opening up problems of analysis in records of everyday work[J]. Teaching and Teacher Education, 2002 (8): 917-946.

⑤ Lieberman J. Reinventing teacher professional norms and identities: The role of lesson study and learning communities[J]. Professional Development in Education, 2009 (1): 83-99.

⑥ Vangrieken K, Meredith C, Packer T, et al. Teacher communities as a context for professional development: A systematic review[J]. Teaching and Teacher Education, 2017(61): 47-59.

于独立工作的状态。研究者指出,尽管在所有的学科组中都存在有效的专业学习,但是相比之下,在合作性的学科组中,教师能够相互分享教学资料并展开互动讨论,其学习视域更为广阔。①

在实践共同体中,教师之间建立起交互性的、平等的合作对话关系,在共同体中的每一位教师都可以根据自身的背景、兴趣与经历分享观点,在相互协作、共同探究中实现思维的碰撞与知识的互补,获得新的理解。② 吉斯等研究人员对指导教师与同侪教师之间的合作教学进行考察,发现指导教师与同侪教师合作教学的实施过程表现出不同的类型。一是传统的合作教学,指导教师与合作教师之间的互动较少,合作教师使用指导教师提供的课程资源,完成由指导教师制订的教学计划,两者之间更多体现为领导与被领导的关系,而非平等的合作对话关系。二是在连续体的另一端,指导教师与合作教师逐步形成基于学习的实践共同体,参与其中的教师均能够共同制订、修改课程与教学计划,相互之间能够平等地交流与协商,教师之间不仅实现了教学策略与教学观念上的转变,还使每一位教师作为能动的学习者与领导者的角色得到尊重与认可。③

2. 尊重与信任

尊重与信任是有效的实践共同体的一个基本特征,成员之间的尊重与信任是影响个体参与实践共同体以及在社群中互动的重要因素。④ 教师之间缺乏信任、尊重的同侪关系,如拒绝、不被重视、相互疏离等,会引起教师消极的情感反应,让教师陷入焦虑与自我怀疑,影响教师在学校中的学习,阻碍教师

---

① Hodkinson H, Hodkinson P. Rethinking the concept of community of practice in relation to schoolteachers' workplace learning[J]. International Journal of Training and Development, 2004 (1): 21-31.

② Yildirim R. Adopting communities of practice as a framework for teacher development[M] // Kimble C, Hildreth P, Bourdon I. Communities of Practice: Creating Learning Environments for Educators. Charlotte: Information Age, 2008: 233-254.

③ Guise M, Habib M, Thiessen K, et al. Continuum of co-teaching implementation: Moving from traditional student teaching to co-teaching[J]. Teaching and Teacher Education, 2017(66): 370-382.

④ Flint A S, Zisook K, Fisher T R. Not a one-shot deal: Generative professional development among experienced teachers[J]. Teaching and Reacher Education, 2011 (8): 1163-1169.

对学校事务的参与、对学校的归属感与认同感。① 尊重与信任是影响成员顺利融入新的共同体的重要因素。当个体进入一个新的共同体时,成员迫切地需要得到同侪教师的尊重与认可,此时同侪教师为他们营造信任以及接纳的氛围,对于他们顺利地进入共同体具有至关重要的作用。②

成员之间的信任意味着成员间有着高度的相互理解以及较高的开放程度,个体之间的信任与理解是成功分享知识(尤其是隐性知识)的重要条件。③ 格利森(Gleeson)和泰特(Tait)从实践共同体的视角,对九位经验丰富的英语教师在国外的学习经验进行考察,发现成员之间的信任对于他们共享知识尤为重要,成员在互动的过程中相互支持,建立起共享的资源库,教师不仅在专业上有所提升,而且对共同体的认同感也有所增强。④

惠特科姆(Whitcomb)、博尔科和利斯顿(Liston)进一步指出,在一个信任与支持性的环境中,教师之间更愿意相互分享以及公开呈现自身的不足,提出自身对于教学的困惑与问题,而不用顾忌同侪教师对自己的评判。⑤ 在这种氛围之下,成员珍视彼此之间的异质性,尊重每一位成员的见解,接受不确定性以及暂时无法达成一致的情况,并且承认每一位成员作为独立的个体都能自由表达他们的见解以及做出其认为合理的决策。⑥

加拉格尔(Gallagher)等通过对教师建立自主学习小组以促进专业发展的过程进行考察,发现在学习小组安全、信任的环境中,教师有更强的动机参与创新性实践,愿意冒险尝试新的教学策略、提出挑战性的问题。信任、安全

---

① Young A M, MacPhail A. "Standing on the periphery":Cooperating teachers' perceptions and responses to the role of supervision[J]. European Physical Education Review,2015 (2):222-237.

② Street, C. Examining learning to teach through a social lens:How mentors guide newcomers into a professional community of learners[J]. Teacher Education Quarterly, 2004 (2):7-24.

③ Roberts J. From know-how to show-how? Questioning the role of information and communication technologies in knowledge transfer[J]. Technology Analysis & Strategic Management,2000 (4):429-443.

④ Gleeson M, Tait C. Teachers as sojourners:Transitory communities in short study-abroad programmes[J]. Teaching and Teacher Education,2012 (8):1144-1151.

⑤ Whitcomb J, Borko H, Liston D. Growing talent:Promising professional development models and practices[J]. Journal of Teacher Education,2009 (3):207-212.

⑥ Vangrieken K, Meredith C, Packer T, et al. Teacher communities as a context for professional development:A systematic review[J]. Teaching and Teacher Education,2017(61):47-59.

以及关爱的氛围能够支持教师之间展开原生性与创造性的对话，教师之间能够自由地探索、质疑与创新。①

3. 多元性与冲突

在实践共同体中，冲突是普遍存在的。实践共同体中的成员并不总是持有共同的观点、愿景或目标，由于参与者在个人经验、价值观、期望等方面存在不同，实践共同体可能含有多元的立场与观点。② 然而，已有研究对于实践共同体中的冲突所扮演的角色，却存在不同的看法。

一种观点认为，冲突会给个体带来痛苦或令人沮丧的体验，会导致共同体的破裂。哈格里夫斯通过对教师互动关系的调查，发现冲突是教师消极情感的重要来源。③ 成员之间的冲突会导致个体对共同体以及其他同事产生负面情绪，影响个体在共同体中能动性的发挥。④

相反的观点认为，实践共同体中的冲突不仅不可避免，还具有一定的价值。成员间不一致的观点会引发教师之间的批判性反思与对话，这一过程为拓展教师的学习以及促进合作创造了机会。⑤ 个体间的异质观点能够帮助个体对自身教学进行反思，走出"舒适区"，提升教育教学水平。⑥

阿欣施泰因（Achinstein）对城区两所公立中学的教师在社群内部的互动进行探讨，发现两所学校对于成员之间的多样性持相反的态度，一所学校采取

① Gallagher T, Griffin S, Parker D C, et al. Establishing and sustaining teacher educator professional development in a self-study community of practice: Pre-tenure teacher educators developing professionally[J]. Teaching and Teacher Education, 2011 (5): 880-890.

② Rogers R, Fuller C. "As if you heard it from your momma": Redesigning histories of participation with literacy education in an adult education class[M]// Lewis C, Enciso P, Moje E B. Reframing Sociocultural Research on Literacy: Identity, Agency, and Power. Mahwah: Lawrence Erlbaum, 2007: 75-114.

③ Hargreaves A. The emotional geographies of teachers' relations with colleagues [J]. International Journal of Educational Research, 2001 (5): 503-527.

④ Correa J M, Martínez-Arbelaiz A, Aberasturi-Apraiz E. Post-modern reality shock: Beginning teachers as sojourners in communities of practice[J]. Teaching and Teacher Education, 2015 (48): 66-74.

⑤ Grossman P, Wineburg S, Woolworth S. Toward a theory of teacher community [J]. Teachers College Record, 2001 (6): 942-1012.

⑥ Vangrieken K, Meredith C, Packer T, et al. Teacher communities as a context for professional development: A systematic review[J]. Teaching and Teacher Education, 2017(61): 47-59.

回避的立场,通过排除、转移以及压抑成员之间的不一致与冲突,维持社群内部的统一与和谐。另一所学校则采取一种包容性的立场,成员之间相互承认彼此在信念以及实践方面的不同与多元性,并能够针对相互之间的不同展开批判性反思。阿欣施泰因发现在接纳多样性的社群中,成员有更多深入讨论以及创造新的实践的机会。[1] 多比(Dobie)和安德森(Anderson)通过对社群内部成员表达冲突性观点的类型进行分类,发现存在以下三种形式:一是公开的讨论,二是隐性的批判,三是观点的转移(不对前一个发言者直接回应,而是将问题抛给协调者)。不同的回应冲突性观点的形式会影响教师互动与交流的持久性和反思的深度。在第三种形式观点的转移中,讨论的时间和深度不如前两者,而在交流的公开性和流畅性方面,隐性的批判不如公开的讨论。[2]

在这类研究看来,回避、掩饰或压抑教师之间冲突与多元声音会打击教师的创造性以及参与共同体事务的积极性[3],还可能导致教师产生群体思维,成员间表现出相似的理念与行动,进一步破坏共同体中教师的创造力[4]。

如何看待冲突在实践共同体中的作用仍然是学界存在争议的问题。共同体对冲突的不同处理方式也会影响共同体中成员之间的合作程度。一些共同体认为,成员之间的冲突与不一致会引发矛盾、不确定,因而尽量避免冲突的出现,也有一些共同体视冲突为学习的机会,而在后一种情况中,成员之间更容易达致深层次的合作与互动。[5] 博尔科指出,当前教师之间在教学的批判性反思与对话等方面的互动较少,教师需要在尊重共同体成员与批判分析他们的教学议题上保持平衡。针对当前教师对话的现状,博尔科认为,教师应当

① Achinstein B. Conflict amid community: The micropolitics of teacher collaboration[J]. Teachers College Record,2002(3):421-455.

② Dobie T E, Anderson E R. Interaction in teacher communities: Three forms teachers use to express contrasting ideas in video clubs[J]. Teaching and Teacher Education,2015(47):230-240.

③ Dobie T E, Anderson E R. Interaction in teacher communities: Three forms teachers use to express contrasting ideas in video clubs[J]. Teaching and Teacher Education,2015(47):230-240.

④ Li L C, Grimshaw J M, Nielsen C, et al. Evolution of Wenger's concept of community of practice[J]. Implementation Science,2009(4):1-8.

⑤ Achinstein B. Conflict amid community: The micropolitics of teacher collaboration[J]. Teachers College Record,2002(3):421-455.

在"共同体的连通性"与"维持建设性的争论"之间保持微妙的平衡,即一方面要尊重其他成员保证共同体的顺利运行,另一方面也要注重在教学议题上展开批判性的对话。①

4.矛盾与权力关系

莱夫和温格在实践共同体理论的阐述中忽视共同体中的矛盾以及权力,受到不少学者的批判。② 尽管莱夫和温格也承认矛盾、冲突以及权力关系在影响个体参与方面发挥重要作用③,但是正如富勒等研究者指出的,莱夫和温格对于共同体的描述给人一种误解,似乎实践共同体是一个"静止的、有凝聚力的、包容开放"的共同体④。然而在现实的活动中,成员之间的意义协商却是一个充满了矛盾、冲突以及权力关系的过程。⑤ 当新来者进入实践共同体时,共同体中存在的权力关系可能使他们更倾向将自己的行为与共同体既有的规范和实践保持一致以获得进入实践共同体的合法性。⑥ 尤其在社群的更替和发展中,带有个人观点的新手给共同体的熟手以及共同体现有的秩序与规范带来的威胁可能导致新手被边缘化或排斥在外。⑦麦克费尔(MacPhail)的研究进一步指出,共同体中的权力关系可能会阻碍教师之间的深度学习与合作。在权力关系的影响之下,教师在共同体中呈现出不同的参与模式,有些

---

① Borko H. Professional development and teacher learning: Mapping the terrain [J]. Educational Researcher, 2004(8): 3-15.

② Hughes J, Jewson N, Unwin L. Communities of Practice: Critical Perspectives[M]. New York: Routledge, 2007; Contu A, Willmott H. Re-embedding situatedness: The importance of power relations in learning theory[J]. Organization Science, 2003(3): 283-296.

③ Lave J, Wenger E. Situated Learning: Legitimate Peripheral Participation[M]. Cambridge: Cambridge University Press, 1991.

④ Fuller A, Hodkinson H, Hodkinson P, et al. Learning as peripheral participation in communities of practice: A reassessment of key concepts in workplace learning[J]. British Educational Research Journal, 2005 (1): 49-68.

⑤ Roberts J. Limits to communities of practice[J]. Journal of Management Studies, 2006 (3): 623-639.

⑥ Curnow J. Climbing the leadership ladder: Legitimate peripheral participation in student movements[J]. Interface: A Journal on Social Movements, 2014(1): 130-155.

⑦ MacPhail A. Becoming a teacher educator: Legitimate participation and the reflexivity of being situated [M]// Fletcher T, Ovens A. Self-study in Physical Education: The Interplay between Scholarship and Practice. London: Springer, 2014: 47-62.

教师被共同体接纳从边缘走向中心,表现出向心性的参与;也有一些教师因其没有获得深入参与的合法性而被排斥,最终停留于共同体的边缘,失去深入学习的机会。[①] 由于共同体成员在经验、专长、年龄、特质以及权威方面都有所不同,处于共同体中心的熟手或专家似乎拥有更多的权力,他们在意义协商的过程中占据主导地位。[②] 欣丁(Hindin)等在调查中发现,那些拥有较高的学历、具备丰富的教学经验以及在教学方面担任专家角色的教师在合作小组中具备更大的话语权。[③] 共同体中的等级性控制与权力关系不利于成员对共同体的参与,影响他们对共同体实践的参与意愿,容易造成成员间不信任的关系。[④] 教育研究者以及学校实践者对教师实践共同体的关注与实施,需要重视教师在共同体内部的复杂性互动,重视实践共同体中的矛盾与权力关系。努力为教师之间的学习与合作建立平等与支持性的共同体情境,减小因成员间竞争、资源倾斜以及不平等的权力关系对个体参与实践意愿以及给成员间对话与合作带来的不利影响。

综上所述,当前研究对教师在实践共同体中的教师学习与互动关系进行了一定程度的探讨,但是对于教师在实践共同体中的合作如何影响教师发展,如何看待教师之间的冲突等问题仍然存在诸多争议。同时,已有研究对教师如何进入一个新的实践共同体、如何与新的共同体的成员展开互动、这一互动过程如何作用于个体对共同体实践的参与进程等问题仍然关注较少。

(三)不同共同体之间的边界跨越

徐碧美等指出,在当今知识快速更新与信息多元的时代,只局限于个人学

① MacPhail A. Becoming a teacher educator: Legitimate participation and the reflexivity of being situated [M]// Fletcher T, Ovens A. Self-study in Physical Education: The Interplay between Scholarship and Practice. London: Springer, 2014: 47-62.

② Roberts J. Limits to communities of practice[J]. Journal of Management Studies, 2006 (3): 623-639.

③ Hindin A, Morocco C C, Mott E A, et al. More than just a group: Teacher collaboration and learning in the workplace[J]. Teachers and Teaching: Theory and Practice, 2007 (4): 349-376.

④ Rogers R, Fuller C. "As if you heard it from your momma": Redesigning histories of participation with literacy education in an adult education class[M]// Lewis C, Enciso P, Moje E B. Reframing Sociocultural Research on Literacy: Identity, Agency, and Power. Mahwah: Lawrence Erlbaum, 2007: 75-114.

科或专业范围之内的学习已不再足够,个体必须与其他实践共同体的成员建立联系,个人必须学会在多个平行的情境中移动。[①] 跨越共同体的边界,协商和整合来自不同情境的要素,使个体能够重新思考他们长期形成的实践与假设,成为深度学习的重要来源。

在实践共同体中,成员通过参与和投入建构起共享的学习经验。长期共享的实践将共同体内部成员与共同体之外的人区分开来,可以说,共享的实践创造了共同体的边界。边界对于实践共同体而言是重要的,通过跨越边界将不同的共同体联系在一起,可以为共同体的发展提供新的学习机会。温格指出,认识总是包含两个要素:一个是共同体经过长期的发展所拥有的能力(competence),另一个是作为成员的持续的经验(experience)。[②] 在共同体内部,成员的经验与共同体拥有的能力之间总是保持聚合的状态。而在边界上,个体的经验与共同体的能力呈现分散的趋势,在边界的互动通常是接触外来或陌生经验的过程,是对个体经验与共同体能力两者之间关系进行重构的过程,这一过程是学习的重要方面。如果个体的经验和共同体的整体能力总是处于匹配的状态,那么革新就不会发生,因为不存在挑战的共同体也失去其活力。相反,在共同体的边界可能出现思维碰撞,产生新的可能性。[③]

边界指的是一种社会文化差异,这种差异导致行动或互动出现断裂。[④] 边界既意味着在两个实践共同体之间存在文化差异、行动与互动面临困难,又意味着相同与连续性,两个实践共同体可以以某种方式建立联结。边界既可能是隔离、分工、误解的源头,也可能是个体间思维碰撞、创造新的可能性的地

---

① Tsui A B M, Law D Y. Learning as boundary-crossing in school-university partnership[J]. Teaching and Teacher Education, 2007 (8): 1289-1301.

② Wenger E. Communities of practice and social learning systems[J]. Organization, 2000 (2): 225-246.

③ Wenger E. Communities of practice and social learning systems[J]. Organization, 2000 (2): 225-246.

④ Akkerman S F, Bakker A. Boundary crossing and boundary objects [J]. Review of Educational Research, 2011(2): 132-169.

方,新的知识与洞见经常源自实践的边界。①

边界跨越是专业人员进入一个自身并不熟悉,或在某种程度上并不胜任的领域。② 边界跨越实际上是将学习的情境由单一的共同体拓展到多个共同体之间的重叠区域,也就是边界地带。边界地带是不同共同体或活动系统汇聚的地方,在这里存在多元的情境、声音与视角,不同的话语、实践之间的矛盾、冲突、融合等创造了丰富的学习机会。③ 也有研究者用"第三空间"(third space)来描述这一地带,它指的是两个或两个以上观点的相遇,这一过程中可能会存在冲突或争论,但是为构思新的思考方式、个体的存在以及行为方式打开了"第三空间"。④

为了更好地应对边界带来的挑战并顺利跨越共同体的边界,个体需要借助一定的中介以实现不同共同体之间的联结,其中有两种联结形式:边界物(boundary objects)以及跨界者(brokers)。边界物是在不同实践共同体之间建立联结、实现相互理解的关键。斯塔尔(Star)和格里塞默(Griesemer)指出,边界物是这样一类中介物,它们具有很强的可塑性,能够满足地方性的需要以及相应参与方的限制与约束。同时它们又足够强健,能够跨越不同的场域维持共同的身份。它们在不同社会情境中具有不同的意义,但是它们又具有一般性的结构使其能够在不同的情境中被识别。⑤ 边界物能够跨越不同的情境,在不同的实践中建立起联系,为人们理解某种活动、概念等提供转化的工具。边界物的形式是多样的,如人工制品、话语、概念以及其他形式等。人

① Wenger E, McDermott R A, Snyder W. Cultivating Communities of Practice: A Guide to Managing Knowledge[M]. Boston: Harvard Business Press, 2002.

② Suchman L. Working relations of technology production and use[J]. Computer Supported Cooperative Work, 1994(2): 21-39.

③ Engeström Y. Activity theory and individual and social transformation[M]// Engeström Y, Miettinen R, Punamäki R L. Perspectives on Activity Theory. Cambridge: Cambridge University Press, 1999: 19-37; Engeström Y. Expansive learning at work: Toward an activity theoretical reconceptualization[J]. Journal of Education and Work, 2001 (1): 133-156.

④ Bhabha H K. The Location of Culture[M]. New York: Routledge, 1994.

⑤ Star S L, Griesemer J R. Institutional ecology, translations' and boundary objects: Amateurs and professionals in Berkeley's Museum of Vertebrate Zoology, 1907-1939 [J]. Social Studies of Science, 1989 (3): 387-420.

工制品包括工具、文件或模型等，它们在联结不同的实践中扮演重要角色。话语也是边界物的一种形式，共同的话语能够使人们相互交流并跨越边界协商意义。此外，共享的过程如路线或程序等也能够允许人们跨越边界协商行动。[①] 边界物既可以是有目的地设计而成，也可以是自然形成的。作为一种"转译的工具"，当中介物不能完全或正确地捕捉到多元的意义或观点时，中介物就不能发挥边界物的作用。[②] 边界物本身并不能完全替代交流与合作。边界物本身的"物质性或程序性"在某种程度上限制了它的作用。[③] 边界物实际上只是观点的集合，只有在多元观点的汇聚与交流中，边界物才能获得其意义。[④]

跨界者处于两个共同体断裂（discontinuities）的核心位置，对于跨界者工作的分析有助于对发生在边界的实践工作进行考察。[⑤] 跨界者通常指那些在不同的共同体中穿梭的人。边界跨越者的核心工作就是在相互覆盖的共同体实践中建立联系，通过将一个实践共同体的元素引入另一个共同体以促进不同社群之间的联结。[⑥] 边界跨越活动的顺利实现需要跨界者具备一定的"跨界素养"（boundary-crossing competence），跨界者要能够管理以及整合多元、分散的话语与实践。[⑦] 跨界者要能够与不同共同体的成员展开对话，同时又能够针对不同的视角或观点展开内部的协商。[⑧] 跨界者的工作充满模糊性与

---

① Wenger E. Communities of practice and social learning systems[J]. Organization，2000（2）：225-246.

② Akkerman S F，Bakker A. Boundary crossing and boundary objects［J］. Review of Educational Research，2011(2)：132-169.

③ Star S. This is not a boundary object：Reflections on the origin of a concept[J]. Science，Technology，& Human Values，2010（5）：601-617.

④ Wenger E. Communities of Practice：Learning，Meaning，and Identity［M］. Cambridge：Cambridge University Press，1998.

⑤ Akkerman S F，Bakker A. Boundary crossing and boundary objects［J］. Review of Educational Research，2011(2)：132-169.

⑥ Wenger E. Communities of Practice：Learning，Meaning，and Identity［M］. Cambridge：Cambridge University Press，1998.

⑦ Walker D，Nocon H. Boundary-crossing competence：Theoretical considerations and educational design[J]. Mind，Culture，and Activity，2007（3）：178-195.

⑧ Karen P I，Bush S R. Educating students to cross boundaries between disciplines and cultures and between theory and practice[J]. International Journal of Sustainability in Higher Education，2010（1）：19-35.

矛盾性。有研究者发现,作为跨界者角色的模糊性经常让他们面临冲突,一方面需要与其他教师展开同侪间的对话,另一方面他们又被置于问责教师的角色而站在其他教师的对立面。[①]韦托勒尔（Waitoller）和科兹列斯基（Kozleski)在调查中发现,作为跨界者的指导教师在帮助教师实施分类教学的项目时遭遇中断与挑战。一方面跨界者想要帮助学校教师实施分类教学,另一方面他们又意识到自己作为一个外来者不便对教师进行过多批判。最终这位指导教师选择通过亲自在课堂示范,而非"命令"的方式帮助教师理解分类教学的实施,以避免引起冲突,影响成员对他的接纳。[②]

如何在两个不同的实践共同体,尤其是缺乏共同实践基础的共同体之间建立起共享的意义是近年来关于实践共同体研究的一项新议题。尼兹（Niesz)对教师参与不同的实践共同体的经验进行考察后发现,教师领导者在校外的实践共同体中获得的教学经验并不能直接分享给校内的实践共同体,实现两个不同实践共同体的沟通需要一种语言上的转换。教师领导者在与本校教师互动时,需要结合本学校的文化使用一种可以被本校教师理解的语言来建立起共同的理解性框架,以使其所传达的信息在本土的情境中合法化。[③]

综合以上国际教育理论界对实践共同体的讨论,本书发现,当前关于实践共同体的相关研究在共同体内的教师学习、成员之间的互动关系、不同实践共同体之间的边界跨越等方面皆有不同的探讨。在实践共同体中,成员之间通过实践呈现、合作互动以及实践反思等方式展开意义协商,对于成员之间的合作如何影响教师发展仍然存在诸多争议。共同体中成员之间存在多元复杂的互动关系,而当前研究对成员之间的互动到底是合作还是角力争论不休。信任、合作与支持对于成员在实践共同体中的学习与交流具有重要的作用,当前研究对成员间的多元性与冲突如何影响教师的实践参与以及互动仍然存在不一致

---

① Williams J, Corbin B, McNamara O. Finding inquiry in discourses of audit and reform in primary schools[J]. International Journal of Educational Research，2007（46）：57-67.

② Waitoller F R, Kozleski E B. Working in boundary practices：Identity development and learning in partnerships for inclusive education[J]. Teaching and Teacher Education，2013(31)：35-45.

③ Niesz T. Chasms and bridges：Generativity in the space between educators' communities of practice[J]. Teaching and Teacher Education，2010（1）：37-44.

的见解。同时,如何跨越共同体的边界,创造新的学习与发展机会已经受到越来越多的关注。当进入一个新的实践共同体时,一个新来者(尤其是一个经验丰富的新来者)如何与共同体的既有成员以及情境展开互动,这一互动过程如何作用于个体从边缘到中心的学习进程,这些问题仍然需要进一步深入探讨。

三、合法的边缘性参与

合法的边缘性参与(legitimate peripheral participation)是情境学习理论的一个重要概念。它阐释了个体在实践共同体中通过参与逐渐从边缘走向中心的学习过程,有效揭示了在开放的实践共同体当中新手和熟手之间的互动关系,以及个体在共同体中相对于其他成员的位置、资源占有以及对社群的贡献等。合法的边缘性为我们理解个体在共同体中的学习过程提供了一种全新的思考方式。

(一)合法的边缘性参与

1. 概念

莱夫和温格认为,传统的学习观点将学习者看作被动接受知识的个体,将学习看作个体从外界获得知识的过程,而忽略学习的情境特征。[①] 在他们看来,没有任何一种学习不是情境性的,学习根植于情境,本身就是社会实践的一部分。学习不是被动地接受大量的事实性知识,个体参与社会实践的过程本身就是学习的过程。情境学习强调个体、活动以及情境之间的交互性互动,认为学习发生在具体的情境中,情境影响着人与学习。情境学习理论将学习关注的焦点从个体对知识的内化转移到人与人、人与实践之间的社会性互动。

学习是社会实践的一个内在维度,其作为社会实践的一部分本身内含于个体对实践的参与之中。参与社会实践可以被理解为归属于共同体的方式,成为一个共同体成员的过程伴随着学习的发生。莱夫和温格用"合法的边缘

---

① Lave J, Wenger E. Situated Learning：Legitimate Peripheral Participation[M]. Cambridge：Cambridge University Press，1991.

性参与"揭示个体在实践共同体中的学习过程。[①] 合法的边缘性参与提供了论及新手与熟手之间的关系,讨论活动、身份、人工制品以及知识与实践共同体的一种方式。在实践共同体中,个体的学习是通过合法的边缘性参与实现的,合法的边缘性参与是学习者沿着旁观者、参与者到成熟实践示范者的轨迹前进,从共同体合法的边缘参与者逐步成为共同体的核心成员,从新手逐步成为专家的过程。合法的边缘性参与既不是一种教育形式,也不是一种教育策略或技术,而是一种分析学习的观点,一种理解学习的方式。

在"合法的边缘性参与"这一概念中,"合法"指的是人们归属于实践共同体的一种方式或成为实践共同体成员的一种方式,"合法"对新来者而言是重要的,只有被授予一定的合法性,新来者才有进入共同体参与共同体实践的机会,被授予合法性的新来者往往被视为共同体的潜在成员或有价值的成员。而"边缘性"则指的是多元的、变化的、或多或少的参与方式。"边缘性参与"并非一个消极的术语,边缘性是一个有潜力向共同体活动领域更深入方向前进的位置,它暗含着一种开放的通道,个体通过逐渐增长的参与,到达共同体的中心。新手要实现从边缘性参与到充分参与需要个体能够建立起共同的愿景,和其他成员共同参与社群事务以及对共享的智库展开协商。[②] 根据参与与非参与之间的互动关系,温格进一步对边缘性(peripherality)参与和边界性(marginality)参与进行了区分。[③] 在边缘性参与中,某种程度上的不参与为个体走向中心的完全参与提供了可能。在这种情况之下,参与的方面占据主要地位,而不参与是参与的动力因素。对于新手而言,在进入共同体之初的不参与被看作一种学习的机会。而在边界性参与中,不参与的形式阻碍了完全参与,不参与占据主导地位,限制了参与的形式。在边界性参与中,共同体的实践处于个体生活和关注的边缘,是成员被迫去做而不是主动去做的事情。

---

①　Lave J, Wenger E. Situated Learning: Legitimate Peripheral Participation[M]. Cambridge: Cambridge University Press, 1991.

②　Wenger E. Communities of Practice: Learning, Meaning, and Identity[M]. Cambridge: Cambridge University Press, 1998.

③　Wenger E. Communities of Practice: Learning, Meaning, and Identity[M]. Cambridge: Cambridge University Press, 1998.

进一步而言,在边界性参与中,个体参与实践的目的无关实践本身,而是一些其他的目的(比如寻求一种身份上的安全感)。①

　　合法的边缘性参与强调新手从边缘性参与最终实现对共同体实践的充分参与。充分参与(full participation)并不等同于中心参与(central participation)或完全参与(complete participation)。中心参与暗示着共同体存在一个中心,这个中心涉及个人在其中的位置;而完全参与则暗含着共同体存在一个知识的封闭领域,个人通过参与可以达到可测量、可估计的程度,暗示着学习存在一个最终的状态。在莱夫和温格所描述的情境学习理论中,充分参与强调的是个体对共同体实践的参与程度、对其意义的理解、与成员之间的关系以及身份建立所达到的充分状态。当个体达到该状态时,他们在共同体中承担更为复杂的任务,所承担的责任也更多。② 此时他们由新手发展到熟手的位置。同样,在合法的边缘性参与中,所谓的"新手"(或"新来者""局外人")与"熟手"(或"专家""局内人")的概念是关于学习者身份的一种隐喻,是针对个体对共同体目标以及对共同体实践的认知程度而言,无关个体的年资背景,而是以个体在共同体中的表现以及发挥的作用为依据。富勒等指出,在实践共同体中,新手与熟手的身份是不断转化的,一位资深的阅读和写作的熟手教师在语文学科组中扮演着专家的角色,但是当其进入新的资讯科技小组参与科技资讯的创新工作时,他可能又处于新手的位置。③ 通过合法的边缘性参与,所有的个体都能获得提升。

　　合法的边缘性参与是情境学习理论中的一个非常重要的概念,它强调的是一种动态的、向心性的运动,通过这一过程,新来者逐渐完成身份的转换,成为实践共同体的核心成员。个体只有通过不断参与共同体实践的过程,真正深刻的学习才会发生。

---

　　① Boylan M. Ecologies of participation in school classrooms [J]. Teaching and Teacher education, 2010(1): 61-70.

　　② Lave J, Wenger E. Situated Learning: Legitimate Peripheral Participation[M]. Cambridge: Cambridge University Press, 1991.

　　③ Fuller A, Hodkinson H, Hodkinson P, et al. Learning as peripheral participation in communities of practice: A reassessment of key concepts in workplace learning[J]. British Educational Research Journal, 2005 (1): 49-68.

2. 内涵

合法的边缘性参与强调新来者通过参与社会实践逐渐从共同体的边缘走向中心实现充分参与的过程,从新手逐渐成长为熟手或专家。合法的边缘性参与不仅指的是毫无经验的新手的参与,在更为一般的意义上,所有的个体相对于不断变化的实践而言都可以被视为合法的边缘性参与者,每个人的参与在某种程度上都是合法的边缘性参与。[①] 这一概念现较多用于解释新手(novice)如学生教师、新手教师等参与实践共同体的学习过程[②],但富勒等通过对学校教师以及工人在实践共同体中学习的研究发现,合法的边缘性参与不仅可以用来解释新手学徒的相关案例,还适用于一位经验丰富的教师进入一个新的实践共同体的学习过程。在他们关注的历史教师的个案中,这位教师是一名经验丰富的教师,当他进入一所新的学校时,因为其丰富的历史教学经验而被任命为历史学科的带头人,从一开始就被学校管理者期待能够承担领导者的职责;但是同时他又是一个新来者,他在参与实践的过程中学习如何胜任这份工作,发挥自身的能动性开发新的课程,学习如何将之前的专长融入当前的共同体以及如何与新的同事展开合作。[③] 富勒等[④]以及霍金森等[⑤]研究者认为,应当拓展合法的边缘性参与这一概念中关于"新来者"的理解,当一位经验丰富的个体进入新的实践共同体时,他们本身也是新来者,也属于新来者的范畴。但

---

① Boylan M. Ecologies of participation in school classrooms [J]. Teaching and Teacher education,2010(1):61-70.

② Johnston D H. "Sitting alone in the staffroom Contemplating my future":Communities of practice,legitimate peripheral participation and student teachers' experiences of problematic school placements as guests[J]. Cambridge Journal of Education,2016 (4):533-551;Correa J M, Martínez-Arbelaiz A, Aberasturi-Apraiz E. Post-modern reality shock:Beginning teachers as sojourners in communities of practice[J]. Teaching and Teacher Education,2015(48):66-74.

③ Fuller A, Hodkinson H, Hodkinson P, et al. Learning as peripheral participation in communities of practice:A reassessment of key concepts in workplace learning[J]. British Educational Research Journal,2005 (1):49-68.

④ Fuller A, Hodkinson H, Hodkinson P, et al. Learning as peripheral participation in communities of practice:A reassessment of key concepts in workplace learning[J]. British Educational Research Journal,2005 (1):49-68.

⑤ Hodkinson H, Hodkinson P. Rethinking the concept of community of practice in relation to schoolteachers' workplace learning[J]. International Journal of Training and Development,2004 (1):21-31.

是就当前关于合法的边缘性参与的文献来看,关于有经验的新来者(experienced newcomer)的合法的边缘性参与的过程仍然未能获得深入的讨论。

弗洛雷斯(Flores)指出,莱夫和温格对于合法的边缘性参与的最初理解并没有考虑到个体在进入情境之前可能会影响个体发展的能力或经验,也并没有考虑到在不同的活动情境之间的移动。[①] 加德纳(Gardiner)针对以往关于合法的边缘性参与的讨论指出,过往研究较多聚焦于新手(novice)在实践共同体中的参与,而较少关注有经验的新来者(experienced newcomer)在实践共同体中的合法化进程。[②] 一个新来者之所以被认为是一个有经验的新来者,是因为他们在相关的知识领域具备一定的实践性专长。他们之所以被招募到新的社群中是因为他们具备与实践相关的知识或在知识领域中具有一定的声誉。加德纳通过对新手以及有经验的新来者在共同体中的参与过程进行对比,发现经验丰富的新来者从边缘走向中心的过程更加复杂、更具挑战性。由于他们在进入新的实践共同体之前就已经在以前的工作场域形成了一定的实践模式、思维方式,组织视角、实践规范、个人声望以及专业身份等,这些特质可能会促进新的共同体的发展,也可能会给共同体当前的结构、实践以及理解等带来一定的冲击与挑战,这直接或间接地影响他们与其他成员之间共享意义的建立,甚至可能在新的同事之间带来适得其反的效果,如遭遇新同事的拒绝和抵制,影响他们合法的边缘性参与的进程。[③] 经验丰富的新来者先前所处的实践共同体与新的实践共同体在目标、观点、知识以及具化物等方面的冲突与不一致,会对他们的参与进程产生影响。尽管加德纳对影响经验丰富的新来者参与实践共同体的因素进行了分析,但是对于新来者如何从实践共同体中的边缘走向中心等并没有很好地解释与分析。

---

① Flores M T. Navigating contradictory communities of practice in learning to teach for social justice[J]. Anthropology & Education Quarterly, 2007 (4): 380-404.

② Gardiner C M. Legitimizing processes: Barriers and facilitators for experienced newcomers' entry transitions to knowledge practices[J]. Learning, Culture and Social Interaction, 2016 (11): 105-116.

③ Gardiner C M. Legitimizing processes: Barriers and facilitators for experienced newcomers' entry transitions to knowledge practices[J]. Learning, Culture and Social Interaction, 2016 (11): 105-116.

（二）合法的边缘性参与的特征

合法的边缘性参与作为个体在实践共同体中学习的方式，其主要存在以下五个特征。

第一，合法的边缘性参与使隐含在人的行动模式中的隐性知识在个体与个体以及个体与情境的互动中发挥作用，并使隐性知识的复杂性与有用性随着实践者经验的日益丰富而增加。个体通过合法的边缘性参与获得的是高度情境性的、互动性的隐性知识。隐性知识内嵌于实践活动，非语言所能描述和传递，与其所处的情境不可分离，以不可言传的经验作为基础，内含于个体的行动与思考。合法的边缘性参与不仅提供了一个用于"观察"的瞭望台，关键是它把"参与"作为学习实践文化的一种方式，为学习者提供了把共同体的实践文化纳为己有的机会。在边缘的观察与参与中，个体逐渐理解共同体中的成熟的实践者如何讲话、工作以及管理他们的生活，他们何时、如何以及在什么方面进行合作以及产生冲突，其他的学习者在做什么，要变成一个成熟的从业人员需要学习什么，如何与那些不属于实践共同体的人打交道等。所有这些都镶嵌在共同体日常实践的情境中，构成了实践共同体的文化品性，这些是在正式的学习中难以表达和传授的隐性知识。而通过合法的边缘性参与，新来者被允许合法地进入这种潜在的文化语境，这些内隐的知识在新来者不断地观察、参与以及与共同体其他成员的持续互动中得以"透明化"。合法的边缘性参与强调个体在参与共同体文化实践的过程中，通过与其他成员的互动、学习以及探索理解知识的内在意义，并通过与共同体实践的关系以及与共同体内部其他成员的社会关系的更新与改变使意义不断丰富和发展。[①]

第二，合法的边缘性参与中的多元学习关系。在合法的边缘性参与理论模型中，有两种基本的位置界定，即新手和熟手。但是莱夫和温格在关于参与轨迹的讨论中认识到，除了以上两种基本位置，还存在其他的中介性位置，如

---

① Lave J，Wenger E. Situated Learning：Legitimate Peripheral Participation［M］. Cambridge：Cambridge University Press，1991.

熟练工(journeyman)。① 熟练工的位置处于新手与熟手之间,他们已经被确立为共同体的成员,对于实践具备较丰富的经验,能够作为一名合格的成员在特定的领域工作,但是又尚未达到充分参与的状态。莱夫和温格通过对学徒制案例的相关分析,发现在关于裁缝的案例中,真正把学习机会组织起来的并不是师徒之间的关系,而是学徒通过观察熟练工以及其他学徒的工作,最终逐步掌握共同体的实践。莱夫和温格认识到,个体与熟练工或与其他的同伴之间所形成的结构性资源也能够支持个体的学习,除了师徒关系,同伴之间的工作实践也能促进充分参与的实践。合法的边缘性参与在本质上是对学习的一种"去中心"化的分析,以"去中心"的观点来看待学习,控制权并不掌握在处于中心的熟手手中,而是掌握在实践共同体手中。个体在实践共同体中从边缘走向中心的过程是个体在与专家、熟练工或其他同伴的多元互动中实现的。而个体从边缘性参与最终走向充分参与需要正确看待共同体成员间互动关系的多元性。②

第三,合法的边缘性参与中的矛盾与变化——连续性与更替性。实现实践共同体的连续性发展需要代代相传,合法的边缘性参与作为实现这一连续性的途径,与同一过程中所固有的更替性之间存在矛盾。更替性是由新手成长为老资格的成员、逐步取代了原来的充分参与者而产生的。老资格成员和新成员在实践以及实践发展方面产生竞争性的观点使新手处于进退维谷的两难境地:一方面,他们需要投入现存的实践,去理解实践、参与实践,最终成为共同体中充分参与的成员;另一方面,他们在参与实践的过程中也会带来新的观点与实践,为共同体的发展做出贡献。这种连续性和更替性是合法的边缘性参与的重要特征。③ 在社群的更替与发展中,当拥有个人观点的新来者进

---

① Lave J, Wenger E. Situated Learning: Legitimate Peripheral Participation[M]. Cambridge: Cambridge University Press, 1991.

② Lave J, Wenger E. Situated Learning: Legitimate Peripheral Participation[M]. Cambridge: Cambridge University Press, 1991.

③ Lave J, Wenger E. Situated Learning: Legitimate Peripheral Participation[M]. Cambridge: Cambridge University Press, 1991; Fox S. Communities of practice, Foucault and actor-Network theory[J]. Journal of Management Studies, 2000 (6): 853-868.

入共同体时,他们可能与共同体已有的成员产生竞争性的观点,随着新来者身份的逐步确立,新来者给共同体现有的知识结构以及成员地位带来的挑战和威胁可能阻碍他们对共同体实践的合法的边缘性参与。① 当新来者将他们的知识与技能带入新的共同体时,共同体中的熟手可能会扮演"守门人"的角色,他们通过拒绝接受新观点来保护共同体既有的互动模式与知识结构,而新来者向这些"守门人"发起挑战则可能会引发冲突。② 事实上,合法的边缘性参与包含着复杂的权力关系,它并非简单的从新手到熟手、从边缘到中心的线性发展过程。如果个体的边缘性参与是朝向充分参与的方向前进,那么它是一个赋权的过程;如果个体始终被排除在完全参与之外,它则是一个失权的过程。它既可能是一种积极的参与体验(如个体切实地感受到自己是社群的一份子),也可能是一种消极的体验(如个体始终停留在距离中心较远的位置)。③

第四,在从边缘走向中心的过程中,个体可能呈现出不同的参与程度与参与轨迹。通过对情境学习理论的持续探索,温格发现,个体在实践共同体中存在多种参与方式,通过对个体在实践共同体中参与以及非参与两者之间互动关系的区分,他认为实践共同体的参与形式包含以下四种:完全的参与(局内人);完全不参与(局外人);边缘性参与(参与的动力大于不参与的阻力,可能导致完全的参与,也可能继续保持边缘性的运行轨迹);边界性参与(个体的参与受到不参与的限制,有可能导致个体退出共同体,也有可能维持在边界的位置)。④ 此外,温格等根据成员在实践共同体中的不同参与程度,进一步区分

---

① Wenger-Trayner E C, Wenger-Trayner B. Learning in a landscape of practice:A framework [M]// Wenger-Trayner E, Fenton-Creevy M, Hutchinson S, et al. Learning in Landscapes of Practice:Boundaries, Identity and Knowledgeability in Practice-based Learning. New York:Routledge, 2015:13-29.

② MacPhail A. Becoming a teacher educator:Legitimate participation and the reflexivity of being situated [M]// Fletcher T, Ovens A. Self-study in Physical Education:The Interplay between Scholarship and Practice. London:Springer, 2014:47-62.

③ MacPhail A. Becoming a teacher educator:Legitimate participation and the reflexivity of being situated [M]// Fletcher T, Ovens A. Self-study in Physical Education:The Interplay between Scholarship and Practice. London:Springer, 2014:47-62.

④ Wenger E. Communities of Practice:Learning, Meaning, and Identity[M]. Cambridge:Cambridge University Press, 1998.

了四种参与者,其中处于中心的是核心参与者,从中心向外围依次是积极参与者、边缘参与者以及局外人。^① 核心参与者处于实践共同体的核心,他们积极参与讨论,确认共同体该聚焦的主题,推动共同体的学习计划,在共同体中承担领导的责任;处于核心参与者外围的是积极参与者,这类群体会定期参与共同体的会议,但是在参与频次上没有核心参与者密集;边缘参与者处于实践共同体的外围或边缘,他们多数观察核心参与者以及积极参与者互动,对共同体的参与度有限;局外人是围绕在共同体外部的人,他们不属于实践共同体的成员,对共同体实践处于旁观状态。共同体成员在共同体中的角色定位并不是固定的,共同体成员会在不同的水平流动,受共同体的讨论主题、共同体的氛围等因素的影响,处于共同体核心的成员可能会转移到共同体的外围,而外围的成员也有可能从共同体的外围向中心移动。同样,受个体参与动机、兴趣以及在共同体中与其他成员互动如权力关系等诸多因素的影响,个体可能呈现出不同的参与轨迹,如进入式(inbound)轨迹、边缘性(peripherality)轨迹以及外在(outbound)轨迹等多种参与形式。进入式轨迹主要指成员从边缘逐步走向中心,并可能成为完全的参与者,在这一过程中个体能够逐步掌握共同体的实践,最终实现充分参与。边缘性的轨迹指的是个体对共同体的实践采取部分参与或不完全参与的形式,在这一参与形式下,个体可能永远无法达到充分参与的状态。外在轨迹则是指成员经历了不成功或具有争议性的参与进程,最终离开共同体。^②

第五,合法的边缘性参与的关键是新来者进入实践共同体并获得所有共同体成员所必需的资格,其中合法性与边缘性是最重要的两个条件。要成为实践共同体的充分参与者,就需要进入共同体正在进行的活动,有机会接近共同体已有的经验丰富的成员或共同体的其他成员,接触到信息、资源以及互动的机会等。这一问题对于获得实践共同体的成员资格是至关重要的。由于对

① Wenger E, McDermott R A, Snyder W. Cultivating Communities of Practice: A Guide to Managing Knowledge[M]. Boston: Harvard Business Press, 2002.

② Wenger E. Communities of Practice: Learning, Meaning, and Identity[M]. Cambridge: Cambridge University Press, 1998.

进入的组织的依赖,合法的边缘性参与极易受操控。缺失参与实践的合法性或边缘性都会影响个体从边缘到中心的参与进程。在有关屠夫学徒的研究中,新来者被限制在脱离活动而不是边缘性参与活动的场所(如新手与熟练工的工作场所相互隔离,新手无法观察到熟练工的操作)。这些安排隔离了新手,他们被阻止从事边缘性的参与活动。在这一案例中,合法性不成问题,但是学徒的参与并不是边缘性的,因为屠夫学徒并没有获得有效的途径进入实践者的共同体共同参与活动。新来者处于合法的边缘地位,但是被抑制参与社会生活。[①]

同样,如果学习者不能获得参与共同体实践的合法性,那么即便是在形式上成为共同体的成员,也会在实践的参与中被隔离。新来者只有被赋予合法性,才能真正开启参与学习的通道。杨(Young)和麦克费尔对合作教师如何从共同体的边缘走向中心,最终成为有效的教师指导者的过程进行考察,发现指导教师参与实践的合法性受其与同侪教师之间互动关系的影响。那些与同侪教师之间缺乏积极的合作互动关系的指导教师,获得同事的消极反馈,使这些指导教师参与的合法性被拒绝,导致他们继续停留在共同体的边缘;而那些建立起积极的、交互性的合作关系的指导教师,顺利从共同体的边缘走到中心。[②] 巴克(Back)对两位学习者的语言学习经历进行考察,发现两位学习者在与共同体成员的互动中表现出不同的参与过程。一位学习者对参与语言学习实践的积极态度以及来自社群成员的积极回应帮助其顺利从边缘走向中心,成为社群的合法成员。而另外一位学习者由于其自身对语言学习持消极态度,加之他与同侪之间的消极互动,阻止了他从边缘走向中心的进程。研究者指出,虽然个人因素能够部分解释个体学习轨迹的不同,但更重要的是个体学习如何受与社群中其他成员互动的影响。[③] 换言之,个体参与共同体实践

---

① Lave J, Wenger E. Situated Learning:Legitimate Peripheral Participation[M]. Cambridge:Cambridge University Press,1991.

② Young A M, MacPhail A. "Standing on the periphery":Cooperating teachers' perceptions and responses to the role of supervision[J]. European Physical Education Review,2015(2):222-237.

③ Back M. Legitimate peripheral participation and language learning:Two Quichua learners in a transnational community[J]. Language Learning,2011(4):1039-1057.

的合法性是学习者与共同体成员在互动中共同建构起来的,两者之间的互动效果决定个体能否成为社群的合法成员。

对于有经验的新来者而言,其合法的边缘性参与的进程具有一定的特殊性。加德纳指出,有经验的新来者将原先共同体中的中介物、规范以及价值观等带入新的情境,由于两个共同体之间存在不一致,新来者在先前的工作场所中形成的知识、能力以及实践规范等可能与新的情境建立联结,也可能会影响或打乱社群既有的知识、实践以及权力结构,影响新来者从边缘走向中心的合法性。当进入新的实践共同体时,新来者需要基于新的情境对观点、实践以及身份等进行协商以适应并融入新的环境。在这一合法的边缘性参与的过程中,组织与制度(如组织的价值观或目标、对新来者的要求和期待以及当前的社会文化结构等)、个体的特质(如个体先前的声望、个体的价值观以及当前的知识与实践等)以及个体所处的实践共同体(如个体与其他成员的互动关系等)都会对个体从边缘到中心的参与进程造成影响,三方面的因素共同作用于个体的合法化进程。这对经验丰富的新来者的合法的边缘性参与提出了新的要求,他们需要调整自身的参与策略,如根据情境化的实践调整自身的专长、在共同体中与其他成员建立联系、对自身的专业以及个人身份进行协商等,这些方式有助于增强他们参与社群活动的合法性以及专业权威,证明他们对于社群发展的价值。[1] 制度上的适应、技术方面的专长或个体的声望并不能保证个体逐渐走向充分参与,除非他们能够通过融入本土的情境获得意义。[2]理解本土情境的等级结构、实践规范以及环境差异等对个体发展相应的知识以及社会关系以支持他们合法的边缘性参与具有重要意义。

(三)个体从边缘到中心的发展阶段

新来者如何从实践共同体的边缘走向中心以达到对共同体实践的充分参

---

[1] Gardiner C M. Legitimizing processes：Barriers and facilitators for experienced newcomers' entry transitions to knowledge practices[J]. Learning, Culture and Social Interaction, 2016(11)：105-116.

[2] Wenger E. Communities of Practice：Learning, Meaning, and Identity[M]. Cambridge：Cambridge University Press, 1998.

与？其经历了怎样的过程,可能存在哪些阶段？博尔齐洛等研究者从管理学的视角对个体从实践共同体的边缘走向中心的过程进行深入的探讨,在他们的研究中,新来者既包含缺乏经验的新手,也包含本身具备一定经验的个体,他们因为具备某一方面的专长被要求进入新的实践共同体,他们被期待能够快速适应新的实践共同体的实践,或者是能够发起跨团队的合作。通过对九个实践共同体中个体从边缘走向中心过程的考察与归纳,他们发现个体从边缘走到中心成为社群的核心参与者共经历了意识、分配、责任、构筑、推广五个阶段,这五个阶段展现了个体参与实践共同体的学习过程。[①]

第一个阶段是意识阶段。参与者开始关注和意识到在实践共同体中他们想要学习的某一项知识。在这一阶段,边缘性参与者对实践共同体的兴趣主要源自个体想要知道自己如何从参与社群实践中获益。他们主要的兴趣是通过询问社群成员或其他方式获得共同体的知识,他们在这一阶段很少分享自己的实践。

第二个阶段是分配阶段。在这一阶段,这些边缘参与者逐步作为积极的参与者参与社群讨论。他们开始运用自己的知识与资源帮助发展社群的实践。在这一过程中,实践共同体的领导者以及其他协调者在促成个体从边缘参与者到积极参与者的转变中发挥着重要作用。他们分配一定的时间来规范学习的日程,展示吸引人或富有激情的议题,这些议题能够引起参与者的兴趣,符合参与者的实践需求,因而能够在成员之间引起对话、讨论与分享。频繁的互动使成员之间的联系更加紧密,使这些边缘参与者变得更为积极。社群的领导者积极回应边缘参与者的诉求,将边缘参与者与社群当前的核心成员联系在一起,为他们建立联结、产生对话创造条件。正是在边缘参与者与核心成员以及其他成员的联结和对话中,这些边缘参与者开始将自己的知识与成功的实践经验分享给共同体的其他成员。当然,在这一过程中,这些边缘参与者并不总是需要外在的拉力使他们成为积极参与者,他们可能会主动寻求

① Borzillo S, Aznar S, Schmitt A. A journey through communities of practice: How and why members move from the periphery to the core[J]. European Management Journal, 2011(1): 25-42.

知识、信息以及建议等。随着他们对社群活动参与度的提升，他们逐步成为社群的积极参与者。通过公开分享自身的经验，他们在特定领域的专长、在组织中承担的责任以及在社群中的位置也逐渐可视化。

第三个阶段是责任阶段。当这些积极参与者开始在实践共同体中公开自己，并能够协助其他成员发展其专长时，他们就进入了责任阶段。在这一阶段，参与者认为他们应该为整个社群实践的发展承担责任。他们开始在一些学习活动中承担领导者的职责。共同体中原来的领导者与协调者为这些积极参与者在共同体活动中展示他们的专长和实践创造机会，他们鼓励那些最积极的参与者展示和分享他们的创新性实践。这些积极参与者与社群的多个成员展开对话与交流，分享他们的专长与实践，帮助其他成员成长。而其他成员也会从他们的分享中吸取对自身有帮助的知识与实践，这些分享提升了积极参与者在共同体中的参与度与可视性。通过展示其专业领域知识与实践以证明其能力与专业程度，他们进一步获得共同体核心成员与其他成员的认可。整体而言，在这一阶段，个体对社群活动的参与度进一步提高，这些积极参与者的个人价值与专业贡献受到领导者以及核心成员的关注与认可，他们被授予更多的合法性。

第四个阶段是构筑阶段。在这个阶段，成员开始由积极参与者逐步转化为社群的核心成员。这些积极参与者被认可为核心成员，必须证明他们可以为社群的发展做出较大的贡献，能够提出创新性的议题或发起创新性的实践。在这一阶段，积极参与者所发起的创新性实践要具有足够的潜力，能够产生新的知识，促进社群整体实践的提升。此时外来的支持对于创新实践的发展有重要作用，如为工作坊的成立提供资金与技术方面的支持，这有利于在特定领域具备专长与竞争力的积极参与者更好地发挥作用。当然，在一些实践共同体中，有些积极参与者并没有获得成为核心成员的合法性，因为他们发起的实践与社群整体的发展目标并不一致。在这一阶段，这些积极参与者逐渐成为社群的核心成员，其专长的合法性受到领导者与其他核心成员的认可。

第五个阶段是推广阶段。随着这些参与者作为社群的核心成员逐步受到认可，这些新的核心成员会努力在整个社群中推广他们的议题或实践，在社群成员之间创造发展的动力。他们的表现具有一定的典型性和示范性，能够引领整个组织的未来发展。他们带领成员就这些新的实践议题展开讨论，鼓励其他成员将其落实到行动中，同时也不断吸引新的成员参与实践，这一过程使他们进一步获得走向社群中心的合法性，巩固他们作为核心成员的地位。组织的领导者鼓励他们进一步在整个组织范围内推广和辐射他们的专长和实践。当他们能够不断吸引新成员加入并推动整个社群甚至是组织的发展时，他们已经达到对共同体实践的充分参与，到达共同体的中心，被领导者以及其他成员视为完全的、合法的核心成员。

综上所述，合法的边缘性参与强调个体从共同体的边缘走向中心，最终达到对共同体实践充分参与的过程。在这一过程中，个体学习到内含于共同体的高度情境性的隐性知识，理解知识的内在意义。个体从边缘走向中心的过程是一个充满冲突与矛盾的过程，其中连续性和更替性是合法的边缘性参与的重要特征。个体要实现对共同体的充分参与，需要被授予作为共同体成员的合法性以及具备有效参与共同体实践的条件。当前研究多关注影响教师合法的边缘性参与的因素与条件，而对于个体在实践共同体中的参与过程却较少涉及。对于一个新来者，尤其是经验丰富的新来者而言，他们如何进入一个新的实践共同体并参与其中？这些新来者与共同体成员、中介物以及情境的互动如何影响他们在实践共同体中的参与进程？对于上述问题目前仍然有较大的探讨空间。博尔齐洛等对于个体从边缘走向中心的五个阶段的划分进一步细化了个体在实践共同体中的参与进程，可作为后续研究的理论工具。个体在不同的共同体情境中，在与其他个体的互动中如何参与共同体，又会呈现出怎样的参与样态是需要进一步思考的问题。

第四节　我国教师交流轮岗政策与教师实践共同体研究

本节重点关注当前我国教师交流轮岗政策与教师实践共同体的相关研究进展。通过校长教师交流轮岗提升教师队伍质量、推动义务教育优质均衡发展是当前我国教育改革的重要任务。2014年以来,教师交流轮岗政策在全国范围落地实施,目前已进入"制度化、常态化"阶段。教师交流轮岗政策的实施效果以及影响因素等相关研究受到学界颇多关注。20世纪90年代初,莱夫与温格提出实践共同体的概念,以此说明共同体对个人实践的意义以及人的活动对个体与共同体的潜在意义。随着实践共同体理论被引入各个领域,越来越多的学者认为,实践共同体对推进教师持续性专业成长具有重要的指导意义,是教师专业发展的重要途径之一。本节首先呈现当前教师交流轮岗政策研究关注的焦点以及存在的问题,其后对当前我国有关教师实践共同体的研究现状与后续进一步研究的问题进行整理和分析。

一、教师交流轮岗政策研究

统筹城乡义务教育资源均衡配置是教师轮岗政策实施的重要依据。当前,我国城乡之间、学校之间在义务教育的办学水平以及教育质量上仍然存在较大差距。究其原因,还是学校之间的差距过大,而学校之间的差距从根本上而言是师资的差距。推动义务教育均衡发展,必须解决城乡之间、学校之间的师资配置问题。而大力推进义务教育学校校长教师交流轮岗,是均衡配置师资、促进义务教育教师资源共享、实现义务教育均衡发展的重要举措。①

2014年8月,教育部等三部门联合印发《关于推进县(区)域内义务教育学校校长教师交流轮岗的意见》,明确提出"城镇学校、优质学校每学年教师交流轮岗的比例不低于符合交流条件教师总数的10%,其中骨干教师交流轮岗应不低于交流总数的20%"。教师交流轮岗进入"制度化、常态化"阶段。2021年,随着"双减"政策的提出,教师交流轮岗政策开始在全国各地大面积、大比例推行。2022年,教育部等八部门印发《新时代基础教育强师计划》,再次强调将"重点加强城镇优秀教师、校长向乡村学校、薄弱学校流动"作为促进

---

① 刘利民.走内涵式综合改革之路——关于进一步推进基础教育改革的若干思考[J].人民教育,2013(10):10-15.

建设高素质专业化创新型教师队伍以及实现义务教育优质均衡发展的重要举措。[①]

（一）教师交流轮岗政策的实施

义务教育学校教师交流轮岗政策是推进义务教育均衡发展的重要举措，当前我国不同地区在确定教师交流轮岗的方式、比例以及相关配套保障政策等方面积累了一定经验。

1. 校长教师交流轮岗的方式

一是定期流动。截至 2013 年 8 月底，我国已经有 22 个省（区、市）出台了教师交流轮岗的相关政策，其中有 15 个省（区、市）实行教师校长定期流动制度，如陕西省和江苏省规定，在同一所学校连续任教超过 6 年的教师、连续任职超过 8 年的正（副）校长应当进行交流轮岗。二是开展支教。支教是对落后地区的中小学校在教育和教学管理上进行支援的一种制度。如河北省规定，城市市区每年应该安排 5% 左右的教师下乡参与支教，对这些参与支教的教师按照年均 2 万元的标准进行生活和交通补助。三是对口支援。对口支援是指办学水平较高的学校对办学条件薄弱的学校实施援助的一种政策性行为，城市优质学校与农村薄弱学校建立起长期稳定的帮扶、支援关系，优质校定期派遣相关教师到薄弱校进行支援服务。如山东泰安规定，城市学校每月派遣 2—3 位优秀教师到农村学校支教，旨在通过"结对子""手拉手"等形式，推动优质学校与薄弱学校之间实现教育资源共享。四是建立教育联盟。教育联盟是两个或两个以上的学校组成教育联盟，在联盟内实现师资流动，带动薄弱学校发展。如浙江省杭州市、上海市以教育集团的形式，实现强弱学校之间的师资共享。五是走教制度。一些地区尝试打破教师的学校限制，由一名教师同时承担几所学校的教学任务。如湖南省针对乡镇音乐、体育、美术教师建立起无校籍制度，教师不定点到校，对村小、教学点的音、体、美等课程教学实行走

---

① 操太圣.推进"大面积、大比例"校长教师轮岗交流的策略选择[J].人民教育,2022(8):18-21;叶菊艳.流轮岗制度如何实现"人""校"双赢——教师交流轮岗制度完善的三个方向[J].人民教育,2022(23):39-44.

教制。六是开展送教下乡。送教下乡旨在发挥城镇骨干教师的引领辐射作用,促进各学校之间的教师相互学习。一些地方规定,城镇骨干教师需要在节假日等时间到农村讲授公开课或担任培训工作。七是优质资源辐射。如当前北京市、上海市通过建立名师工作室、导师团、师徒结对、名师讲座等方式,实现优质教师资源的辐射和共享。[①]

2. 校长教师交流轮岗的比例或规模

参与交流轮岗的教师数量过多容易打乱本校的教学秩序,而参与的教师数量太少又可能在一定程度上影响交流轮岗政策的效果。为了确保交流的效果,同时又不影响正常的教学秩序,当前我国不少省份(包括福建省、江西省以及陕西省等)将参与交流的教师比例或规模确定为10%。其中浙江省并没有做出明确规定,而是交由地方根据实际情况决定。[②]

3. 制定相应的配套保障政策支持校长教师交流轮岗

为了确保校长教师交流轮岗政策的顺利实施,各省相应出台了一系列保障政策。主要包括以下三个方面:一是编制和人事管理方面的保障政策。如福建省推行"以县为主"的人事管理体制,将本县域内教师的人事关系收归县管,在工资待遇制度、招考聘用、教师考核、岗位结构的比例等方面统一化。二是在工资福利以及住房等方面制定激励保障政策。如浙江省嘉善县规定,在农村任教的名师其任教津贴是县城名师的三倍,这在一定程度上调动了轮岗教师的积极性。三是在校长选拔、教师职称评聘以及名师教师评选等方面的激励和制约政策。如浙江省和福建省都规定,教师在参与评选省特级教师或县级及以上名师时,需要具备两所及以上学校的工作经历,并且在每所学校工作时间应在3年以上。[③]

---

① 刘利民.走内涵式综合改革之路——关于进一步推进基础教育改革的若干思考[J].人民教育,2013(10):10-15;操太圣,吴蔚.从外在支援到内在发展:教师轮岗交流政策的实施重点探析[J].全球教育展望,2014(2):95-105.

② 夏智伦,刘奇军,汤毓婷.县域内义务教育学校校长教师轮岗交流对策研究——以湖南省义务教育学校为例[J].当代教育论坛,2015(3):1-10.

③ 夏智伦,刘奇军,汤毓婷.县域内义务教育学校校长教师轮岗交流对策研究——以湖南省义务教育学校为例[J].当代教育论坛,2015(3):1-10.

（二）教师交流轮岗政策实施中存在的问题

受地方政策本身以及外部多种因素的影响，教师交流轮岗政策在实施的过程中存在不少问题。主要表现在以下三个方面。

第一，利益相关者对教师交流轮岗政策的认同不够统一。教育行政部门作为教师交流轮岗政策的主导者对该政策普遍持认可态度。而从学校层面来看，城乡学校表现出分化、对立的态度。县城学校的校长教师对该政策的支持率要低于乡村学校的校长教师。有研究者对湖南省八个教师均衡配置试点县进行问卷调查发现，有 30％的城市优质学校教师不愿意流动到城市薄弱学校，50％左右的城区学校教师不愿意流动到农村学校。[1] 不少轮岗教师表现出"软抵抗"行为，对工作热情低，精力投入不足。[2] 一些城镇学校的校长对这一政策也存在抵制情绪，担心该政策会影响本校的教学质量，因而将本校的骨干教师"雪藏"，而选派一些非骨干教师或低职称教师参与轮岗。[3]《中国青年报》社会调查中心的调查显示，52.5％的受访者认为，名校不愿意放走优质的师资是当前交流轮岗制度面临的最大阻力。[4] 相对而言，农村学校对这一政策总体持较为积极的态度，他们认为教师交流轮岗能够带动本校教育教学水平的提高。但是也有一部分农村学校持谨慎甚至是抵制的态度，认为流入教师并不是学校所需要的，同时也给学校的管理增加难度。而从学生和家长层面来看，农村家长普遍对交流轮岗持欢迎态度，希望能够派更多高水平的教师来。但是也有部分农村家长担心城镇学校选派表现不佳或新手教师来到农村学校会影响教学质量提升。县城学校学生家长则较多持消极态度，担心农村

① 夏智伦，刘奇军，汤毓婷.县域内义务教育学校校长教师轮岗交流对策研究——以湖南省义务教育学校为例[J].当代教育论坛,2015(3):1-10.

② 刘光余，邵佳明.构建基于受援学校的教师专业发展机制——教师轮岗制度的政策趋向探析[J].中国教育学刊,2010(9):19-22.

③ 周萍，张忠华.论教师轮岗制度的人文关怀[J].教育理论与实践,2015(29):31-33;司晓宏,杨令平.西部县域校长教师交流轮岗政策执行中的问题与对策[J].教育研究,2015(8):74-80.

④ 冯杰，李洁言.校长教师轮岗53.3％受访者认为完善相关配套是关键[N].中国青年报,2014-09-30(7).

校长教师水平不高影响孩子的学习成绩。[①]

　　第二，教师交流轮岗政策的相关体制机制不够完善。一是缺乏科学、合理的交流轮岗人员遴选机制。当前在如何确定交流轮岗的人选、参与交流轮岗的校长或教师应该享受何种待遇等方面存在诸多模糊与不规范之处。有些城镇学校选派教学水平一般或学科富余的教师进行交流轮岗，忽视农村学校的实际需求，部分农村学校对选派来的教师不满意。二是缺乏科学的评价监测机制。当前对交流轮岗政策的监测与评估，在其内容上过于笼统、宽泛，操作性不强。其中包括评估监测的主体不够明确且没有形成合力，评估监测的标准不够细致，对评估监测后相应的激励机制和问责机制还不够完善等。[②] 马焕灵与景方瑞通过对沈阳市参与交流轮岗的中小学教师进行调查发现，教师按照教育行政部门的要求完成交流任务之后，在福利待遇方面的政策却没有得到很好的落实。[③] 同时，有不少地区将教师轮岗经历作为职称评定的必备条件，但是相应的考核标准不够明晰。[④] 三是教师的人事管理制度。当前在交流轮岗政策的实施中，轮岗教师的人事关系与工资待遇仍然归属于原来的学校，这在一定程度上造成参与交流轮岗的校长教师"人在心不在"的现象。[⑤]中国教育科学研究院的调查显示，八成多校长认为教师聘任制、职称聘任制是当前实施交流轮岗政策面临的主要制度性障碍。[⑥] 我国义务教育教师的岗位主要是由学校根据自身教学的需要进行设置，学校通过与教师签订聘任合同聘请教师，聘任制在一定程度上造成教师对学校单位的归属性较强，不利于教师在学校之间的流动。

---

　　① 周萍，张忠华.论教师轮岗制度的人文关怀[J].教育理论与实践，2015(29)：31-33；司晓宏，杨令平.西部县域校长教师交流轮岗政策执行中的问题与对策[J].教育研究，2015(8)：74-80.

　　② 司晓宏，杨令平.西部县域校长教师交流轮岗政策执行中的问题与对策[J].教育研究，2015(8)：74-80；孙太雨，王青娜.完善中小学教师轮岗制度的博弈与制衡[J].教学与管理，2012(1)：28-31.

　　③ 马焕灵，景方瑞.地方中小学教师轮岗制政策失真问题管窥[J].教师教育研究，2009(2)：61-64.

　　④ 周萍，张忠华.论教师轮岗制度的人文关怀[J].教育理论与实践，2015(29)：31-33.

　　⑤ 司晓宏，杨令平.西部县域校长教师交流轮岗政策执行中的问题与对策[J].教育研究，2015(8)：74-80.

　　⑥ 中国教育科学研究院.教师流动促进学校均衡发展——校长视角下的义务教育教师流动状况调查分析[N].中国教育报，2012-08-27(3).

第三，缺乏经费支持。目前校长教师交流轮岗政策主要通过行政命令推进，借助职称评定、年终考核等行政手段推动校长教师参与交流轮岗，并没有科学、合理的经济配套措施。这突出表现在缺乏与交流轮岗相配套的交通补贴、住宿补贴、薪金补贴以及轮岗教师子女教育等相关优惠政策，校长教师的交流轮岗在很多情况下是在不计成本回报的状态下推行的，这对于不少轮岗教师来讲是一个沉重的负担。[①]

(三)教师交流轮岗政策的完善路径

当前研究者对进一步落实校长教师交流轮岗政策的建议主要有以下三个方面。

第一，加强宣传引导，注重人文关怀，增强政策认同感。通过专家讲解或媒体宣传等途径增强学校、教师以及家长等社会各界对校长教师交流轮岗政策的理解。政府要树立"以人为本"的理念，在教师轮岗制度制定的过程中注重听取校长、教师的意见，让教育教学工作者也参与制度的制定，避免把该制度变成一项强迫性的政策。[②]

第二，完善校长教师交流轮岗政策的制度设计。建立科学的交流人员遴选机制，要根据流入校与流出校的实际情况谨慎地选拔参与交流轮岗的校长与教师，确保选拔的人才能够匹配其工作岗位，满足流入校的实际需要。叶菊艳与卢乃桂指出，选拔的人才需要满足以下条件：有足够的基本能力(知识与技能)、专业能力及工作上的应变、社交和合作等能力，有领导能力和领袖情怀，以促进教育公平和社会正义为己任。要注重创设相应的通道让优质人才可以畅通无阻地在校际流动(如明确义务教育阶段教师的公务员身份等)，当前"系统人"的提法是一种努力。[③] 此外，还要健全校长教师交流轮岗的监测机制，研制切实可行的监督评价指标体系，引入多方监督，除政府之外，学校、

①　司晓宏，杨令平.西部县域校长教师交流轮岗政策执行中的问题与对策[J].教育研究,2015(8):74-80;朱洪翠,杨跃.关于中小学教师消极轮岗的调查与反思[J].教育导刊,2013(3):28-30.
②　周萍,张忠华.论教师轮岗制度的人文关怀[J].教育理论与实践,2015(29):31-33.
③　叶菊艳,卢乃桂."能量理论"视域下校长教师轮岗交流政策实施的思考[J].教育研究,2016(1):55-62.

教师、家长以及学生等也是监督机制的重要组成部分。注重轮岗前、轮岗中和轮岗后的全程监督,了解校长、教师在交流轮岗的过程中可能出现的问题,保障交流过程的顺利开展,总结经验与不足。[①]

第三,提供经费支持。建议国家设立校长教师交流轮岗的专项经费,其用途一是改进城乡学校教师交流的基本条件,推进城乡学校在校长教师基本生活条件以及专业发展支持条件等方面的标准化。二是满足校长教师交流轮岗期间的交通、食宿等基本需求,使他们能够安心从教,发挥引领作用。三是对交流轮岗期间表现优异的校长教师给予一定的奖励和补助。同时也可考虑对参与交流轮岗的校长教师实施特殊津贴制度,即在现有国家工资的基础之上,给予到农村地区的从教人员额外的经济补助等。[②]

(四)教师交流轮岗政策与教师发展

当前研究对于教师如何在交流轮岗中实现专业发展的关注较少。在有限的研究中,研究者着重关注流入校的教师专业发展机制的建构,通过促进轮岗教师与流入校教师的共同发展,提高薄弱学校的教育质量。其具体措施包括:一是寻求感情归属,营造合作氛围。流入校要发挥引导作用,把本校的愿景、价值观与期望等内化为轮岗教师的信念。同时为轮岗教师和本校教师的合作搭建平台,如聘请轮岗教师担任本校教师的指导人员或开展相关讲座等。二是引导轮岗教师将个人发展与流入校的发展结合起来,让轮岗教师参与研制流入校的发展目标与规划,实现学校发展、流入校教师发展与轮岗教师发展的互动与统一。三是轮岗教师与流入校教师之间通过对话与合作,从专业态度、知识与技能三个层面对话教学实践,提升教学效能。四是注重过程性评价,建立轮岗档案。关注轮岗教师与流入校教师的专业发展过程,通过建立轮岗档案的方式,记录轮岗教师与受援学校教师专业成长的足迹。[③]

---

① 孙太雨,王青娜.完善中小学教师轮岗制度的博弈与制衡[J].教学与管理,2012(1):28-31.

② 司晓宏,杨令平.西部县域校长教师交流轮岗政策执行中的问题与对策[J].教育研究,2015(8):74-80.

③ 刘光余,邵佳明.构建基于受援学校的教师专业发展机制——教师轮岗制度的政策趋向探析[J].中国教育学刊,2010(9):19-22.

　　当前教师交流轮岗制度并没有明确提到轮岗教师到流入校之后的具体帮扶方式,不少轮岗教师往往只负责自己的班级,而没有最大限度地将自己的经验和能力辐射到其他教师。刘伟和朱成科认为,可以将"师徒制"引入轮岗制度,建议在实施帮扶之前,对薄弱学校教师的教学能力与方法进行初始了解与评定,并以此作为帮扶根基。在具体的帮扶过程中,师徒之间要有定期的交流与研讨,师傅可以通过展示课的形式与徒弟分享其教学模式和方法,也可以通过观摩徒弟的课堂,对其中存在的问题展开研讨。[①]

　　(五)已有研究存在的不足

　　通过对以往教师交流轮岗政策的相关研究进行梳理发现,当前研究更多关注的是教师交流轮岗的形式、教师交流轮岗政策在实施的过程中遇到的问题(不同的利益者如校长、教师等对待交流轮岗政策的态度和交流轮岗政策的相关体制机制本身存在的问题等)以及相应的完善路径等,而对轮岗教师进入流入校之后参与轮岗的具体过程却关注较少,或者说,对轮岗教师在流入校中如何开展其工作的过程关注不够。

　　理论上,轮岗教师被看作促进薄弱学校发展的重要外力,政策制定者期望他们进入流入校之后能够带来教学的新理念、新方法,发挥其引领作用,带动薄弱学校教师以及整个学校的发展。综观当前对于教师交流轮岗政策的相关讨论,并没有真正将教师流动视作教师专业发展的重要途径。[②] 在少数涉及教师发展的相关文献中,研究者大都从理想层面提出促进教师专业发展的相关建议,而并未深入考察轮岗教师在流入校真实的工作状态。[③] 轮岗教师在进入新的环境之后,是如何发挥其领导作用的? 其与流入校的教师又是如何展开互动的? 这些问题尚存在很多讨论与充实的空间。

　　从以往研究所采用的研究方法来看,实证研究仍然少见。尽管司晓宏和

　　① 刘伟,朱成科.农村学校实施教师轮岗制度的困境及其对策[J].教学与管理,2010(22):6-8.
　　② 操太圣,吴蔚.从外在支援到内在发展:教师轮岗交流政策的实施重点探析[J].全球教育展望,2014(2):95-105.
　　③ 刘光余,邵佳明.构建基于受援学校的教师专业发展机制——教师轮岗制度的政策趋向探析[J].中国教育学刊,2010(9):19-22;刘伟,朱成科.农村学校实施教师轮岗制度的困境及其对策[J].教学与管理,2010(22):6-8.

杨令平以及夏智伦等研究者通过实证研究对不同省份教师交流轮岗的状况进行了考察①,但在这些有限的研究中,大部分都采用问卷调查的方法,仅仅基于问卷调查法,获得的只是对教师交流轮岗现状的描述,而未能深入了解轮岗教师个人选择背后的缘由以及轮岗教师真实的参与状态。此外,部分研究对研究方法的使用略为粗糙,有些研究并没有清楚交代调查的对象、范围以及所采用的工具②。

二、中国教师实践共同体研究

近年来,在教育与课程改革中,强调通过学习共同体的建立,促进教师学习、推动教与学在范式上的转变。实践共同体是基于莱夫与温格情境学习理论提出的一个社会学习系统。实践共同体理论强调的联合的愿景、共享的机制以及实践导向等理念对于促进我国教师专业发展、提升教学的实际效果具有重要的启示意义。③ 越来越多的学者将建立实践共同体视为教师专业发展的重要途径之一。下文主要对我国实践共同体的研究进行梳理分析,以厘清其关注的焦点以及存在的问题。

(一)实践共同体的维度

实践共同体并非个体之间由于任务或工作的需要而简单地聚集在一起,也不是通常意义上的兴趣小组或社会团体,它包含了共同的愿景、明确的社会实践以及共享的信念等成分。④ 有研究者指出,在情境中互动的教师群体未必就能形成教师实践共同体。⑤ 教师实践共同体需要满足三个关键要素:一

---

① 司晓宏,杨令平.西部县域校长教师交流轮岗政策执行中的问题与对策[J].教育研究,2015(8):74-80;夏智伦,刘奇军,汤毓婷.县域内义务教育学校校长教师轮岗交流对策研究——以湖南省义务教育学校为例[J].当代教育论坛,2015(3):1-10;中国教育科学研究院.教师流动促进学校均衡发展——校长视角下的义务教育教师流动状况调查分析[N].中国教育报,2012-08-27(3).

② 马焕灵,景方瑞.地方中小学教师轮岗制政策失真问题管窥[J].教师教育研究,2009(2):61-64.

③ 张平,朱鹏.教师实践共同体:教师专业发展的新视角[J].教师教育研究,2009(2):56-60.

④ 李子健,邱德峰.实践共同体:迈向教师专业身份认同新视野[J].全球教育展望,2016(5):102-111.

⑤ 黄兴丰,张民选,吕杰昕.建构跨文化教师实践共同体:基于中英数学教师交流项目的思考[J].教育发展研究,2019(10):60-65.

是要有共同的参与,共同体成员之间要产生互动与合作,教师能够在互动合作中分享知识与经验;二是联合的事业,教师之间为了共同的目标而努力,主动分享并贡献自己的经验;三是共享的智库,共同体成员在互动的基础上形成共享的资源,这些资源既是成员讨论与学习的载体,又是成员协商互动的结果。在将这个西方的"舶来品"引入中国时,人们发现当前中国中小学已经广泛存在的教研组与实践共同体有着诸多相似之处,有不少学者尝试从实践共同体的视角考察当前中国教研组的实践与建设。[①]

1. 共同的参与

成员之间的相互介入以及共同协商是教师持续学习的动力。洪艳梅的研究发现,在教研组中部分成员缺乏与同事间的合作共享,其自我闭塞的行为导致他们游离于教研组的活动之外,因为没有共同的参与,其无法分享教研组的资源,也无法实现身份的转变,这些教师始终处于新来者的位置。[②] 萨金特(Sargent)和汉纳姆(Hannum)的研究发现,教师在教研组中通过共同讨论教学、参与集体的教研活动以及同侪观摩来学习,在这一过程中,教师共同研讨、相互启发,新的知识得以产生。[③] 在教研组的互动中,成员之间相互帮助,分享彼此的观点,能够汇聚不同知识结构与思维方式。[④] 集体的互动与反思不仅有利于教师隐性知识的分享与交流,还能够最大限度地发挥集体的智慧[⑤],实现教学的变革与创新[⑥]。通过相互介入,成员之间建立起来的是一个远远

---

① 乔雪峰.中国内地课程改革下的教师合作:南京两所小学的个案研究[D].香港:香港中文大学,2014;李利.实践共同体与职前教师实践性知识发展——基于教育实习的叙事研究[J].教师教育研究,2014(1):80,92-96;洪艳梅.基于实践共同体的教研组建设现状调查[J].思想政治课教学,2017(1):83-85.

② 洪艳梅.基于实践共同体的教研组建设现状调查[J].思想政治课教学,2017(1):83-85.

③ Sargent T C, Hannum E. Doing more with less: Teacher professional learning communities in resource-constrained primary schools in rural China[J]. Journal of Teacher Education, 2009 (3): 258-276.

④ 文静敏.从"一头雾水"到"恍然大悟"——一位小学数学教师在实践共同体活动中的成长与收获[J].全球教育展望,2009(1):91-93;何君.在共同体活动中提升教师的教学语言修养——人文学科教师实践共同体活动的案例及反思[J].全球教育展望,2009(1):94-96.

⑤ 张四方.互助协同的教师专业发展及其实现[J].教育发展研究,2013(20):68-73.

⑥ 徐斌艳.名师培养基地专业特征研究——基于教师实践共同体的视角[J].教育发展研究,2010(24):56-60.

超出个人知识与经验的资源库。[①]

　　作为在中国存在数十年的结构清晰的教学组织,教研组在促进教师学习与发展方面发挥了重要作用。但近年来,也有研究指出,教研组的专业性逐渐被行政性侵蚀,教师之间的互动受行政主导,教师将教研活动作为一项例行公事来对待。[②] 教师在教研组中的互动方式仍然以"火车头"式为主,主要体现为"一部分教师带领另一部分教师共同前行,形成一种带领与被带领的关系"。[③] 陈桂生指出,我国不少教研组中教师之间的教研互动依旧停留于现成技术、经验传授等"技术来、技术去"的层面,以培养"教者"为主,"有教而无研"。[④] 综合以上讨论,当前教师在教研组中如何展开互动? 教师在教研组中的互动交流如何影响教师的专业发展? 关于这些问题仍然存在诸多争论,需要研究进一步加以探讨。

　　2. 联合的事业

　　在实践共同体中,联合的事业往往是成员集体协商的结果。[⑤] 联合的事业并不是指每个人都信奉同一件事或在每件事上都达成一致,而是共同体成员对社群发展目标的共同协商。然而胡艳通过对北京市某区中学教研组的运行现状进行问卷调查发现,绝大多数教研组都围绕着教育行政部门规定的目标开展活动,几乎没有教研组拥有自己独特的发展目标和愿景。[⑥] 张宪冰等指出,教师在教研组中的合作互动,其愿景多受制于学校意志,教师个体的选择与参与权利有限,在更多时候,教师只是作为一个被动的执行者,缺乏教师群体之间的参与和讨论,这种自上而下的发展愿景与目标并没有得到教师群

　　① 林淑文.透过课堂学习研究构建实践共同体[J].基础教育,2009(6):27-33.
　　② 胡艳.新中国 17 年中小学教研组的职能与性质初探[J].教师教育研究,2011(6):50-55.
　　③ 胡惠闵.教师专业发展背景下的学校教研组[J].全球教育展望,2005(7):21-25.
　　④ 陈桂生.我国教研组演变的轨迹[J].教育管理研究,2006(4):38-41.
　　⑤ Wenger E. Communities of Practice: Learning, Meaning, and Identity[M]. Cambridge: Cambridge University Press, 1998.
　　⑥ 胡艳.专业学习共同体视角下的教研组建设——以北京市某区中学教研组为例[J].教育研究,2013(10):37-43.

体真正的认同。① 乔雪峰、卢乃桂与黎万红的研究得出了相似的结论,他们对江苏省一所小学 18 名教师在校本教研中的合作情况进行考察,发现在片区教研部门、学校教导处、教研组或备课组三个层级的教研体系下,教研组的教研主题主要由区教育局统一安排,教师在教研主题框定的范围开展教研活动,其对话空间受到挤压。② 综合以上讨论,在教研组中,教师联合愿景和目标的建立在一定程度上处于预设性的框架之中,在这一背景下,教师之间如何展开互动,其互动又如何影响教师参与共同体实践,这些问题仍然有待进一步探讨。

3. 共享的智库

共享的智库既包含教案、书籍、手册等物化的显性资源,也包含观念、见解与想法等隐性的资源。有研究者对新课程改革背景下化学教师在教研组中的互动过程进行考察,每位教师分享自己设计的教案,经过集体的阅读、讨论与反思,最终形成一份较为全面的、凝聚集体智慧的教学课件与教学实验设计方案。③ 除了物化的资源,教育教学中的非物化资源也是共同体资源库的重要组成部分。李利通过对两位教师的叙事研究发现,教师通过对公开课准备过程的全程参与,在"做"的过程中分享共同体"如何做"的实践。④ 乔雪峰和黎万红的研究发现,在共同体中教师不仅开发出大量的教具、教案、辅助材料等实体性的课程资源,也设计出教学模式、特定称谓等抽象的工具。但他们指出,对课程资源的简单复用也可能会引发教师教学的同质化现象,导致教师过多依赖既有的教学模式,忽视对多元教学理念与实践模式的思考与探索。⑤ 林淑文的研究发现,教师在课堂学习研究小组中的互动产生了一个共享的技

① 张宪冰,刘仲丽,张蓓蓓. 桎梏、追问与消释:教师专业发展共同体文化探析[J]. 教育理论与实践,2016(28):36-39.

② 乔雪峰,卢乃桂,黎万红. 从教师合作看我国校本教研及其对学习共同体发展的启示[J]. 教师教育研究,2013(6):74-78.

③ Gao S, Wang J. Teaching transformation under centralized curriculum and teacher learning community: Two Chinese chemistry teachers' experiences in developing inquiry-based instruction[J]. Teaching and Teacher Education,2014(44): 1-11.

④ 李利. 实践共同体与职前教师实践性知识发展——基于教育实习的叙事研究[J]. 教师教育研究,2014(1):80,92-96.

⑤ 乔雪峰,黎万红. 校本教研中课程资源的开发利用:实践共同体的视角[J]. 全球教育展望,2016(11):32-42.

艺库:研究课的教学设计、教学辅助资源以及集体反思报告等。同时他们也将知识转化为一套无形的可供交流与运用的共同语言和"行话"(jargon),建立起一个共同体成员集体认可的探究性实践模式。[①] 在物化的资源之外,关于课堂教学实践的观念、模式以及习惯等也是共享智库的组成部分。以上研究提出了成员在共同体中建立起共享资源的类型与形式,但是对于教师之间如何建构起这些共享智库的过程着墨较少,未来的研究需要进一步对教师如何建构共享资源的互动过程进行探讨。

综合以上讨论,在中国教育情境中,教师在校本教研活动中的互动过程仍然存在诸多值得深入探讨的问题:教师在教研组中联合愿景与目标的建立在一定程度上受外在行政力量的影响,这些外部预设的目标如何影响教师在教研组中的互动? 教师在教研组中的互动是能够针对教学问题展开意义的协商还是仅仅停留于技术层面的传递? 教师如何建立起共享的智库? 教师在教研组中的互动交流究竟如何影响教师的专业发展? 这一系列问题仍然需要进一步的研究探讨。

(二)实践共同体中成员之间的互动

首先,教师在共同体中的互动遵循一定的互动规范。规范既可以是外显的明文规定,也可以是约束成员行为的内隐的、不成文的准则。有研究者发现,外显的明文规定(如每周同一年级组的教师例会、参与公开课的观察与研讨等)可以确保日常专业发展活动的顺利开展,同时学校规定"优秀教学奖"授予该年级的整个教师团队而非教师个人,这也在一定程度上有利于营造教师之间的合作氛围。同时他们也发现,内隐的规范在教师发展中扮演着更重要的角色。以身示范、奉献精神以及公开分享等,如该教研组长本身示范性的教学实践与奉献精神对其他教师起到引领和激励作用,在教研组中成员轮流领导阅读活动的开展,公开分享教学观念与方法,都在一定程度上促进了教师的

① 林淑文.透过课堂学习研究构建实践共同体[J].基础教育,2009(6):27-33.

学习与发展。[①]

其次,我国社会文化对和谐与等级的重视也在某种程度上赋予实践共同体理论以新的内涵。受我国社会文化的影响,教师在实践共同体中的互动关系呈现出以"和"为贵的教师合作关系。教师在与其他同事合作的过程中,强调"和谐"文化,即便是对集体的理念或行动有异议,出于不愿破坏同侪之间和谐关系的考虑,也选择隐匿自己的真实想法,甚至会拥护自己不同意的观点。然而成员过多地倚重所谓"和谐"的成员关系,忽视看似"不和谐"的矛盾和冲突对共同体文化的推动作用,会在一定程度上限制成员之间的深度合作,使共同体丧失对实践本身进行改进的重要途径——成员间的意义协商。[②]

最后,教师在共同体中的互动也呈现出秩序明确的等级式关系。在实践共同体中,成员间因职称、地位等差异,在合作的过程中呈现出等级制的角色定位。其中,专家扮演着权威的角色,学校领导则对教师合作进行干预和监督,让教师在合作的过程中有所顾虑。骨干教师发挥引领作用,是其他教师效仿的对象。相对而言,普通教师话语权比较有限,意见不一致时,普通教师和青年教师倾向听从权威意见,以避免冲突的出现。[③] 而张宪冰等也认为,在教师共同体中一些领导者的绝对权威角色十分明确,具有明显的话语霸权,多数教师则扮演被动接受者的角色,习惯被领导、被安排,成员之间的平等对话无从谈起。[④] 由此可见,在我国社会文化的影响下,教师在教研组中较为重视以"和"为贵的合作关系,同时教师之间的互动关系也体现出一定的等级性特征。然而已有研究仍多停留于思辨层面,实证研究相对较少。不同类型的教师如何看待合作?实践共同体的互动规范又如何影响教师之间的合作?对于这些问题,当前研究仍然较少关注,未来需要对此做出更多探讨。

---

① Cheng X, Wu L Y. The affordances of teacher professional learning communities: A case study of a Chinese secondary school[J]. Teaching and Teacher Education, 2016(58): 54-67.

② 李利. 实践共同体与职前教师实践性知识发展——基于教育实习的叙事研究[J]. 教师教育研究, 2014(1): 80, 92-96.

③ 乔雪峰, 卢乃桂, 黎万红. 从教师合作看我国校本教研及其对学习共同体发展的启示[J]. 教师教育研究, 2013(6): 74-78.

④ 张宪冰, 刘仲丽, 张蓓蓓. 桎梏、追问与消释: 教师专业发展共同体文化探析[J]. 教育理论与实践, 2016(28): 36-39.

（三）教师实践共同体对教师发展的影响

实践共同体给教师发展带来何种影响是教师实践共同体研究领域的一个重要问题。从已有的研究来看，大部分研究者倾向于以哲学思辨的路径进行论述，实证研究仍然有限。

1. 哲学思辨研究路径下的"教师实践共同体"

从哲学思辨的路径出发，已有研究认为，教师实践共同体能够为教师发展提供资源与情感上的支持。共同体拥有共享的知识库，成员之间相互切磋，交流经验，有效传递教学实践、技能、经验等相关信息，以解决问题。同时成员之间可以大胆地提出一些思考不太成熟的问题，不必担心暴露自己的无知，成员在情感上相互支持。[①]

第一，教师实践共同体为教师发展搭建实践反思的平台。来自成员善意、真诚的意见和建议，不仅促进教师对教育教学行动的自我反思，还促进他们对教育教学进行变革和创新。但是教师实践共同体本身作为一个封闭的群体，可能会出现同一水平的重复实践，如何成为一个真正开放的群体，是一个值得探讨的话题。[②]

第二，教师实践共同体有助于发展教师的实践知识，提升实践智慧。共同体以教师的教学实践为基础，通过共同的学习与合作，对教师在教学实践中遇到的问题进行分析、交流与反思，它并不能提供现成的解决问题的答案，而是通过共同的协商、交流与碰撞去发现价值、分享观念和发展知识。[③]

第三，教师实践共同体有利于培育教师的合作文化。实践共同体的建立有助于形成教师之间互惠互利、优势互补的多赢格局。同侪之间的互动有利于鼓励不同教学思想的碰撞、不同教学风格的百花齐放，打破教师之间封闭对

① 张平，朱鹏.教师实践共同体：教师专业发展的新视角[J].教师教育研究，2009（2）：56-60.

② 徐斌艳.名师培养基地专业特征研究——基于教师实践共同体的视角[J].教育发展研究，2010（24）：56-60.

③ 赵俊婷.纪录的视角：教师实践共同体知识获得机制[J].国家教育行政学院学报，2013（1）：35-38.

立的局面,增强教师的合作意识,形成共同发展的团队意识与团队精神。①

从以上对以往研究的分析来看,采用哲学思辨路径的研究者普遍认为教师实践共同体能够对教师发展产生积极作用。他们更多的是从规范意义上探讨实践共同体对教师发展应该发挥何种作用。结论的归纳与总结不少是依赖研究者的主观价值判断,缺乏相应的证据加以支持。

2. 实证研究路径下的"教师实践共同体"

从有限的关于教师实践共同体作用的实证研究中,我们发现,研究者采用问卷调查②、个案研究③以及叙事研究④等多种研究方法对教师实践共同体的效果、教师在实践共同体中的合作困境等问题进行了探讨。

刘星喜等研究者对浙江省杭州市某区初中唯一获得十佳教研组称号的一个历史与社会教研组进行考察。通过为期1年的田野调查,研究者发现,从学科教学的实践问题出发的共同体研讨更新了教师以往的学习路径,缩短了学习的时间,帮助教师在较短时间内掌握最有效的学科教学知识。同时不同学科背景与个体差异的成员构成既有助于教师补齐知识"短板",又让每位成员都能在平等对话的合作关系中发挥自身的专长,获得共同发展。⑤

黄晓林与黄秦安采用扎根理论研究方法,对实践共同体中教师学习的角色冲突与专业发展进行考察。通过对八名小学数学教师进行叙事访谈,他们发现教师在实践共同体中遇到了以教师主体行为为对象产生的角色内冲突和以其他教师的"同事"角色为对象产生的角色间冲突两种专业发展困境。⑥ 在面临冲突时,青年教师倾向服从政策制度和领导安排,尤其对权威教师的指导

① 袁利平,戴妍.基于学习共同体的教师专业发展[J].中国教育学刊,2009(6):87-89;朱利霞.实践共同体取向的学校教研组文化生态变革策略研究[J].中国教育学刊,2020(5):97-102.

② 华子荀,许力,杨明欢.面向教师专业发展的实践共同体评价模型研究[J].中国电化教育,2020(5):101-110.

③ 王欣岩.参与实践共同体对新手教师专业成长的影响研究[D].长春:东北师范大学,2022.

④ 李利.实践共同体与职前教师实践性知识发展——基于教育实习的叙事研究[J].教师教育研究,2014(1):80,92-96.

⑤ 刘星喜,黄杰,张建珍.教师实践共同体:综合科教师知识之困及其解决之道——以浙江省历史与社会教师为例[J].教育发展研究,2020(12):68-73.

⑥ 黄晓林,黄秦安.实践共同体(CoPs)中教师学习的角色冲突与教师专业发展扎根理论研究[J].教师教育研究,2021(1):86-92.

持完全信任的态度,以服从权威确保自身处于资源丰富的"舒适区"。

也有学者采用叙事研究的方法,对实习教师与指导教师组成的"师徒共同体"的互动情况展开调查。研究者发现,"师徒共同体"对教师究竟产生何种作用受该共同体参与结构的影响。在"控制式参与"中,师徒之间往往具有严格的等级关系,指导教师作为师徒关系的主导,控制着师徒共同体的话语权,而实习教师的能动性被限制到最小,导致教师之间的互动表现出"师到徒"的单向信息流动和"徒对师"的单向依赖。而在"引导式参与"中,指导教师与实习教师之间始终保持着一种意义协商的互动关系,指导教师的"赋权"激发了实习教师的主观能动性,在一定程度上促进其实践性知识的发展。①

(四)已有研究存在的不足

从已有的研究来看,实践共同体内部教师之间互动与交流的过程受到的关注仍然有限,虽然有少数研究对共同体内部的互动规范有所涉及,但是共同体内部的互动机制仍然处于模糊状态。成员之间如何共享其实践,共同体内部的互动规范如何影响教师之间的互动过程,不同的互动形式如何影响教师发展等相关问题,将是本书的核心关注,需要进一步深度探究。

综观当前我国对教师实践共同体研究的相关著述,其理论思辨色彩仍然较强,实证探究相对较少。尽管部分研究尝试将西方的教师实践共同体理论与我国本土的教研组等结合起来,从话语体系上适应国际研究的趋势,但是仅仅如此恐怕还不够。关注实践共同体的运作过程与机制,通过实证研究为理论建构提供经验源泉,是需要进一步努力的方向。

第五节 研究框架

如何提升教师的教学实践、促进教师的专业发展一直是世界各国教育领域关注的重要议题。近年来,实践共同体的理念在教师发展领域备受关注。

---

① 李利.实践共同体与职前教师实践性知识发展——基于教育实习的叙事研究[J].教师教育研究,2014(1):80,92-96.

实践共同体定位于教师的持续发展,强调个体在真实的教学情境中,通过与其他教师的合作与分享,实现教与学的提升。个体在实践共同体的学习主要体现为合法的边缘性参与的过程,是从边缘走向中心实现对共同体实践的充分参与的过程,是教师逐渐获得知识与技能、承担更多责任的过程。这一过程发生于教师与其他个体的互动之中,受教师所处的实践共同体情境的影响,教师个体在不同的共同体情境中,可能呈现出多元的互动过程与参与形态,其具有一定的复杂性与情境性。尽管国际教育理论界对教师在实践共同体中的学习与互动关系等诸多议题进行了探讨,但是对于个体在实践共同体中的互动仍然存在诸多争议以及需要进一步探讨的问题,如研究者对于如何理解实践共同体中教师之间的合作,其合作如何影响教师发展以及影响效果如何等问题上尚存在不一致的见解。对于教师在共同体中的情境性互动如何影响教师对共同体实践的参与过程,当前研究仍旧关注较少。尤其是对于一个经验丰富的新来者而言,其如何进入一个新的实践共同体,如何与新的实践共同体的成员展开合作等问题仍然存在较大的探索空间。

具体到中国的教育情境之中,基于教研组的教研活动长期以来在教师交流与分享教学实践中扮演着重要角色。不少研究者将西方实践共同体的理论引入中国的情境,从实践共同体的视角考察教师在教研组中的互动情况。然而研究者对于教师在教研组中开展互动合作的过程以及这一过程如何促进或阻碍教师发展仍然存在诸多争论。从当前的研究来看,已有研究多聚焦同一学校教师在教研组内的互动合作,对于不同学校教师之间的跨校交流关注不多。近年来,中国教师交流轮岗政策的实施旨在突破学校之间的壁垒,通过不同学校教师之间的相互学习、观摩与交流,提升薄弱学校的教学实践,实现教育的均衡发展。综观当前对于这一政策的关注,多聚焦于如何让教师"动起来"的层面,而对于轮岗教师进入流入校之后的交流轮岗实践却少有涉及。轮岗教师在流入校中如何开展其工作?轮岗教师与流入校的教师之间能否相互悦纳?轮岗教师如何与流入校的同侪教师展开互动学习?这一互动的过程如何影响轮岗教师对共同体实践的参与过程?目前还存在诸多问题需要进一步的研究和探讨。

　　本书将实践共同体理论与个体从边缘到中心的五个阶段相结合，初步整理出以下概念框架作为后续研究的参考（见图 2-1）。本书关注的主要对象是轮岗教师，他们本身来自优质学校，其所处原校的教学情境与流入校教学情境之间存在较大差异。研究主要考察轮岗教师进入流入校之后，其如何与流入校教师进行互动。轮岗教师如何将原校的教学模式、理念以及规范等引入流入校？他们如何与流入校既有的成员之间开展合作？建立起怎样的互动规范？轮岗教师与流入校教师之间的互动过程如何影响两者的专业发展？同时，轮岗教师与流入校同侪教师的互动又是如何影响轮岗教师对共同体实践的参与，呈现出怎样的参与过程？基于博尔齐洛等的研究，个体从边缘走向中心会经历意识、分配、责任、构筑、推广五个阶段。[①] 由于教师在共同体中的参与过程具有一定的情境性，受轮岗教师个人信念、同侪教师互动以及共同体文化等因素的影响，轮岗教师可能会经历不同的参与过程。以下研究框架仅作为一个开放的概念框架，在轮岗教师进入流入校之后，轮岗教师参与共同体实践的理想状态（即从边缘走向中心）与实然的参与状态之间可能存在张力。个体从边缘到中心的五个阶段是一种理想的状态，在实践中，轮岗教师的参与进程可能是复杂而多元的，而非简单的线性发展形态。

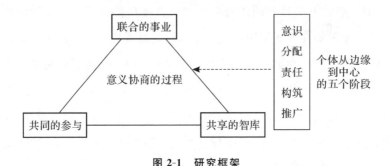

图 2-1　研究框架

---

① Borzillo S, Aznar S, Schmitt A. A journey through communities of practice: How and why members move from the periphery to the core[J]. European Management Journal, 2011(1): 25-42.

第三章　研究方法与研究设计

第一节　研究问题

在社会变革的背景下,促进教师的持续学习与发展以实现教学实践的不断改进已成为当前各个国家教育改革的共同目标。聚焦校本教师的专业发展,探讨教育变革阶段教师在学校工作情境中如何与同侪教师合作互动并推进教学实践与文化的变革,是当前教育领域需要进一步关注的重要议题。

当前在国际学术界,建立合作性的学习共同体以促进教师之间的互动学习与专业发展已成为广泛讨论的话题。其中,实践共同体强调在真实的教学情境中,通过教师之间的合作、互动、协商以及反思的过程解决教学问题,改进教学实践,成为教师互动学习的理想场所。然而,教师在实践共同体中互动学习的过程以及实践共同体如何影响教师发展等问题依然存在诸多争议,需要进一步探讨。教师在实践共同体中如何展开互动合作? 教师之间的互动是合作还是角力? 教师之间的冲突性观点是促进还是阻碍教师发展? 教师与同侪教师以及教育情境的互动如何影响个体在共同体中的参与过程? 这些关于教师在实践共同体中互动学习及其对教师发展影响的讨论从未间断。尤其是当前,在教育变革的背景下,如何通过合作性实践共同体的建立和培育以促进教师专业发展显得尤为重要。因此,当前关于教师参与实践共同体的讨论,还需深入考察教师在实践共同体中的互动学习过程,探究教师在真实的实践情境中的互动复杂性。

　　具体到中国的教育情境中,教研组或备课组的校本教研活动已经成为一种制度化的实践,成为教师合作学习与发展的重要平台。然而,现有研究表明,对于教师在教研组中如何开展互动学习以及这种互动过程如何影响教师专业发展的实证研究仍然较少。近年来,为了进一步提升校本教研的质量,改善校本教研中存在的低效、重复以及同质性过高等问题,国家提出教师交流轮岗政策,通过校际教师跨校交流以改进教学实践,提升教学质量。但从当前的研究来看,轮岗教师进入流入校之后与同侪教师的互动合作情况仍然存在较大的探讨空间。轮岗教师如何在流入校参与共同体实践? 轮岗教师与流入校教师互动交流的过程是怎样的? 轮岗教师在共同体中呈现出哪些参与形态? 轮岗教师与其他教师以及所处情境的互动如何影响轮岗教师对共同体实践的参与进程? 为了回应这些问题,结合理论分析框架,本书提出以下研究问题。

　　第一,我国教师交流轮岗政策背景下,轮岗教师如何与流入校教师分享其教学资源? 这个问题包含以下三个方面:一是轮岗教师为流入校教师带来了哪些教学资源? 二是轮岗教师如何与流入校教师分享这些资源? 三是轮岗教师与流入校教师通过互动合作是否形成新的共享资源,是如何形成的?

　　第二,在交流轮岗过程中,轮岗教师如何与流入校教师展开互动? 这个问题包含以下三个方面:一是轮岗教师与流入校教师如何看待他们的合作目标? 不同教师对合作目标的理解如何影响他们的工作? 二是轮岗教师与流入校教师建立起怎样的合作规范? 三是教师在互动过程中如何看待以及处理不同的观点?

　　第三,轮岗教师与流入校教师及所处情境的互动如何影响轮岗教师在教研组中的参与进程? 这个问题包含以下三个方面:一是轮岗教师及流入校教师的互动如何影响轮岗教师的参与? 二是轮岗教师与流入校教研组或备课组以及学校情境的互动如何影响轮岗教师的参与? 三是轮岗教师呈现出哪些不同的参与样态,为什么会呈现出这些不同的参与样态?

第二节　研究方法

一、质性研究取向

采取何种探究问题的方式,取决于我们所要研究的问题以及回答问题的类型。登青(Denzin)和林肯(Lincoln)指出,质性研究是在自然的情境中,对研究对象的观点、行为、生活方式以及需求等以一种较整全的取向对其进行描述、分析与理解的研究方法。[①] 质性研究能够在微观层面上对人类现象和人类互动,尤其是人们的生活经验展开细致、动态的描述与分析。[②] 质性研究强调在自然情境中,通过半开放式的访谈、观察以及收集既有的文本资料等方式,分析以描述性文字和图像为主的资料,通过缜密的细节理解受访者的行为模式、价值观念与生活方式。[③] 它是以研究者自身为研究工具,通过与研究对象的亲密接触,在特定的情境脉络中对其行为和意义的建构获得解释性的理解。在研究的过程中,研究的整体框架富有弹性,可随着研究过程中逐步浮现和生成的意义进行适当的调整。质性研究往往是从原始资料中寻找本土概念并发现其中的关系,从而深入理解个体的内在体验及其行为模式背后的意义。[④]

本书关注的研究问题是轮岗教师进入流入校之后,如何与流入校教师展开互动,这一过程与具体的学校文化情境密切相关。轮岗教师对流入校共同体实践的参与过程,是轮岗教师在与其他同侪教师的复杂互动中共同建构意义的过程。研究者以开放的态度,在流入校的具体实践场景中,探讨轮岗教师

---

① Denzin N K, Lincoln Y S. The Handbook of Qualitative Research[M]. Thousand Oaks: Sage Publications, 1994.

② Lichtman M. Qualitative Research in Education: A User's Guide [M]. Los Angeles: Sage, 2012.

③ Strauss A, Corbin J. Basics of Qualitative Research Techniques[M]. Thousand Oaks: Sage Publications, 1998.

④ 陈向明. 质的研究方法与社会科学研究[M]. 北京:教育科学出版社,2000.

如何与流入校教师互动与协商,并了解他们如何建构自己最终行动的意义。

二、个案研究的策略

个案研究是以社会单元如一个人、一个家庭或一个团体等为一个整体开展的研究,在真实的社会情境中,通过整全性的、深入的考察,了解实践的情境脉络与意义。① 个案研究特别注重事件发展的整个过程及其相关因素,具有描述、启发、探索与解释等特性,强调过程而非结果,整体而有意义地呈现在真实脉络中的事件并建立丰富的概念系统。② 当研究者希望了解教育现象的解释性与主体性维度时,质性的个案研究是最好的选择。③ 温特沃思(Wentworth)与彼得森(Peterson)指出,个案研究能够通过较整全的、详尽的、深度的探究,了解"参与者所经历情境的丰富意义"。④

本书主要考察轮岗教师与流入校教师之间的互动合作,关注轮岗教师在学校情境中呈现出的参与样态,并探索背后的原因。研究的重点是回应"教师如何开展合作""呈现哪些参与样态"以及"情境如何影响轮岗教师的参与"等问题,这些问题与具体情境密切相关。研究没有预先假设,也不会对教师的行为进行控制。在实际的工作场景中,不同的教师对于交流轮岗可能有着不同的理解,而在不同共同体情境中教师之间的互动也各不相同。轮岗教师在流入校共同体中的参与可能会呈现出多样且复杂的样态。本书关注轮岗教师在具体的学校工作情境中的观点与理解,考察实践中轮岗教师与其所处情境的复杂互动过程。通过个案研究,可以深入探究与分析这一复杂议题,并帮助研究者发现潜在的、有价值的问题与新的洞见。⑤

---

① Yin R K. Case Study Research: Design and Methods[M]. London: Sage Publications, 2003.

② Yin R K. Case Study Research: Design and Methods[M]. London: Sage Publications, 2003; Bogdan C R, Biklen S K. Qualitative Research for Education: An Introduction to Theories and Methods [M]. Boston: Allyn & Bacon, 2001.

③ Cohen L, Manion L. Research Methods in Education[M]. London: Routledge, 1994.

④ Wentworth P A, Peterson B E. Crossing the line: Case studies of identity development in first-generation college women[J]. Journal of Adult Development, 2001 (1): 9-21.

⑤ Stake R E. The Art of Case Study Research[M]. Thousand Oaks: Sage Publications, 1995.

个案研究方法可以分为单个案研究与多个案研究。^① 本书采取多个案研究方法,选取两所实施教师交流轮岗政策的学校,关注在不同学校以及不同的教研组或备课组中,轮岗教师与流入校教师互动合作的过程。由于教师互动的情境脉络各异,本书通过对个案的总结与比较,归纳和整理其中的相同或不同结果并加以解释,以丰富相关的国际学术讨论。

第三节　研究设计

质性研究需要一个预先的工作计划以指导研究者选择研究对象和收集资料。质性研究并非为了验证假设,其研究设计包括研究对象的选取和资料收集等都是在动态互动中进行的,因而以下研究设计只是一个松散且富有弹性的指导框架,在进入研究现场后,研究者可以根据具体的情境对其进行调整与重塑。

一、研究对象的选择

本书关注的是教师交流轮岗政策背景下,轮岗教师进入流入校之后,如何参与共同体的实践,如何与流入校中的同侪教师展开互动合作的过程。据此,本书采用目的性抽样策略,抽取与研究主题最相关且能够为研究提供最丰富信息的个案,以获得对研究问题的深度理解。^②

本书以上海市为研究地区,主要是基于上海市在教师交流轮岗政策系统建构方面符合本书对政策以及实践背景的关切。作为东部发达地区,上海市较早开展教师交流轮岗的实践,在 21 世纪初,上海市为努力解决制约均衡发展的问题,推进义务教育均衡发展,确立了以城郊学校建设为主,促进资源的共享与优化,以共享机制和教师流动提升整体教育质量的发展目标。2011年,上海市教育委员会出台了《关于促进义务教育阶段人才有序流动优化人力

① Yin R K. Case Study Research: Design and Methods[M]. London: Sage Publications, 2003.
② McMillan J H, Schumacher S. Research in Education[M]. New York: Longman, 2001.

资源配置的实施意见》，提出要促进优质教师资源向郊区、薄弱学校的流动，形成优质教师资源的辐射机制。至2014年，全市已有15%的优秀校长和优秀教师参与了流动。当前，上海市对教师交流轮岗进行了深入的探索与系统化设计，在教师轮岗的范畴以及流动方式等方面都有较为丰富的经验。在教师交流轮岗的范畴方面，其逐渐由城区对郊区的教育援助（即包括城区的骨干教师到郊区支教和郊区的骨干教师到城区"跟岗"学习等）向区域内部教师资源共享与有效流动递进。在流动的方式上也较为灵活多样，柔性、有序原则一直贯穿教师流动的相关政策。此外，重视通过教师流动促进教师专业发展。2011年，上海市教育委员会印发《上海市义务教育阶段学校办学基本标准》，将"支持骨干教师和紧缺专业教师在区域内流动，形成优质教师柔性流动机制"作为教师发展的重要条件。将教师的交流轮岗视为优化教师资源配置、促进教师交流与合作、提升教师专业素养与专业水平的重要途径，并在此基础上探索了跨校带教、专题会诊、同课异构、开放共享等多种发展模式。上海市对教师交流轮岗与教师发展的持续重视与系统化探索，使本书选择上海市的学校进行深入研究具有更大的意义。

（一）研究学校的选择

学校是教师开展工作的重要场所，是教师校本教研的实践场域。利特尔[1]、普印迪（Printy）[2]等研究发现，教师在学校学习共同体中的互动与发展受学校的领导方式以及所处的共同体氛围（如教师之间的信任与支持）等方面的影响。研究者在选取个案时需要综合考虑个案的历史背景、物理环境、社会文化等方面。[3]

为了考察轮岗教师进入流入校之后，在流入校真实的工作情境中与同侪教师的互动过程，本书所选取的个案学校主要聚焦轮岗教师所进入的流入校。

---

① Little J W. Locating learning in teachers' communities of practice: Opening up problems of analysis in records of everyday work[J]. Teaching and Teacher Education, 2002 (8): 917-946.

② Printy S M. Leadership for teacher learning: A community of practice perspective[J]. Educational Administration Quarterly, 2008 (2): 187-226.

③ Stake R E. The Art of Case Study Research[M]. Thousand Oaks: Sage Publications, 1995.

在学段选择方面,本书以初中学校为主。首先,相较于小学阶段,初中阶段教学内容的学科性凸显,教师对通过专业互动获得支持与理解的需求相对较高。其次,当前我国初中阶段属于义务教育阶段,相对而言初中的班级规模较大,学校之间、班级之间在学生的学业水平与学习习惯等方面差异较大,教师面临的教学问题更复杂与突出。最后,初中教师还需应对中考这一关键考试,种种因素增加了该阶段教师的教学压力,教师更需要校本教研活动给予其专业上的支持。

研究采取目的性抽样方式。当轮岗教师从优质学校流向薄弱学校,必然面临与原校不同的教学情境,轮岗教师如何应对以及利用不同学校之间的差异可能会影响交流轮岗效果的发挥。研究者希望所选取的流出校与流入校在生源、师资以及教学环境等诸多方面具有较大的差异,这种显著的情境差异可以帮助我们获取轮岗教师交流实践的丰富信息。本书所选取的个案学校 A 与个案学校 B 地处上海市 M 区,该区属于上海市郊区。而流入这两所学校的轮岗教师均来自该区的一所优质学校 C,该流出校是上海市成绩排名靠前、升学率较高的一所民办优质学校。作为在上海市享有一定知名度的民办优质学校,该流出校集聚了上海市一大批优质生源,学生在学业水平、学习能力以及学习习惯等诸多方面都与作为薄弱学校的 A 校与 B 校存在较大差异。C 校的师资力量相对雄厚,教师的教研氛围与整体的学校文化也与两所个案学校有显著不同。

作为该区的一所优质初中学校,C 校承担了帮带周边学校的任务,与多所学校结对,组成教育集团,采用柔性流动的方式开展教育教学帮带和扶助活动,协助周边兄弟学校发展。其中教师流动的时间在实施中也有一定的灵活性,可根据学校的需求以及教师个人的意愿适当做出调整,但教师参与流动的时间一般不少于 1 年。

本书所选取的个案学校 A 地处上海市郊区,是该区一所公办九年一贯制学校。学校创办时间较短,于 2009 年建校。现有教职员工 110 余人,学生 1000 余名。A 校的生源参差不齐,既有本地学生又有外地学生。A 校在师资力量上也相对较弱,师资队伍整体较为年轻,由于地处相对偏远的位置,难以吸引更多优秀师资加入。在校本教研方面,由于该校成立时间不长,尚未形成一套成熟的教研体系,在教研活动的时间和形式上不够规范,教师在教研活动中对教学问题的探讨也不够深入,缺乏优质骨干教师的专业引领。作为该区发展相对薄弱的学校,2015年,该校正式加入优质学校C所在的教育集团,由优质学校选派优秀教师以"柔性流动"的方式到该校承担学科教学工作,带动该校教师专业发展。

本书所选取的个案学校B与学校A位于同一区,是创建于20世纪90年代末的一所公办学校,学校现有教职工120余人,在校学生1200余人。B校同样存在生源较差,学生学习基础相对薄弱的情况。B校的教师队伍整体素质参差不齐,教师之间发展不平衡。在校本教研活动方面,相较A校而言,该校已经具备一套相对规范的教研体系,每周都有固定的教研活动时间。然而,深入该校教师教研组与备课组后,研究者发现,布置任务、安排教学计划等情况较为常见,相较而言对教学问题的深入探讨则较少。此外,教师之间合作教研的氛围并不浓厚,教师合作互动的意识相对薄弱。尽管近几年该校已有一定程度的改进和变化,但其教学质量在该区仍然处于相对落后的位置。2013年,该校加入C校所在教育集团,由优质学校C派出优秀骨干教师为该校教学、科研提供支持,指导该校的师资培训以及学校课程开发等工作。

交流轮岗政策的侧重点在于鼓励和支持优秀教师、骨干教师流动到薄弱学校,发挥辐射与带动作用,因此,本书着重关注的是这些经验相对丰富的轮岗教师进入流入校之后的互动情况。就这些经验丰富的教师而言,当他们面临与原校显著不同的教学情境时,他们在流入校中如何发挥能动作用?如何与流入校教师开展互动学习?本书选取个案学校A与个案学校B作为研究个案,两所学校在校本教师发展方面存在的问题以及两所学校校本教研的独特情境,可以为本书考察轮岗教师与流入校教师的互动过程提供丰富而深入的信息。

(二)教师作为受访者

本书主要根据教师所教学科、教师的教龄、是否担任教研组长或校内领导职务等因素选取研究对象。

第一,教师所教学科。本书选取语文、数学、英语三个学科的教师。之所以选择这三个学科,一方面是因为这些科目是初中阶段最核心的科目,也是中考的必考科目,随着初中学科性的逐步增强,这些学科的教师对于通过校本教研解决教学问题有着更强的需求。另一方面,语文、数学与英语也是教师交流轮岗背景下,希望通过教师流动和校际教师的互动交流着力促进教师专业发展、改善学校教学质量的关键学科。尽管在音乐、美术等学科也存在教师流动,但这些学科的教师交流更多是为了弥补薄弱学校师资不足的情况,较难对教师之间的互动情况展开深入的考察。

第二,教师的教龄。一是不同教龄的教师在校本教研活动中的角色定位可能存在较大差异,年长教师可能处于相对中心和权威的地位,而新手教师则可能处于学习者的位置。[①] 二是有研究发现,不同教龄、不同教学经验的教师对待改变或外来事物的态度也存在一定程度的差异,年长的教师更倾向拒绝改变,而新入职的教师则更愿意接受新生事物。[②] 在我国,教龄在 3 年以下的教师为新入职教师,学校往往会为这些新手教师配备师傅进行指导。35 岁及以下的教师被称为青年教师,因为面临职称评定等多方面压力,在参与校本教研中发挥一定作用。35 岁以上的教师通常被视为资深教师,其教学经验已积累到一定程度。选取不同教龄的教师,有助于考察不同教龄教师与轮岗教师的互动情况以及不同教师对轮岗教师可能存在的不同回应。

第三,教师的职务。研究对象的选取还考虑了教师在校内的职务。教师在校内的职务也可能会在一定程度上影响教师参与互动的方式以及在互动中扮演的角色。教师作为年级组长、教研组长或备课组长等,往往需要在教研活动的统筹与组织中承担更大责任。轮岗教师在流入校是否承担教学职务,可能也会在某种程度上对他们在流入校积极性的发挥产生一定影响。不少轮岗

---

① 乔雪峰,卢乃桂,黎万红. 从教师合作看我国校本教研及其对学习共同体发展的启示[J]. 教师教育研究,2013(6):74-78.

② Hargreaves A. Educational change takes ages: Life, career and generational factors in teachers' emotional responses to educational change[J]. Teaching and Teacher Education, 2005 (8): 967-983.

教师进入流入校之后,被学校委任以年级组长、教研组长或备课组长等职务,而这些教师面临的一个问题是,可能与原先承担这些职务的流入校教师存在话语权的冲突。作为共同体中处于相对核心位置的群体,这些教师对轮岗教师是否接纳在一定程度上影响轮岗教师参与共同体实践的意愿。

为了考察流入校领导对交流轮岗的态度以及与轮岗教师之间的互动,研究者将 A、B 两所学校的校长也作为访谈对象。

基于以上研究设计,研究者最终在 A 校和 B 校各选取 19 名教师,共 38 位教师。具体受访教师的信息如表 3-1 与表 3-2 所示。

表 3-1   A 校受访教师信息

受访教师	性别	是否为轮岗教师	所教学科	教龄	校内职务
RT-A-LYM12-M	男	是	数学	12 年	备课组长、班主任
RT-A-LCF10-C	女	是	语文	10 年	备课组长、班主任
A-FYF03-E	女	否	英语	3 年	无
A-FTF02-E	女	否	英语	2 年	无
A-FGF02-E	女	否	英语	2 年	无
RT-A-LWF19-C	女	是	语文	19 年	教研组长、班主任
A-FWM02-M	男	否	数学	2 年	无
A-FWF02-C	女	否	语文	2 年	无
A-FGF17-M	女	否	数学	17 年	班主任
A-FWF05-C	女	否	语文	5 年	班主任
RT-A-LLF27-M	女	是	数学	27 年	无
RT-A-LSF7-E	女	是	英语	7 年	无
A-FGM3-M	男	否	数学	3 年	无
RT-A-LQF16-E	女	是	英语	16 年	备课组长
RT-A-LCF11-M	女	是	数学	11 年	无

续　表

受访教师	性别	是否为轮岗教师	所教学科	教龄	校内职务
A-FQF6-C	女	否	语文	6 年	班主任
A-FZM16-M	男	否	数学	16 年	教务处主任
RT-A-LCM17-M	男	是	数学	17 年	备课组长
A-PL-24-M	男	否	数学	24 年	校长

表 3-2　B 校受访教师信息

受访教师	性别	是否为轮岗教师	所教学科	教龄	校内职务
RT-B-LXF20-M	女	是	数学	20 年	班主任
B-FMF09-C	女	否	语文	9 年	班主任
B-FKF04-M	女	否	数学	4 年	无
B-FQF15-M	女	否	数学	15 年	备课组长
RT-B-LSF15-C	女	是	语文	15 年	教研组长、班主任
B-FKF11-M	女	否	数学	11 年	班主任
B-FDF11-E	女	否	英语	11 年	班主任
B-FLF13-C	女	否	语文	13 年	备课组长、班主任
RT-B-LCF16-E	女	是	英语	16 年	无
B-FWF17-E	女	否	英语	17 年	备课组长
RT-B-LLF8-C	女	是	语文	8 年	无
RT-B-LQF15-C	女	是	语文	15 年	无
RT-B-LQM17-M	男	是	数学	17 年	备课组长、班主任
B-FWF7-C	女	否	语文	7 年	备课组长、班主任
B-FCF8-E	女	否	英语	8 年	班主任
RT-B-LSM16-E	男	是	英语	16 年	备课组长、班主任
B-FJF8-M	女	否	数学	8 年	班主任
RT-B-FYM15-M	男	是	数学	15 年	无
B-PL-26-M	男	是	语文	26	校长

二、资料收集

（一）访谈

访谈是质性研究在资料收集过程中最重要的一种收集数据的方法，通过在访谈过程中提出问题并进行追问，研究者能够深入了解受访者的经验、感受、知识以及期待等。[①] 访谈法根据其对问题的控制程度可分为结构性访谈、半结构性访谈与无结构性访谈。[②]

本书主要采用半结构性访谈法。研究者基于对以往文献的回溯以及对我国教师交流轮岗政策的了解，制定了"粗线条"的访谈提纲。访谈提纲问题的设计主要围绕实践共同体的三个维度（共同的参与、联合的事业和共享的智库）以及个体从边缘到中心的五个阶段进行构思。访谈提纲仅作为一份结构松散的指导架构，在实际的访谈过程中，研究者要保持一定的灵活性，根据访谈情境随时对访谈的内容或流程进行调整，并准备好将访谈情境中萌发出的新问题纳入讨论。通过半结构性访谈，本书期望获得参与者对交流轮岗的回应及其行动的意义。

在整个访谈过程中，研究者会努力与访谈对象建立信任关系，为了确保访谈能够在安静、轻松与安全的环境中开展，研究者会尽量选择在独立的会议室中进行访谈，以保证访谈对象没有顾虑、访谈过程不受干扰。每次访谈的时长大约45分钟到1个小时。在访谈开始前，研究者会简要介绍访谈的主题以及研究问题，保证访谈对象是自愿参与的。同时在每一位访谈对象知情且同意的情况下，研究者对访谈进行录音，并承诺对其个人信息保密。

除了正式的访谈，研究者也抓住机会对参与教师进行部分非正式的访谈。例如，在个案学校调研时，一位年级主任负责接待研究者，研究者趁机向她了解学校校本教研的情况以及轮岗教师参与交流的现状。非正式访谈开展的情境更为自然，与正式访谈相结合可以增强资料的丰富性。

---

① Patton M Q. Qualitative Research & Evaluation Methods [M]. Thousand Oaks：Sage Publication，2002.

② 陈向明. 质的研究方法与社会科学研究[M]. 北京：教育科学出版社，2000.

（二）收集文本资料

文本资料的收集有助于深入分析研究问题，文本资料对任何案例研究来讲都是重要的信息来源，同时也能够与其他形式的资料相互佐证，提高研究的效度。[①]波格丹（Bogdan）和比克伦（Biklen）认为，文本资料可以分为个人文本（如个人日记、自传等）、官方文献（各种规章制度、政策、新闻稿等）以及大众文化（主要涉及商业用途的新闻以及杂志等大众媒体资料）等。[②]

在本书中，文本资料包括教师的个人博客、教学反思笔记、教案设计、教研组的活动记录、教研组成员合作编纂的教学材料以及学校官方网站关于教师专业发展和教师交流轮岗的新闻、简报等资料。这些文本资料能够帮助研究者对访谈中获得的信息进行补充或验证。当文本资料与访谈内容存在冲突时，研究者可深入考察其原委，这个过程可能为研究提供新的视角。同时，研究者也可以根据文本资料中的相关信息设计新的访谈问题，进一步对相关议题进行深入的探索。

（三）观察

本书以访谈作为收集资料的主要方式，将观察作为辅助的资料收集方式。本书中的观察主要包含两个方面：一是在访谈的过程中，时刻观察参与者的手势或面部表情，并试图挖掘其中所蕴含的"弦外之音"。二是研究者进入真实的工作情境，从局外人的角度观察轮岗教师与流入校教师在具体的教研活动中的互动与交流，可以更直接地了解轮岗教师对共同体的参与情况以及两者之间的互动模式。轮岗教师与流入校教师的互动依托各种具体形态的教研活动，研究者主要观察教师在各类教研活动中的对话交流过程以及轮岗教师在互动中所扮演的角色以及参与的方式等。观察可以辅助补充通过访谈和文本资料所获取的信息并为研究提供三角验证（triangulation）。

---

① Yin R K. Case Study Research：Design and Methods[M]. London：Sage Publications，2003.

② Bogdan C R，Biklen S K. Qualitative Research for Education：An Introduction to Theories and Methods [M]. Boston：Allyn & Bacon，2001.

三、资料分析

质性研究中对研究资料的分析往往采用归纳式的方法,系统地分析与组织访谈的转录稿等资料。[①] 质性研究对研究资料的分析并不是在田野工作结束之后才开始,而是在整个研究工作的过程中不断提出问题并对资料进行反思的连续过程。[②] 本书在资料分析的过程中,借助 Nvivo 软件,对资料进行三级编码。编码的过程就是通过集中和浓缩的方式对原始数据进行区分,添加标识,使其系统化和条理化,最终形成一个有一定结构和内在联系的意义系统。[③]

在第一级编码中,研究主要采用开放式编码的方式,通过对研究资料的反复阅读,以研究者自身为研究工具,以研究者与资料互动过程的感觉和体悟为主,将收集到的资料分解成具有意义的短语或句子,形成初级编码。在这一过程中要注重运用参与者的本土用语进行命名。其后,思考这些初级编码是否可以加以群聚,比较其中的异同,形成若干类别(categories)。[④] 在第二级编码中,研究者将运用主轴编码的方式,寻找不同类别之间的关系。在这一过程中,研究者不仅要考虑原始资料本身的逻辑,还要结合研究的问题与理论框架进行调整,使原始资料与理论之间产生对话,进一步固定类别,寻找不同类别之间的关系。[⑤] 而资料分析的最后阶段,研究者将通过选择性编码的方式,将其中主要的类别进行统整、提炼,形成和确定核心类别,将分析集中在与这些核心类别相关的编码上。此时研究者将从多个教师处收集到的资料转化成概念与关系的陈述,以用于解释实践。[⑥]

① Bogdan C R, Biklen S K. Qualitative Research for Education: An Introduction to Theories and Methods [M]. Boston: Allyn & Bacon, 2001.

② Creswell J W. Qualitative Inquiry and Research Design: Choosing among Five Approaches [M]. Thousand Oaks: Sage Publications, 2013.

③ Miles M B, Huberman A. M. Qualitative Data Analysis: An Expanded Sourcebook[M]. Newbury Park: Sage, 1994.

④ Strauss A, Corbin J. Basics of Qualitative Research Techniques[M]. Thousand Oaks: Sage, 1998.

⑤ Strauss A, Corbin J. Basics of Qualitative Research Techniques[M]. Thousand Oaks: Sage, 1998.

⑥ 陈向明. 质的研究方法与社会科学研究[M]. 北京:教育科学出版社,2000.

第四节 研究可靠性与研究伦理

一、研究的可靠性

传统的实证主义量化研究将研究结果的信度与效度作为评判研究质量的重要标准,质性研究也因常常被质问研究的信度与效度问题而出现困扰。实际上,质性研究所关注的并不是客观的分类计量、普遍法则的寻找或因果假设的验证和推论,而是社会事实的建构过程以及人们在特定文化和社会脉络下的经验与解释。[①] 学者关注的是研究者所获得的"知识"在多大程度是可靠的,即与被研究的"事实"或参与者对"事实"的建构是相符的。[②] 通常用"可靠性""真实性""可信性"等术语来衡量质性研究的质量。[③] 为了提升研究的可靠性,在整个研究实施的过程中,笔者将特别注意以下三点:第一,在正式访谈之前,尽量先与受访者建立联系,制造相互接触和了解的机会。在正式的访谈过程中,确保访谈的时长和深度,同时保证整个访谈过程在安静、舒适且安全的环境下进行,使受访者能够无所顾虑,表达自己的真实想法。第二,采用三角互证法收集研究资料。研究采用访谈、文本收集以及观察等多种方式收集研究资料,以访谈为主,后两者为辅助,从多个角度深入理解教师的行动以及背后隐含的意义。在收集资料的过程中始终保持对资料的敏感性,对其中发现的问题进行及时调整和修正。第三,研究者本人的反思性。质性研究中,研究者本人就是研究工具之一。研究者的背景、经历、观念甚至是偏见等无时无刻不在影响着对研究资料的收集、理解和分析。[④] 因此,研究者在整个田野调

---

① 陈向明. 质的研究方法与社会科学研究[M]. 北京:教育科学出版社,2000.

② Cho J, Trent A. Validity in qualitative research revisited[J]. Qualitative Research,2006(3):319-340.

③ Lincoln Y S. Emerging criteria for quality in qualitative and interpretive research[J]. Qualitative Inquiry, 1995 (3):275-289.

④ Creswell J W. Qualitative Inquiry and Research Design:Choosing among Five Approaches[M]. Thousand Oaks:Sage Publications,2013.

查、数据分析以及论文撰写的过程中，时刻保持自我反思，对自己是否以及如何卷入对结果的分析与呈现保持清醒的认识。

二、研究伦理

首先，本书遵循自愿参与、知情同意等原则。研究在征得学校校长同意的情况下进入学校，以出示邀请信的方式向符合条件的教师发出邀请，在信中简要表明研究的主要方向和问题，在对方自愿参与的情况下进行研究。其次，在研究的过程中，研究者会时刻注意保护研究对象的个人隐私，遵循匿名性原则（anonymity）和保密性原则（confidentiality）。对本书涉及的所有教师与学校机构都做匿名化处理。研究成果的公开事先征得研究对象的同意，在对信息进行匿名处理后才会公开发表，必要时删除敏感性材料。[1] 要确保外界无法从所呈现的数据中判断及辨识出提供该信息的个人或学校。[2] 最后，本书也遵循公平回报原则，质性研究为教师提供了一个表达声音的渠道。如果研究者能够倾听他们的声音，给予受访者尊重和关注，并提出一些引人深思的问题[3]，真实地呈现受访者的声音与状态，以负责的态度建构知识，那么研究过程本身就能够在情感或意义层面为教师带来回报。[4]

---

① Stake R E. The Art of Case Study Research[M]. Thousand Oaks：Sage Publications，1995.

② Denzin N K, Lincoln Y S. The Handbook of Qualitative Research[M]. Thousand Oaks：Sage Publications，1994.

③ 陈向明. 质的研究方法与社会科学研究[M]. 北京：教育科学出版社，2000.

④ 王丽佳. 中国内地教育质量保障体系中的教师专业责任及其建构[D]. 香港：香港中文大学，2013.

第四章 教师之间的合作目标
与实践共享

基于实践共同体理论,教师在共同体内围绕联合的愿景与目标展开互动交流,这一共享的目标指引着成员的行动,为促进成员学习与合作提供凝聚力和推动力。① 在这一目标的指引下,成员之间如何分享个体或共同体的信息与资源是教师在实践共同体内学习与发展的重要议题。本章重点探讨在我国教师交流轮岗政策背景下,轮岗教师与流入校教师围绕哪些目标展开工作以及两校教师在实践共享过程中的具体情况。

第一节 轮岗教师与流入校教师的合作目标

在交流轮岗政策背景下,轮岗教师进入流入校之后,与流入校教师展开互动合作。在这一过程中,两校教师围绕特定的目标展开合作,这一目标或愿景指引着教师行动的方向以及合作的主题。本节基于对两所个案学校的考察,分析轮岗教师与流入校教师互动协作的目标与主题,呈现这一目标与主题下教师之间展开协作的现状与挑战。

一、考试压力之下的轮岗教师

在中考以及升学率的压力之下,学校整个工作基本围绕着中考这一指挥

---

① Wenger E. Communities of Practice: Learning, Meaning, and Identity[M]. Cambridge: Cambridge University Press, 1998.

棒展开，普遍带有较强的功利性倾向。评价教师教学质量的唯一标准是分数、升学率。对于几乎所有接受采访的语文、数学以及英语三个学科的教师而言，考试的压力成为压在他们心上的巨石。除了要面临中考的检验，区教育部门还会组织其他各种名目的考试，包括初中各年级的期中、期末考试等。各种公开考试带来的压力，最终都会落到每一位教师的身上。无论是 A 校还是 B 校，区里对每一所学校的考试成绩尤其是升学成绩都有一定的要求：

> 初中每个年级的成绩，尤其是初三年级的成绩，不管是期中考试还是期末考试，都是要在全区内参与评比的。学校的总分、平均分以及各个学科的平均分在区内都是要排名的。我来到这边的学校任教，这一年内大大小小的考试也都是要排名的。（RT-A-LYM12-M）

学校对成绩排名的重视，根本上源于好的排名与对学校的各种奖励与资源挂钩。同时一所排名靠前的学校，也更容易获得家长的青睐，进而容易招收到区内素质较好的生源，在择校中占据优势。

> 考得好的话，学校本身会获得更多的奖励，同时家长在选择学校的时候也非常重视这些排名。实际上，我们在这里教得好也能够扩大我们原校的声望，同时吸引更多的好学生到我们这边来。我们校长很重视这一点。评价一所学校好不好，教师好不好，其实主要就是看成绩。（RT-B-LXF20-M）

排名靠前的学校在区内的经济奖励以及择校优势促使学校关注成绩排名，而排名不佳给校长带来的不良影响也迫使学校重视考试结果。

> 我们校长很要面子的，区里面考核主要看学生的成绩，他们对校长的考核也是这样。（RT-A-LYM12-M）

一所学校的考试排名，关系到该校校长在区内的考核结果。成绩已经不仅是学生自身的事，它也成为评价学校以及相关领导表现的指标。学校领导均希望能够提高学生的成绩，以提升个人的绩效表现，而这一责任最终落在教师的身上。

与其他普通教师不同的是,轮岗教师面临的是流出校与流入校的双重压力。一方面要面对来自流出校校长的期望与压力。他们被流出校派出帮扶兄弟学校提升教学成绩,在一定程度上代表着流出校的教学水平,身上背负着流出校校长的期望。流出校校长希望他们能够在集团内的兄弟学校中表现突出,提升流出校的声望。

> 我自身也面临着较大的压力,校长对我的期望还是挺高的,我在这边表现不好,我自己脸上不好看,我们校长脸上也不好看,他是希望我们能扩大学校的知名度。(RT-A-LCF10-C)

就流入校而言,流入校领导者十分期待轮岗教师的到来能够使学校排名落后的局面有所改善,由此提升和改善该学校在全区的形象。在流入校中,轮岗教师大多被委任为年级组长、教研组长或备课组长的角色。在两所个案学校中,校长大都让流动进来的轮岗教师承担学校实验班①的教学工作,实验班往往聚集着全校年级内学业水平优秀的学生,而其他学业水平一般的学生则被分流到普通班。

> 我们学校的老师过去,其实主要的目的就是帮他们把好学生引进来,可以说是帮他们"换血"。很多好学生因为他们排名比较靠后就不会选择他们学校了,凡是有点关系和门路的学生都走了,我们过去其实就是帮他们留住一些好学生。否则剩下的都是生源不好的学生。我们过去还是为了扩大我们学校品牌的效应。(RT-B-LXF20-M)

这些轮岗教师背负着提高流入校升学率,提升班级学生成绩的重要任务。流入校的学校领导希望轮岗教师能够发挥自身的力量,提升学校的教学质量,提高学校的知名度。

---

① 在中学阶段,尽管国家教育部门规定不允许在初中区别重点班(也称实验班)和普通班,让义务教育阶段的学生享受到平等、均衡、优质的教育环境,但学校为了提升其自身升学率,往往经过一定的选拔,挑选生源较好、成绩靠前的学生,将其集聚在一个班级即实验班,配备较优质的师资资源,作为学校提高其升学率的一个重要手段。

二、以应试作为指向性目标的集体教研

研究发现,在面临较大的升学考试压力时,提升学生的成绩、应对外在的考试压力成为指引轮岗教师与流入校教师集体教研的指向性目标。不管是轮岗教师还是流入校教师,他们都面临巨大的升学考试的压力。两校教师在提升学生的学习成绩与应对外在考试的压力方面有共同的目标。这主要体现在轮岗教师与流入校教师之间日常集体备课的重心更多在于明确单元的教学考点与重点,确立重点教学的内容,规划整个备课组的教学进度。

> 平时在备课组中讨论的主要内容就是明确这一章的内容,他(轮岗教师)会帮我们拎知识点,把每一页的考点、知识点划出来,这一章主要讲什么,哪些地方比较重要,一般都是考什么我们就教什么。(A-FYF03-E)

大部分流入 A 校与 B 校的轮岗教师都具有较丰富的教学经验,这些轮岗教师在原校带教过初三年级,这意味着他们在应对升学考试方面具有更丰富的经验。进入流入校之后,轮岗教师往往承担着统筹整个年级组或备课组的教学进度与安排、为整个年级组筛选考试试题等职责。同时他们还肩负着"传、帮、带"的任务,需要带教徒弟,帮助其他教师更好地把握考试的趋向与重难点。轮岗教师在教学以及应试备考方面的丰富经验使他们在备课组中备受重视。

> 他们来到这里我们感到很踏实,很多地方我们不准,她(轮岗教师)在考点知识方面就是一个权威,就是她在那里的话,我不用担心我的重点把握不好,因为她可以帮我把握好。你能够感觉到,你有时候关注不到的一些东西,她都能关注到,因为她毕竟是教了整个初中三个年级的老师。所谓的重点就是初三考试的重点,没办法,还是要考试的,我们要面对这个现实。(A-FTF02-E)

面对考试的巨大压力,如何有效地提升学生的成绩成为教师普遍需要思考的问题。尤其是对于轮岗教师而言,他们背负着升学考试的压力与校长的期望,而在流入校交流轮岗的时间却只有一年,如何在短短的一年内确保学生

的成绩有较为明显的提升是他们面临的较大挑战。面对"要分数过不了明天，不要分数可能过不了今天"（RT-A-LYM12-M）的现实情况，部分轮岗教师选择操练、题海战术的方式来提升学生的成绩。尽管这一方法确实使学生的成绩得到一定程度的提升，但是并不是所有的流入校教师都认同这一做法。有流入校教师指出，轮岗教师的课堂过于注重课堂灌输，课堂反应比较沉闷，并没有完全关注到流入校学生的学习需求和感受。

> 教学上的重点我会把握好，但是我不会选择这样的教学方式。老师可能会直接把知识点抛出来，然后就由学生进行反复操练。像操练我的课堂也有，但是我觉得课堂不仅是那样，我在课堂上会尽量兼顾知识和乐趣。我是觉得对学生来说重要的是主动性，你真的喜欢上这个东西，不用老师盯你，你自己也会好好学习。我这个方式可能要花更多功夫，时间更久，但是从长远看我觉得对学生是好的，是良性的。（A-FGF02-E）

尽管教师都意识到考试分数对于学生、教师本身以及整个学校当下发展的重要意义，但是对于部分轮岗教师而言，如何能够在参与流动的一年内快速地提升学生的学习成绩，题海战术、操练等方式成为他们的"最佳"选择。但是这种方法并没有获得流入校所有教师的认可，有流入校的教师指出单向的灌输、反复的操练对学生的发展不利，他们认为，教学不仅要关注学生当下的学习成绩，也要注重学生的长期发展，重视学生学习的需求与兴趣。

> 他们可能因为在这里待的时间也比较短，教得好不好主要还是看成绩，确实很多时候有一些外在压力和一些功利性的因素在里面，但是有些教学方式我们确实觉得教学不应该是那个样子，不断地操练、反复地做题，学生也很累。我不知道他们在原来的学校怎么教，但是你不能光看眼前这点成绩，你得看学生整个初中阶段的连贯性，你得考虑到学生后面的发展。尤其是像我们学校这些学习基础不是特别好的学生，靠逼着他们做题，眼前可能是有效的，但是根本没有培养起他们对学习的兴趣，很多时候，这需要耐心，需要循循善诱，他们才真正愿意投入进来。（A-FWF05-C）

总体而言,轮岗教师与流入校教师的互动合作整体都以服务外在的升学考试目标为主,与此同时,轮岗教师与流入校教师的合作目标又存在一定的割裂性。尽管都受制于外在的升学压力,轮岗教师由于其在学校流动的时间较短,更多追求教学成绩在短时间内的迅速提升,而流入校教师则相对更关注学生在初中阶段的整体发展,两校教师在如何看待学生的发展上并不总是持有共同的目标。

第二节　轮岗教师与流入校教师的合作内容

教师交流轮岗政策的出发点是期待通过不同学校教师之间的交流产生思维的碰撞,但是研究发现,交流轮岗政策下教师合作交流的内容处于结构化的教研体系框架之中。这一结构化的框架对教研主题与内容进行了限定,导致不同学校呈现出统一与标准化的教学模式,使教师之间难以通过跨校流动实现观点碰撞与理念的创新。

一、结构化教研体系对教研主题与内容的限定

轮岗教师与流入校教师之间的交流处于结构化的教研体系框架之中。这一教研体系包含区教研室、学校教导处以及教研组或备课组三个层级。其中,区教研室负责统筹并主导片区内的教研主题与教研方向;学校教导处负责传达区教研室的指令并在学校中推行区教研部门的教研理念;而学校的教研组或备课组则负责落实具体的教研活动。个案学校的校本教研活动基本在这一结构性的框架之下展开。

区教育局统一规划教研主题和教研取向,区教研员对其做进一步解释,并监督教师在课堂中确实落实这些主题与理念。教研员掌控着区内所有学校的教研主题,是学校教学理念与取向的风向标,教研员会通过区公开课比赛、课堂观察等形式监督具体的落实情况。学校教导处进而将统一的教研主题操作化为示范性教学模式,传递给校内教研组或备课组系统。其后,教研组或备课组通过多次集体备课将示范性教学模式落实到各学科教学中。结构化的教研

体系限定了片区内不同学校教师的学习主题,凸显区教研室对区域内教育发展方向的规划布局,对教师学习具有明确的导向作用。个案学校 A 与 B 的校本教研活动基本在这一结构性的框架之下展开。

研究发现,流入校与流出校处于同一片区教研室的主导之下,学校的教研主题由区教研室统筹安排并逐层推行。轮岗教师与流入校教师的校本教研活动基本在这一结构化的组织制度下展开,按照自上而下的模式运行。区教研室结合当前教育的热点与重点,推出"文本细读"的教研主题。为更好地落实这一教研主题,区教研室组织教师统一培训,由教研员帮助教师对这一教研主题所强调的教学理念与教学取向等进行细致解读。区教研员对片区内教研主题与教学理念具有较强的引领和决定作用,他们在很大程度上决定着一堂"好课"的标准,主导着教学理念与教学取向,为教师指明教学方法。教研员结合自身的教学经验,参考当下的教育热点与重点,确立"文本细读""教学评价的绿色指标"等教研主题与取向,并建构起一套模范的课堂标准,使其在全区推广。而学校教导处结合本校实际情况,将"文本细读"这一教研主题与学校推行的"阅读教学"结合起来,要求校内教研组或备课组进一步落实。教研组或备课组则围绕教研主题,根据区教研室所倡导的教学理念与取向,展开集体研讨。教研组或备课组在具体的落实过程中,基本围绕以下三个环节展开:首先,由上课教师根据教参自行备课设计教案;其次,上课教师将教案拿到教研组讨论,教研组教师对该教案的教学环节、教学重难点等内容展开讨论,对教案进行修正;最后,上课教师进入班级试教,教研组教师进行集体听课评课,观察课堂的整体效果,解读每个环节,落实到每一句话,包括课堂导入、过渡语、总结等。为更好地在全区推广该教研主题,区教研部门也会通过组织区教学比赛的形式监督学校教师对这一主题的把握和落实情况。教研员也会走进课堂,通过评课、课堂观察等对教师的教学流程和教学理念做进一步的指导,以帮助教师落实区教研室的教研理念。总而言之,结构化的教研体系直接规划了片区内不同学校教师的学习主题,体现了区教研室对区域内教育发展方向的规划布局,限定了教师学习的方向。

二、同一片区内教学理念与模式的趋同

个案研究发现,轮岗教师与流入校教师之间的互动受以教研员为代表的上级主管部门的规约与限制。教研员代表着政府对学校教育教学工作的指引,他们通过行使评价权力影响学校教师学习与教研的主题与方向。通过日常的区级与校级的教研活动,教研员向教师展示其赞同的教学理念、模式与方法。通过学校的教学督导与考试,教研员实现了对学校教师教研内容与主题的评价与监控。在同一片区内,由于学习目标与内容被上级教研室限定,轮岗教师与流入校教师在合作的范围以及影响力的发挥方面都受到影响。区教研室代为制定教研的主题和教学目标,有助于提升教师教学与学习的理论高度,使其符合政策导向,但是也导致同一片区教学理念与取向的趋同性。

轮岗教师与流入校教师在教学理念与取向等方面缺乏异质性,这在一定程度上限制了流出校与流入校教师之间的碰撞与交流。有教师指出:

> 其实我们虽然不在一个学校,但毕竟在一个区里面,相同的东西还是挺多的,在同一个片区中不同学校在大的教学方向上区别并不大,一堂课究竟应该如何上,在很大程度上会受该区教研员的影响,教研员对教师教学具有较强的指导作用,不同学校针对不同水平的学生可能更多的是教学时间分配上的差异。(RT-A-LWF19-C)

教师交流轮岗政策设计的意图是轮岗教师能够带来教育教学上的新理念与新的教学方法,但是在区教育行政部门主导的教研主题与取向之下,轮岗教师与流入校教师的对话空间受到挤压,多元教学理念的发展空间相对不足,整体呈现趋同的趋势。同一片区不同学校的教师在教学理念、主题等方面表现出一定的相似性。

> 说实在的,我真的感觉差别不大,因为毕竟在同一个上海市,然后又是同一个区,所以说不是太有影响的。对于什么是一堂"好课"你可能有不同的理解,但是区别肯定是不大的,这个取向都是一样的,其实在一个区里面的教学方法上也不会有太大的差异。(A-FWF02-C)

教师的学习目标与主题受到限定,其中区教研室负责教研理念的更新,而学校教师则是落实符合教研理念的具体行为。在这一"理念"与"行为"的单向关系中,教研员扮演着非常重要的角色,他们不仅负责向学校教师传达、阐释和示范上级主管部门的理念,同时也被学校教师视为"权威",对教师的教研方向与教学行为起着监督与评价的作用。正是在这一背景下,有教师指出:"其实我们能够自主发挥的空间比较小,因为每次教研的主题、理念都已经是规定安排好的,我们就是在这个框架之下做小的调整,想着怎么落实好这些理念。"(A-FWF02-C)由此我们看出,在两校教师的互动中,是由外部的力量而非教师自身主导着他们学习与教研的目标,教师的学习更多是为服务教研室提出的目标。在学习目标与内容受限制的情况下,轮岗教师与流入校教师之间难以在教学理念、教学方法层面产生冲击与碰撞。轮岗教师与同侪教师之间的交流多停留于操作性技能层面,教师学习的效果受到制约。

此外,部分区教研主题与导向外在于教师实践,其教研主题与教学目标并不能够充分与教师当下的实践紧密结合,不能满足教学实践的真实需要。教师不得不在繁重的教学任务之外花费大量的精力学习这些取向和主题以应对外在的监督,实际上较少能带来实质性的提升。

> 教研员会指明一些教学方法,但是也经常会让我们无所适从,比如前段时间强调的是文本再构,现在就换成了文本统整。每次区里教研员来听课时,我们就要根据这些理念来制作课件。但是实际上,我们平时上课的时候很少用到这些,与其说回归到文本,不如说回归到本班级的学生,很多理念其实并不一定适用于班上的学生,更多还是得根据学生的反应和需要来解决。(B-FMF09-C)

基于教师丰富的本土实践探究能够使教师发现现实教学情境的复杂性,成为教师相互交流借鉴的契机。教师基于本土的探究发掘实践的多样性,自行设计教学的主题与目标,是教师长效合作、深度合作的动力和源泉。[①] 由区

---

① 曾艳,张佳伟.名师作为学习领导者的角色实践与困境——基于上海市名师工作室的案例研究[J].教师教育研究,2016(4):92-98.

教研室主导教师专业学习的方向,在一定程度上压制了轮岗教师与流入校教师基于本土教学情境针对具体的实践问题展开探究的能动性,限制了教师之间合作的深度。

由此可见,轮岗教师与流入校教师的校本教研活动在结构化的组织制度下展开,按照自上而下的模式运作。其中区教研室统筹安排学校的教研主题,片区内的所有学校教师均围绕该教研主题展开集体研讨。由区教研室代为制定学校的教研主题,主导教师专业发展的方向,这虽然有助于提升教师学习的理论高度,但是也导致同一片区内不同学校教师在教学理念、教学取向等方面的趋同,难以产生思维上的碰撞。教研员掌控着区内所有学校的教研主题,把控着学校的教学取向,这种标准化、统一化的教学理念与教学模式导致区内不同的学校之间在教学理念与教学模式上呈现趋同,进而削弱了交流轮岗政策发挥的效用。同时,也在一定程度上压制教师基于实践的探究动力,挤压教师的对话空间。

第三节　轮岗教师与流入校教师实践共享的方式

在以考试为外在指向性目标以及教研部门主导学习目标的背景下,轮岗教师与流入校教师之间的互动合作方式也受到一定的影响。轮岗教师与流入校教师之间较少有深入探究与对话的空间,其教研活动更多为应对外在的应试以及达成教研员的目标与要求而展开,教师之间较少能够针对教学实践中的问题与争议展开互动与协商,缺乏较为深入的集体反思与探究。本节主要呈现轮岗教师与流入校教师之间实践共享的方式,以揭示两校教师互动学习的过程。

一、流出校与流入校之间的学情差异

根据当前教师交流轮岗政策的相关要求,教师交流轮岗的重点在于引导优秀教师由城区向乡村学校、由强校向薄弱学校流动。教师交流到岗后,面临的是一个不同于以往的教学环境,在诸如教学任务、学生群体以及教学环境等

方面可能都与原来的学校存在较大差异。轮岗教师面临着教育教学情境的较大转变,这种变化主要体现在教学对象——学生群体——的变化上。轮岗教师所处的 C 校是该区乃至上海市一所有名的初级中学,其招生的学生生源质量相对较高,学生整体学业水平在该区甚至是整个上海市名列前茅。而在学生的家庭背景方面,该校学生家长的教育水平也普遍较高。相较而言,接受援助的两所个案学校——A 校与 B 校,在生源质量上参差不齐,有不少学生来自周围拆迁区的居民家庭。由于个案学校在全区的学业统测排名中一直处于相对落后的位置,不少家长选择让自己的子女到其他优质学校就读,导致大批生源流失,而没有"关系"进入其他优质学校或学业成绩较差的学生则无奈就读个案学校。

> 这个学校一直相对来讲还是有点薄弱的,因为它的生源家庭相对整体来讲文化素养还是要低一点的,那么他们的孩子整体上肯定是要低一点的。其实这个学校在托管之前面临是不是要拆的问题。有门路或关系的家长都把孩子转走了,没办法的就只好留下,后来学生慢慢少了,他们的区统测什么的,基本上在区里都是排在倒数的位置。(RT-B-LXF20-M)

流入校与流出校在生源构成上存在较大不同,学生的知识与能力基础也存在较大的差距。有轮岗教师指出,在全区小学毕业成绩统测考核中,流出校班级中大部分学生在语文、数学以及外语三门学科中都能拿到 A,取得三个 A 的学生在班级上占一半以上。而在流入校的任教班级中却发现,即便是在经过筛选的实验班,班上几乎没有取得三个 A 的同学,三门学科中取得一个 A 的同学凤毛麟角,还有一部分同学三门功课都是 C(RT-A-LWF19-C)。有轮岗教师分享了她在刚进入流入校接触班级学生时的感受:

> 我印象最深的是开学第一天发课本,我们 36 个人,我就随意地请了一个比较灵活的男孩子来帮我分配课本。36 本课本他数了 5 遍没有数清楚,而且每一遍数出的数字都不一样,极限是数到 29,再往上数数都不行了。我之前也没有接触过,就不知道怎么会成这样……虽然班上不是所有同学都这样,但是毕竟所面对的学生跟原来是有较大差异的,我当时

面临的确实就是这样一个情况。(RT-B-LSF15-C)

而轮岗教师面临的教育教学情境的另一变化是部分轮岗教师进入流入校后在教学任务上也会有调整,由于流入校的教学需要,轮岗教师在流入校中不一定还保持原来的任教年级。例如,部分轮岗教师在流出校任教初中三年级,进入流入校之后,根据流入校的教学安排任教初中预备班,在教学任务上的变化也是他们在交流轮岗中时常面临的情况。

总体而言,交流轮岗给教师带来的是教育教学情境的变化,尤其是在学生群体方面,学生在学业水平、知识与能力基础方面与流出校的学生存在较大差异。学生群体的变化也意味着在流出校适用的教学方式在流入校中可能收获良好的反应也可能无法发挥其预期的效果。而这有可能是一个机会也有可能是一个挑战。

二、轮岗教师与流入校教师三种实践共享的方式

在跨校交流中,尤其是流出校与流入校之间面临教学对象、学情存在一定差异的情况之下,如何实现教学资源与方法在不同学校教师之间的共享与协商是交流轮岗政策在落地过程中的重要步骤,也是影响教师交流轮岗效果的重要过程。通过对个案学校的考察发现,轮岗教师与流入校教师之间分享教学资源的方式主要分为三种,包括轮岗教师主导下教学知识的直接转移、基于流入校课堂情境的教学示范与指导、合作互动中有限的意义生成,其中前两者居多,而第三种则较为少见。

(一)轮岗教师主导下教学知识的直接转移

教学知识的转移是两校教师在边界地带的知识传递与存储过程,其中轮岗教师将知识、技能、方法等传递到流入校,作为知识接收者的流入校教师将信息纳入、储存到已有的知识库。个案研究发现,在轮岗教师与流入校教师的互动学习中,知识转移过程主要通过以下三种途径实现。

1.教学资源的直接引入

轮岗教师将流出校的教学资源介绍并引入流入校是资源共享的重要方式

之一。不同学校教师之间的沟通交流是拓展教师视野、学习新知识的重要契机,同时也可以避免同一学校教师校本教研的低水平重复。在个案学校中,轮岗教师将一些教学资源引入流入校,这些教学资源包括教学课件、优秀教师的教学设计、考试试卷等。教学资源的引入为流入校的教师接触多样的教学设计与方法、拓展教学与学习视野提供了重要的平台,被视为有利于教师学习的重要方式。研究发现,教学设计与教案的引入拓展了教师教学与学习的视野,使他们更好地看到其他学校教师对教学重难点的把握以及对教学方法的选择,体悟优秀教师的教学经验与智慧,引发教师对自身教学设计与教案的反思。

> 长时间以来,我们备课组里面能够接触到的就只有我们几个教师,大家之间彼此都很熟悉,长时间的磨合导致我们在教学上也很相似,而他们(轮岗教师)的到来给了我耳目一新的感觉,比如这些老师带来的一些模范教师的优秀教案以及他们学校自己设计的试题,我以前确实是不了解,原来"好"的教案还可以这样设计,而试卷的题目涉及的深度和广度也是我们之前做不到的。(B-FKF04-M)

教学资源的引入为流入校教师开拓教学思路、反思自身教学设计提供了参考。不少流入校教师指出,轮岗教师提供的教学资源在很大程度上帮助自己了解其他学校教师的教学理念与模式,打破了单一学校教师交流的限制。不少教师认为,看到轮岗教师提供的教案有"耳目一新"的感觉,拓展了自己的教学视野,对更新教学思路与方法有一定助益。

尽管这些教学资源为流入校教师提供了新的学习机会,在提升学生的学习兴趣与学习效果方面也具有一定的积极作用,但是不少流入校教师指出,虽然不少轮岗教师会与他们分享从流出校带来的教学资料以及教学方法,但更多时候是直接传递和呈现给他们,对这些教学设计与方法如何在具体的教学情境中运用则缺少深入的探讨与协商。部分轮岗教师选择直接将流出校的教学资源以及经验引入流入校,而缺少与之对话、调适以及协商的过程。例如,有流入校教师指出:"他们会直接把材料拿过来,至于怎么用、适不适合,很少有交流。"(A-FWM02-M)研究发现,这部分轮岗教师往往与流入校教师缺乏深入的互动交流,对同侪教师的教学情境了解不够充分。在交流期间,他们较少投入集体教研活动,更多专注于自己的教学事务。

> 因为他教的是实验班,他对平行班的情况不是很了解,只有在教学的提高一块是跟轮岗老师走,平时的基础知识都是跟本校老师商量。他(轮岗教师)有时候会跟我聊一下这些资料,有时候不说,他们平时真的很忙,主要还是关注自己的课堂教学。平时很多作业要批改,老师们都是忙着出试卷,要出平时的周末卷、月考卷、期末卷等,一大堆事情,每个老师基本上整天都是忙得脚不沾地,所以有时候也不敢去打扰他们。再加上我跟他也不在一个办公室,所以只有实在有问题的时候才会过去请教一下。平时大家每周也有备课,但是备课基本上就是明确一下教学的进度和本单元的教学考点和重点。(A-FWM02-M)

研究发现,教师疲于应对外在的考试压力,彼此之间较少有针对教学实践问题展开集体教研的时间与平台。而两校教师之间平时的集体备课交流也较多局限于制订教学计划、划定教学重点等议题。由于轮岗教师与流入校教师之间缺少深入的集体教研与互动,轮岗教师所带来的教学资料以及教学方法等未能充分结合流入校的实际教学情境,未能根据流入校教师的真实教学需求进行转化与调整,而是直接将教学资源与经验传递给流入校教师。

> 平时也不会多讨论什么,就是把他们那边的资料直接给我,把课件、试卷都会给我,但是有的时候会觉得这些东西不能直接用,因为我们班的学生和他们班毕竟不一样。有的时候我知道她的资源如一些教案可能是好的,但是我不知道如何在我的班级用,因为平时讨论得比较少,所以很多东西或者用不上,或者不知道怎么用。(A-FWM02-M)

教学资源的直接传递往往脱离教师教学的具体情境,轮岗教师并没有充分地展示"如何"运用这些教学策略与方式,使流入校教师无法真正体悟轮岗教师的实践性知识,导致流入校教师在应用轮岗教师的策略时遇到困难。轮岗教师本身是来自集团内较优学校的教师,其所属学校的教学质量、师资水平和学生的学业水平普遍较高,而接受支援的流入校无论是在师资力量还是学生的学业能力方面,与之相比都存在一定的差距。且轮岗教师与流入校教师本身在学校中任教不同的班级,如轮岗教师多被流入校安排担任实验班的教学任务,而本校教师则多担任普通班的教学任务,不同班级的学情也有所不同。由于教师之间缺乏围绕教学实践的共同参与和投入,双方未能通过充分的意义协商过程建构起具有共享意义的资源与经验,导致部分流入校教师未能深入地理解教学资源的内涵,当其将未经"加工"的教学方法直接应用到自己的课堂教学中时,往往会出现"不适应"的情况。

> 他(轮岗教师)很多时候就是直接把试卷给我,但是我后来发现他出的试卷其实也不是很好,难度还是相对高一些,这样学生的积极性也受到打击,后来就改成我自己出卷子,一些比较重要的内容就自己出卷子,学生的反馈相对好一些。那些题目可能更适用于比较好的学生,可能对我们平行班的学生并不是很适合,因为学生不一样,做的题也不一样。(B-FKF04-M)

不少流入校教师认为,一些教学资源很难应用于日常的课堂教学,在应用轮岗教师的教学方法之后,学生在课堂上的反应和表现并没有达到预期效果,这些未经过"加工"的教学资源整体难度偏高,难以与日常教学实践有效结合。

> 第一个学期用他(轮岗教师)的教案,第二个学期就不再用了,因为学生基础不一样,用他的教案课堂反应比较沉闷,学生的积极性也受影响,同样的教学问题抛出去在我们班级完全没有响应。虽然他的教学方法非常灵活,但是对我的班级并不太适用,整体难度偏高。所以最后还是用我自己和备课组另外一位经验丰富的老教师的教案。或者说把轮岗教师的教案改动一下,把难度较高的题目放到拓展课上,而不是常规课上。他们带来的教案其实更适用于"提升",而我们的学生更需要的还是"基础"。(A-FWM02-M)

轮岗教师基于自己以往的教学经验,提供自己认为"优质的"教学设计与教案,向流入校教师输出自身认为"行之有效"的方法,但并没有真正了解和关注问题解决的实际过程。对两校学生在知识基础与学习能力等方面的差异没有进行深入的分析与考量，外来的教学资源以及教学方法等没有充分结合流入校的实际教学情境以及教师的真实教学需求进行转化与调整，导致知识在应用过程中遇到困难。有教师指出："用了一段时间他（轮岗教师）的方法就不再用了，主要是学生基础比较薄弱，班上的学生适应不了。"（A-FWM02-M）轮岗教师在流出校任教时所教的学生在知识基础与认知水平等方面都与流入校的学生存在较大差异，流出校的教学经验在流入校并不完全适用。

轮岗教师在与流入校的同侪教师没有开展充分的互动与协商，两所学校之间学生存在的差异没有被充分考虑进来，这导致教学资源在分享的过程中遇到障碍。

2.教学方法与模式的直接转移

在教学方法的使用上也存在同样的问题。部分流入校教师指出，轮岗教师的教学方式与教学理念虽然兼具灵活性与启发性，却不容易在日常教学课堂中付诸实践，因为这些教学策略对于学生以及教师本身都有较高的要求。例如，轮岗教师提出的"活力课堂合作学习"的教学方式，对于自主性和能动性较高的学生而言，更容易实现自主性的小组合作。这种教学方式在课堂的初始由教师提出教学问题，而后将课堂的主导权交给学生，由学生推动课堂的发展，通过合作解决问题、寻求答案。但是这种教学方式在流入校普通班学生的课堂上很难实施，学生较难找到合作的方向和突破口，整个课堂表现积极的只有少数学生，而大部分学生则处于被动的学习状态。由于学生在学习能力以及自我管理意识等方面的差异，同样的教学方式在不同的课堂上可能产生不同的效果。有流入校教师指出：

> 轮岗教师提出的活力课堂小组互动的教学方式在我的班级很难实施，并不是说这个方法不好，而是不太适合我班级的学生，学生之间的综合素养还是不一样的，这种综合素养不仅指学生在学习成绩方面的表现，还包括学生的学习接受能力、自主学习意识以及自我管理能力等。在我们平行班，可能一个问题抛下去，学生根本不知道你要做什么，有的时候他们知道你要做什么，但就是不配合你，还是做自己的事情。（B-FKF04-M）

还有一位流入校教师分享了她与轮岗教师一次合作备课的经历:在准备《窃读记》这篇课文时,轮岗教师提出建议,可以从"窃读记"这一题目中的"窃"字入手,根据对这一字的理解,逐步引入到文本,然后引导学生围绕这个"窃"字把其他的教学环节串联起来。尽管这一教学设计非常有新意且教法灵活,但是流入教师指出:

> 虽然这位教师的教案非常灵活,思路也很清晰,但是我试教了一个班级(平行班)之后发现不太适合我。因为这不仅对老师的要求很高,同时对学生的要求也非常高,学生需要不断地寻找新的信息,而我也要能够快速抓住学生的信息点,要有很强的课堂把控能力……而我需要的教学设计是一个自己可以驾驭的,同时学生也觉得可以接受的,至少课堂不能乱。(A-FWF02-C)

轮岗教师本身来自集团内优质学校,其所属学校的教学质量、师资水平和学生的学业水平都普遍较高,而接受支援的流入校无论是在师资力量还是学生的学业能力方面,与之相比都存在一定的差距。不同学校在学生学业水平、学生的自主学习能力以及自我管理意识等学情方面的诸多差异,使同一教学方式在流入校的课堂上并不必然产生与在流出校课堂上同样的效果。因而,在流出校适用的教学方式未必能够完全适用于流入校的课堂。

有流入校教师指出,轮岗教师带来的教学资料以及教学方法等难度较高,未能与流入校的教学实践实现充分的结合。相较而言,流入校经验丰富的老教师在教学策略、学生管理等方面的意见更贴近班级的实际教学情况,对自己的帮助反而较大。

> 大多数听取我们老教师的意见,对我们班学生帮助最大的可能还是我们本校的老师。因为他跟我教的都是平行班,学生水平更接近,提的意见也更适合我们。就是他教的学生程度跟我教的学生的水平是一样的,提出的意见更符合我们班的情况。(A-FWM02-M)

研究发现,将集团内较优校的教学资源与教学方式转移到流入校,并不一定能够带来流入校教学实践的有效提升。轮岗教师与流入校教师缺乏深入的互动与协商,不少轮岗教师大多是基于自身以往的教学经验,将教学资源应用于流入校的教学情境中,而缺乏深入考虑不同校之间的差异,这导致其教学资源与经验在流入校的应用出现"水土不服"的情况。由于两校在生源、学情等方面的差异,在流出校适用的教学知识与教学方式并不必然适用于流入校。两所学校对于优秀的教学方式与教学理念的理解是不同的,每所学校基于本校学生的学情都有自己关于何为优秀的教学方式与教学理念的独特理解。将教学资源从强校平移到薄弱学校,忽略教学情境的复杂性和异质性,这将导致同样的教学方式与理念在流入校的课堂实践应用中遭遇困难。从轮岗教师到流入校教师的信息转移过程并没有经过充分的协商以及本土化。在这一过程中,轮岗教师扮演着知识传递者的角色,与流入校教师之间传递的是未经加工与处理的知识。这一过程更多聚焦知识与技能从流出校教师向流入校教师的"平移",而忽视与流入校教师的互动沟通以及共享意义的建立。

3.教学专题讲座中的经验传送

轮岗教师以教学讲座的形式向流入校教师传授自身的教学经验是知识转移的又一途径。通过教学专题讲座,轮岗教师能够在较短的时间传授自身的教学知识与方法,与流入校教师分享教学经验与实践智慧。有流入校教师指出,通过教学讲座,他学习到如何在课堂上合理设定教学目标,对其教学实践的改善具有较强的启示意义。但是也有教师指出,轮岗教师在专题讲座中的教学方式与教学理念虽然兼具灵活性与启发性,却并不容易在日常教学课堂中付诸实践。首先,这些教学策略并不完全适用于学生,"学生的知识基础和思维水平是不一样的,在我们班级,同样的教学方式与思路,学生可能并不能很好地吸收理解"。(B-FKF04-M)城乡学校学生在认知水平、自主学习能力以及自我管理意识等方面存在诸多差异,使相同的教学方式在不同的课堂上并不必然带来同样的效果。其次,轮岗教师的经验与策略对教师本身也有要求。对那些刚进入职场的新手教师而言,专题讲座虽然可以在相对较短的时间向教师传授实践性知识,但是很多新手教师存在"听不懂""跟不上"的情况。部分年轻教师尚没有足够的实践经验,对于轮岗教师的经验分享,无法达到真正的消化与吸收。"像我们工作才一两年,很多理念或者经验,如文本细

读,究竟该如何细读,光靠听,我们没办法充分理解。"(A-FWF02-C)

借助教学资源、教学专题讲座等边界物,将流出校的教学资源与教学方式转移到流入校,在帮助流入校教师学习多元教学策略与方式方面发挥了重要作用。但是也应该意识到,这一知识转移的方式在实践应用中陷入困境。在知识的转移过程中,轮岗教师将优质培训资源从优质校"平移"到薄弱校,并没有充分考虑教学情境的复杂性和异质性,教师在引入资源与经验的过程中没有关注在新的情境中是否需要对已有知识做进一步调整或修正。由于两校教师围绕流入校教学情境的互动与协商相对较少,知识在这一过程中并没有获得充分共享。

(二)基于流入校课堂情境的教学示范与指导

在两个异质共同体之间的知识流动与共享并非易事,知识的情境性本身决定了个体之间知识的共享需要结合实践加以诠释才能深入揭示其深度与复杂性。教师的实践性知识在特定的课堂情境中生成,很难进行直接传授。要实现教学知识、方法与理念的共享,需要作为跨界者的轮岗教师在边界互动中将知识进行转译,使实践双方建立起共享的意义。在本书选取的 A 校与 B 校两所个案学校中,基于课堂教学情境的教学示范与指导也是轮岗教师与流入校教师之间交流的一种重要方式。与教学知识的直接转移不同,基于流入校课堂情境的教学示范与指导是轮岗教师在具体的课堂情境中示范教学理念与过程,为流入校教师在课堂中遇到的真实问题提供指导,重在共享意义的建立。

1.通过教学示范呈现课堂教学的实施过程

在交流轮岗中,轮岗教师公开教学实践如课堂示范或示范课等是一种重要的实践呈现方式,听取轮岗教师的课堂示范或示范课是流入校教师学习的重要途径。通过观察轮岗教师的课堂,流入校教师不仅能够了解其教学的内容,还能观察到教学设计的具体过程,把握轮岗教师的教学思路。一位教师指出:

听师傅(轮岗教师)上课的过程,其实就是我与他对话的过程。很多时候听完师傅的课,我都有一种恍然大悟的感觉,原来课还可以这样上!听课对我们来说是非常重要的一种学习方式,因为平时大家都很忙,你也不能要求师傅经常来听你的课,给你详细的指导,通过听课能够让我看到师傅具体上课的过程,不仅是教什么,还能看到他们到底如何教。(A-FGF02-E)

研究发现,轮岗教师通过课堂展示呈现其教学的内容与过程,能够帮助流入校教师更清楚地了解课堂教学内容的重心与难点,使流入校的教师能够更好地把握和调整自身课堂教学的节奏,满足学生的学习需求。例如,一位英语教师提及她在听课之后的收获:

在听课过程中我发现,就算是实验班的学生,对这个"be going to"(将来打算、计划去做或有意去做的事)的句式都掌握得非常糟糕,那我肯定在平行班教学的时候,这个速度是要放慢的。那我会写在黑板上,如果师傅在班上强调一遍的话,那我肯定要强调五遍,甚至是更多,课后还要反复巩固这个知识点,这一点是在听课中吸收到的东西。(A-FGF02-E)

通过观察轮岗教师在课堂上使用教学工具以及方法的具体过程,可以帮助流入校教师更好地把握轮岗教师的教学技巧,提升自身的课堂教学技能。例如,一位数学教师通过观察轮岗教师的课堂板书设计,发现好的板书设计在帮助学生把握一堂课的教学内容中发挥着提纲挈领的作用,使他对板书的作用有了新的认识:

我在观课的过程中,发现他们(轮岗教师)板书的设计条理很清晰,看他的板书,会把最关键的知识点都写上面,最关键的是,在一堂课结束做课堂小结的时候,老师只需要看着板书就能让学生明白整堂课的教学内容,清楚最重要的点在哪里,可以说是一整堂课关键内容的概要与总结。我之前虽然每节课会做课堂小结,但是忽略了怎么好好利用板书,后来觉得每节课通过这种方式做课堂小结效果还是蛮好的。(A-FWM02-M)

更重要的是,通过在真实的课堂情境中观察轮岗教师的课堂,流入校教师能够更清楚地了解到轮岗教师在课堂教学过程中的教学思维与策略,对他们自身的教学具有较好的示范与启发作用。一位数学教师指出,听课的过程帮助他了解不同学校教师的教学策略与方法,如相较于自身"中规中矩"的课堂引入设计,轮岗教师在课堂的引入环节总是能够灵活地结合学生的生活情境展开,更引人入胜。此外,在课堂上灵活使用类比策略、帮助学生有效进行知识迁移等,都给他留下了深刻的印象。另外一位英语教师也指出,通过观察轮岗教师的课堂教学提问,她能更好地体悟到英语课堂教学提问的深度与层次。

> 重要的是他的一些思维方式,我可以借鉴一下,比如课堂教学问题的发问,像他(轮岗教师)课堂的发问非常多,他会连环性地提问,他问到what(什么)的问题,一般我到这里可能就结束了,但是他还会跟着学生反应问关于how(如何)的问题,后面会引导学生去寻找why(为什么),就是逐渐深入,层层递进的。(A-FGF02-E)

在观察课堂教学的过程中,流入校教师能够观察到轮岗教师在课堂中即时的教学反应,了解教师的教学智慧,同时也能引导教师反思自身教学实践,认识到自身教学中存在的不足。一位 A 校的语文教师分享了其观察轮岗教师课堂教学的经历。在散文的教学中,这位教师指出,她一直采用一种模式化的教学流程教授散文类的课文,首先让学生整体感知文本,其次介绍文章作者的背景,再次带领学生挖掘和分析,最后做出总结。但是在观察轮岗教师课堂教学的过程中,她发现轮岗教师课堂教学环节的设计与自身有较大不同:

> 我观察到他(轮岗教师)对教学环节的处理值得学习。对散文作者的简介和背景介绍究竟该如何安排?我发现他总是能够在学生最需要的时候将这些知识抛出来。有时他会采取和我相同的教学环节,但是有时他会先抛出一个开放性的问题、让学生自己寻找作者写作的目的。同时也会根据学生的课堂反应,将对作者的介绍和背景放到学生的解析当中,让学生能够自己发现问题、解决问题。我一直用的是很传统的、刻板的教学方法,但是他能够通过一个开放性的问题调动学生的思维,让学生自己去

寻找依据。通过听他的课,我才发现,原来我的课上得如此生硬。(A-FWF02-C)

综上,我们发现轮岗教师通过示范课公开教学实践的过程是展示与诠释自身教学理念与方法,供流入校教师观摩学习的知识转译过程。轮岗教师在课堂教学中的言语以及教态等外显行为,为流入校教师提供最直观的教学信息。将教师置于熟悉的课堂情境中,轮岗教师在课堂中即时的教学反应以及课堂生成,诠释自身对于教学的理解,帮助流入校教师了解其教学策略与思维模式在课堂情境中的具体运用,实现隐性知识的分享。通过在课堂中展示如何创建学习情境以激发学生的参与积极性,轮岗教师将师生之间的有效互动转化为流入校教师可以理解的、具体化的知识。轮岗教师的课堂示范为流入校教师深入理解其教学知识与教学策略提供了重要的平台,呈现教师在真实的、具体的课堂教学情境中的实施过程,有助于流入校教师体悟轮岗教师的教学智慧以及灵活处理课堂问题的教学策略,并反思自身教学。

2.公开课磨课中借助师徒结对形式提供情境化的教学指导

个案研究发现,以师徒结对形式开展教学指导是实现教学共享的另一种重要途径。尤其是准备公开课或展示课时,轮岗教师会进入真实的课堂情境中,对流入校教师的课堂教学进行观察,针对教师在课堂教学环节中存在的问题与疑惑为流入校教师提供详细的教学指导。在个案研究中,根据教研员提出的教学理念与要求,教师展开集体研讨,此时教学经验丰富的轮岗教师会通过课堂听课、帮助备课、教学设计以及监督教学等方式为流入校教师提供情境化指导。在这一过程中,轮岗教师结合教学情境诠释自身对于教学的理解,将内隐的经验转变为可以显现的、能够被理解的知识。

平时很多时候师傅太忙,我们三个坐下来主要就是简单地交流一下要教的内容是什么,偶尔她也会点一下这个知识点在平行班应该怎么教,但是很多东西由于师傅不了解我们班级的情况,她说的我们也不能完全理解和吸收,但是在课堂上她看到我具体的问题之后再帮我指出来、提意见那是完全不一样的,是非常有针对性的。(A-FYF03-E)

在流入校的课堂教学情境中，围绕特定的课堂教学实践问题，轮岗教师将教学理念与教学方式与本土的教学情境相结合，为流入校教师提供具体的、情境化的指导。轮岗教师进入课堂，观察徒弟的课堂教学，参与教师上课的整个过程，对其中发现的问题进行及时记录。在课堂结束后，轮岗教师针对整堂课的设计与实施提出意见。一位数学轮岗教师在观察徒弟的课堂教学之后，发现该教师在课堂中存在诸多无效反馈，浪费了不少课堂时间。根据该徒弟出现的问题，她在课后提出了较具针对性的建议，帮助其了解到自身教学中以往没有注意到的问题。

> 师傅给了我了一个指引，怎么样在课堂反馈上可以做得更好，她告诉我要尽量避免重复学生已经掌握的答案，对薄弱的学生要多用鼓励性和提示性的反馈激发他们的兴趣。如果没有她点出来，我可能废话还是很多，还是不停地重复，我平时自己意识不到这个问题，毕竟我已经任教这么多年了，有了这么一个建议以后，我会有意识地在教学过程中注意这个问题。（B-FQF15-M）

课堂指导对促进教师反思自身的课堂教学起到了一定的积极作用。一位语文教师指出，轮岗教师的课堂指导使她对自己以往的课堂教学有了新的认知。一般在上课之前，教师都会自己先设计好教案与课件，而后与统一备课组的师傅共同商讨，轮岗教师会质疑其中存在的问题并提出修改意见。在这位语文教师关于《我的叔叔于勒》一文的展示课中，轮岗教师参与了其整个课堂实施的过程，在课堂结束后，这位轮岗教师对该语文教师提出了一个引发其反思的问题：这堂课你觉得学生收获到了吗？学生究竟如何看待于勒这个人物？这些问题引发教师对自身教学的反思，她亲自找来班级的几位学生询问他们对于课堂教学的理解与看法，她发现学生了解比较多的是关于文章的内容情节，而对这一重要人物的理解不透彻且过于片面。通过与轮岗教师的交流，这位语文教师意识到原来自己在课堂教学当中给予学生太多的控制与预设，没有给予学生空间让学生从更复杂的、全面的角度对人物进行解读。

> 师傅问我这堂课有没有收获，我把学生叫过来问学生对这堂课的反

应,他们说了一点、两点,但是说的这些显然都不是我想要的,课堂结束后我找到师傅交流,她指出学生之所以没有收获是因为教师本身先入为主地加入了自己的预设,总是牵着学生走。我反思了自己的教学,发现的确是的,当学生没有按照我的预设回答问题时,自己会无意识地引导学生转移到我想要的答案上,总是走马观花似的略过学生的回答,结果整堂课下来可能只留下一个初步的印象。(A-FWF02-C)

还有一位英语轮岗教师在分享对"文本再构"这一理念的理解时,意识到以往使用的教学策略与教学术语(如"语料选择""语用创设")等,较难被流入校教师理解。为此,她进入课堂,结合流入校教师在课堂中出现的问题,将这一理念具体化,从内容、语境与语言三方面有针对性地提出建议,帮助流入校教师深化对这一问题的理解。在这一过程中,轮岗教师将知识的学习置于原生性的教学情境中,将自己原有的教学理念与策略与流入校教师当下的教学实践结合在一起,帮助流入校教师更好地了解其思维过程与策略,将知识转译为一种可以流动的、共享的资源。

在流入校的实际教学情境中,轮岗教师借由课堂示范以及教学指导等中介物,展示具体的施教过程,针对流入校教师特定的教学问题进行指导,呈现在具体的课堂情境中如何应用教学方法与策略。在地化的示范与指导采取的是一种理解性的路径,重视知识与实践的情境性,在帮助教师更深入地理解不同学校教师的教学知识与策略方面发挥了重要作用。

尽管基于流入校教学情境的课堂示范与指导是两校教师互动学习的一个重要方式,尤其是对流入校教师课堂教学实践的改进起到了一定的积极作用,然而,研究也发现,这一情境化的示范与指导多发生于公开课或展示课的集体教研过程中,在教研的主题、教研目标以及教学取向等方面都有较明确的指向性。其多为满足学校领导与教研员的监督与考评标准,侧重通过相互的课堂示范与指导实现教学行为达标。教师之间的讨论更多是在教研员与学校领导画好的框架下进行零碎的表达,真正围绕教学问题的意义协商较为有限。

我们都知道,其实公开课和平时的课肯定是不一样的,公开课尤其是区级层面的公开课,教研员是要过来听课的。我们就是跟着风向标走,比如现在就强调要落实到文本中,基于文本,高于文本,那师傅(轮岗教师)在帮我们磨课的时候就会特别侧重这一方面,我们会特别设置一些环节或者活动,来特别突出这一方面,让教研员知道我们确实在做这些东西,我们的风向标就是教研员……(A-FYF03-E)

由于要应对教研员的监督与考评,两校教师之间的互动多聚焦于如何表现出符合教研员理念的教学行为,教师真正围绕教学议题展开集体探究的空间较少,且教研员对教师教学的指导并不总能切合教师的真实需求。如有教师指出:

一堂课,不同教研员评课可能完全不一样,他们的爱好不一样,他们的理念不一样,每一个老师有自己的理念。所以我们也很无奈,就是他分享得怎么样,我们就跟着他这个样子。并且有些也没办法用到我们的实际教学中,比如现在公开课就强调老师要自编文本,让学生掌握课外的东西,但是文本当中他都不懂、都不会,怎么学习课外的? 就感觉很浮躁,但是我们又没有办法,在他们(教研员)过来听课的时候,师傅以及备课组的其他几位老师就会坐下来帮我磨课,我们会一起商量怎么设计这个文本,怎么看起来让课堂更有活力、有吸引力……(A-FYF03-E)

总体而言,两校教师分享教学资源的过程都较多表现为知识由轮岗教师向流入校教师的单向流动,且流动的仍然是既定的知识,而新知识的创生则略显不足。轮岗教师与流入校教师之间较少能够真正围绕教学实践问题展开深入的互动协商,也较少建构与生成新的意义。且轮岗教师与流入校教师之间更多表现为一种单向的传递与示范,如有部分轮岗教师表示,他们感觉自己在交流过程中扮演的角色就是"输出",将自身的经验分享给流入校的其他教师,而自己在这一过程中似乎并没有太多收获。在这一过程中,轮岗教师较多处于指导者的位置,而流入校教师则更多处于知识与信息的接收者与被指导者的位置,这种关系并非双向的、互动的学习关系。轮岗教师作为优质学校支援教师、经验教师以及经验知识的提供方,较多扮演专家、指导者与释疑者的角色,在与流入校教师的互动中占据中心与主导地位。而流入校教师作为知识的接收方,则更多是相对边缘式地参与互动过程。

(三)合作互动中有限的意义生成

教学资源的传递与教学示范与指导等过程更侧重教师对既有的教学实践知识的传递与共享,与之不同的是,个案研究发现,也有极少数的轮岗教师在互动过程中与其他教师建立起了双向的互动学习关系,在互动、碰撞中生成了一些新的教学观点,他们在意义协商的过程中达成了知识的转化,建构起新的意义。

1. 基于本土教学情境对教学方式做出调整

在交流轮岗的过程中,流入校教师基于课堂教学实践的试验是实现教学知识转化与生成的重要方式之一。流入校教师通过与轮岗教师的交流合作,认识到双方在教学知识、策略与理念等方面存在的差异,最终回归到日常教学中,将在共同体的互动中学习到的知识应用到自己的课堂教学中。

> 拿来的东西要会用,否则就是拿来主义……首先要考虑,学生的层次肯定是有差别的。教实验班的孩子可能和教平行班的孩子也是有差别的,你所有问题设计和环节设计肯定要针对本班孩子,不可能把他的东西照搬。拿过来东西还要学会怎么用,不然就用不上。我们在讨论的时候,轮岗老师会讲他们实验班的情况,而我也会说一下平行班的情况,就是会根据这些差异再讨论在自己的班级该怎么用,而不是照搬。(A-FWF02-C)

尽管轮岗教师最初引入的教学资源并不能完全适用于流入校,但是轮岗教师通过与流入校教师合作对话以及实践反思,根据本土的课堂情境对原来的教学策略与方法有意识地进行转换与调整,而非不加批判地完全吸收和应用。在这一互动的过程中,双方教师作为能动的问题解决者与学习者,并不是被动地接受知识,而是基于真实的课堂情境中的教学问题,通过试验、调整以及反思建构出适切的教学模式。

在教学活动中,轮岗教师建议流入校的教师在课堂上采取学生自主性的小组合作学习活动以调动学生的积极性,但是事实上,不少流入校教师在实施之后,发现学生在课堂中的参与程度并不高,在一个小组中频繁发言的只有少数成绩优异的学生,而大部分学生则并没有感受到合作学习的乐趣。针对这一情况,轮岗教师与流入校教师相互观察彼此的课堂,比较其中的异同,双方教师通过分析普通班学生的学习特点,对原先在较大程度上由学生主导的合作学习方式进行调整,转变为由教师适度干预,小组之间在参与程度、作业完成度以及准确率等方面积分竞赛的合作方式。同时为了让组内更多的成员参与活动,双方教师在合作交流的基础上,还发现"七巧板"合作学习对自我管理意识较弱的学生而言,合作效果更好。他们尝试鼓励组内的每一位成员都承担一部分内容,每一位学生的任务合并在一起构成全部的合作任务,生生之间只有在人人参与且合作互赖的基础上才能完成所有的学习内容,这一方式使绝大部分学生都能参与活动,且每一个人在小组中都发挥重要作用。通过对新的教学理念与教学策略的适切性进行重新审视,对其进行修改与调整,最终将外来的教学方式和策略与本土的课堂教学结合在一起。

> 组织学生合作学习,我发现虽然是同一教学方法,但是在不同的班级,面对不同的学生效果就有所不同。在轮岗教师的实验班的课堂上,学生反应就比较好,参与度和积极性都比较高,但是在我的课堂上,教学秩序就很混乱。发现这个情况之后,师傅跟我共同商讨,我们相互表达自己的想法,最终我们认为,在普通班的课堂上不能完全放手给学生,在对班级学生分析的基础上,我们对师傅刚开始提出的合作学习方式进行了改良,这对我而言是一个非常宝贵的学习经验。(A-FWF02-C)

教师在与轮岗教师的交流中,认识到彼此教学中存在的差异,最终回归到实际的课堂教学中,根据学生的反应进行适当的转化与调整,积极地筛选与调整教学策略与模式,以找到适切的教学方法,并将其应用到自己的课堂教学中。在这一过程中,轮岗教师与流入校教师并不是单纯地将他们所认为的较优的教学资源或方法转移和应用到教学中,他们不再脱离情境地依据自身以往的经验和固定模式进行教学,而是更加关注教学情境中的实际问题,更加关注对教学策略、方式与模式的恰当运用。

2.集体备课中对异质教学意见的处理

在实际的集体备课中,大多数教师表示,相互之间很少有不同意见、不同声音、异质性意见,多数情况下大家都较为一致,极少数的教师表示他们在教学中围绕教学议题存在异质性意见,并能够有效针对彼此间的异质性意见展开深入的交流。

教师在公开课集体备课过程中共同协商与解决教学中的异质性意见或冲突性的教学观点是教师意义生成的另一重要途径。研究发现,不同观点、策略与思维的碰撞在新的教学观点的生成中扮演着重要角色。备课组内成员之间为了解决冲突性意见而进行沟通、协调,在经验和知识上进行交换与分享,一旦问题获得解决,就能成功将矛盾转化为学习的机会,这一历程能够给团队主体带来一种新的经验或知识的增长,成为推动教师学习的力量。[①] 在教师集体备课的过程中,轮岗教师与流入校教师对教材内容的不同解读引发教师深度思考。在《摇花船》一文的教学中,对于文中"摇花船习俗"这一文本内容的教学,流入校教师与教研组中的轮岗教师呈现出不同的理解。轮岗教师认为,在教学时应重视学生对于该部分文本的深入研读,而流入校教师则认为,由于此部分教学内容与文章主题并不直接相关,因而在教学时可以选择"点到即可"。这一不同的解读引起教师对文本结构与文章主题之间逻辑性关系的深度思考。教师们各自根据自身的教学经验分享知识,倾听他人的见解,不断地展开讨论,最终教师们发现文本中关于"习俗"细节的描述在帮助学生了解文章写作的文化背景以及作者"思乡"情感方面具有重要作用。在这一理解的基础之上,教师发现恰恰可以将这部分内容作为文章的一个矛盾点,引领学生带着问题领会文章的主旨。而这一教学设计是教师在之前都没有想到的,是轮岗教师与流入校教师在合作对话的过程中共同生成和建构起来的,是教师之间对话互动的结果。

在 B 校教师校本课程开发的过程中,轮岗教师与流入校教师对于哪些知

---

① 王晓芳.从共同体到伙伴关系:教师学习情境和方式的扩展与变革[J].华东师范大学学报(教育科学版),2015(3):43-52.

识应该被纳入校本课程产生了分歧,不同的知识背景与教学经历使成员之间在课程目标的制定、课程内容的选择以及评价等多个方面看法出现不一致。如轮岗教师认为,在课程内容的设计上应该富有开放性,应当给予学生足够的提升空间。而流入校教师却认为,在课程内容的设计上要关注学生的生活,尊重学生之间的差异以及学生的需求,在引导学生获得基础知识的前提下激发学生的兴趣。不同的话语在课程开发设计过程中对话、交错,不同的价值观与理解也在此时发生碰撞。两校教师对校本课程的选材也提出了不同的见解,轮岗教师指出,校本课程的教材要能够适当拓展学生的视野,提升学生的思维,他们提出可以将《三国演义》《红楼梦》《小王子》等经典文学名著作为教材,引导学生体悟中西方古典文学著作的精髓,提升学生的文学涵养。而流入校教师则认为,这些教材虽然有助于培养学生的能力与素质,但是往往远离学生的生活经验,校本课程的内容要结合学生的生活经验,借助设定的情境,让学生学会表达,通过情境教学来提升学生的文学表达能力。鉴于此,两校教师发现彼此的意见都有一定的参考价值,在反复讨论的基础之上,他们将校本课程的设计分成两个部分,其中一个部分是"名著鉴赏",引导学生阅读经典,提升学生阅读和欣赏优秀作品的能力。而另一部分则是"走进生活",以新闻制作为题材,让学生自己报道和撰写身边的故事。由此兼顾了古典文学知识与学生生活情境两个方面。在这一校本课程设计的过程中,成员各自根据自身对校本课程的理解表达自己的见解,同时也倾听他人的观点,在分析、比较以及反思等活动的基础上,对自身的观点进行检视,最终校本课程融合了两校教师的意见,在学生需求与知识提升等方面进一步完善设计。

我们在备课的时候其实很少有这种不同的意见,但是就我们自身来讲其实还是比较喜欢大家坐在一起七嘴八舌地讨论,你把你的想法说出来,我把我的观点讲出来,有时候大家差不多,但是有时候也会不一样……其实这种"不一样"很关键,这个时候你就会思考为什么会不一样,怎么样处理会更好,因为你自己固定在你的思维模式中太久了,这种"不一样"会让你看到不同的东西,这个时候也往往会有新的观点或好的想法出来,这种情况一般也是我们讨论最深入的时候……虽然这种机会比

较少……（A-FWF05-C）

在集体教研过程中，两校教师根据自身的知识背景、生活经历以及对学情的分析，充分表达对于校本课程的理解，不同观点与理念在此时得以对话、碰撞。围绕其中的冲突与争议，教师们展开课堂实践，比较双方在教学内容、课堂互动以及教学生成等方面呈现出的诸多差异。此时，再次展开讨论与分析，对校本课程重新定位与设计，校本课程设计理念、学习理论以及学生需求等多个维度在这一过程中得到融合、吸纳。最终在不同视角、观点与实践的碰撞中，两校教师对校本课程的理解与认知得到提升与拓展。

> 经过反复讨论与教学，我们发现校本课程不应拘泥于形式，不管何种方式，重要的是让学生和老师都参与进来，激发多层次学生的学习需求，这是我们之前没想到的，是大家推心置腹"吵"出来的成果。（A-FWF05-C）

在跨校教师的合作互动中，异质的教学意见在教学的转化与生成中扮演着重要角色。教师在协作过程中的"不一样"也是学习的资源，不同教师对教学的相互冲突的观点所引发的对话蕴含着丰富的学习机会。尽管双方对此存在异议，但是为了解决矛盾展开协商，也让团队成员获得了意义生成的机会。

3.基于探究的课例实践

研究发现，课例实践作为实践共享的工具在两校教师的互动学习中扮演重要角色。尽管两校教师均带着由既有经验构成的"知识库"进入实践，但是课堂情境本身独特而多变，简单地套用已有的方法并不能有效解决实践中的问题。在这一过程中，两校教师打破原定的框架，根据具体情境，共同建构出解决教学问题的新方法。例如，在思维导图法的运用过程中，最初这一方法由轮岗教师引入，但是在流入校课堂的教学实践中，并没有对此不加批判地直接应用。教师们意识到两校学生学业水平、教学环境等诸多差异之后，重新回归到课堂教学中，针对学生的学习需求展开互动协商，根据学生的课堂反馈以及教师需求对思维导图法进行重新修正。最终教师们"碰撞出一些新的想法"，在思维导图法的运用上不再局限于内容与形式，而是从学生的角度出发，鼓励学生发挥能动性建立属于自己的思维导图，对轮岗教师原来的思维导图教学法实现改造与创新。在这一过程中,学校领导的支持也尤为重要。为支持教师大胆创新与探索,校长积极引进外部资源,联系教研员与外校骨干教师,帮助流入校教师从理论与实践的不同视角完善这一教学法,使教师获得持续的探究动力,最终形成了符合本校学生学情的"思维导图法"。

基于课例实践展开的探究性学习呈现出"螺旋式上升"的学习过程:教师们积极参与群组的分享与探究,在使用与分享他人知识的同时保持对进一步探索与创新的关注,使群组的跨界学习持续发展。这一过程不仅帮助教师在教学法知识方面获得增长,更重要的是,教师获得了对学生以及课堂教学理念新的认知。

> 让学生自己画图,让每个学生都动起来,那一刻我能感受到学生的大脑在运转,在思考,有活力的课堂不就是应该让每个学生都参与进来,让学生们的身体和大脑都动起来吗?(B-FWF7-C)

在知识的转化过程中,教师们采取探究性的立场,通过在边界空间的探索、协商以及对话,不断解决在边界互动过程中的矛盾,在争鸣与对话的过程中共同建构起解决实践问题的新视角与新策略。教师在集体合作探究中获得的知识,是从所处的学校环境、教学情境以及具体的教学问题中生成的地方化的知识,是可以被同侪教师共同理解的知识。此时知识的流动是双向的,两校教师的互动关系也从单向的指导转变为共同学习与探究的同侪合作关系。

然而,个案研究也发现,新的意义的生成在轮岗教师与流入校教师的互动交流中较难产生。首先,教师之间缺乏深入交流的机会。每一位教师身上都肩负着繁重的教学任务,除了日常上课,教师还要批改作业、应对区教研员以及学校检查等。对于轮岗教师而言,他们也面临着较大的考试、考评压力。除了为应对校级、区级的公开课考评而进行的磨课,在日常教学中,轮岗教师与流入校教师真正能够展开教学研讨的机会较为有限。

> 有的时候我们连集体备课的时间也没有,而轮岗教师也没时间和精力参与这些事情,平时他们也很少到我们的课堂中来,大家都匆匆忙忙的,都在埋头做自己的事情,有的时候想请教一些问题都生怕影响到别

人。（A-FWF02-C）

其次，新的意义的生成往往需要教师对自身固有的知识结构进行调整，走出自身的"舒适区"。一位教龄近 10 年的教师讲道：

> 大家提出的很多观点，年轻老师肯定有学习的一面，但是对于我们这些老教师而言，其实很多东西都已经固化了，在新的东西面前是有心无力，改变长期以来的教学习惯是很难的，需要与自身的很多经验对抗，内心对新的事物其实是有些抗拒的。（A-FGF17-M）

尤其是对于经验丰富的老教师而言，其中无论是流入校的教龄较长的老教师还是轮岗教师，让他们转变以往的知识结构，尝试新的教学策略与方法或对以往的教学模式做出调整，往往会面临诸多困难。

作为三种重要的知识分享方式，无论是轮岗教师主导下教学知识的直接转移、基于流入校课堂情境的教学示范与指导，还是合作互动中有限的意义生成，都在轮岗教师与流入校教师的知识共享中扮演重要角色。理想的情况是，轮岗教师与流入校教师之间的互动学习不仅涉及知识的传递与共享，还能够实现新知识的建构与创生。通过对个案研究的考察，发现两校教师的互动学习主要集中于前两者即知识的转移与转译，而第三种知识的建构与创新则较为少见。不论是教学知识的直接转移还是基于流入校课堂情境的教学示范与指导，都较多地表现为知识由轮岗教师向流入校教师的单向传递与流动，两校教师缺乏围绕教学实践问题的深入互动、探究与协商，新知识的建构与生成较少发生。

第四节　本章小结

本章介绍了 A 校和 B 校中轮岗教师与流入校教师开展工作的合作目标以及两校教师之间的教学共享机制，以下总结本章的主要研究发现。

第一，轮岗教师与流入校教师在教研过程中的合作目标并不是经过内部的协商过程建立起来的，且两校教师开展工作的目标也并不总是契合的，存在

一定的差异。研究发现,一方面,轮岗教师与流入校教师两者之间的合作更多
建立在外来的目标之上,即服务外在的升学考试。作为初中教师,他们都面临
着较大的升学考试的压力,这使他们在集体教研过程中更多服从外在的考试
目标,这主要体现为轮岗教师与流入校教师日常集体备课的重心更多聚焦明
确单元的教学考点与重点,规划整个备课组的教学进度。另一方面,研究也发
现,尽管两校教师都受制于外在升学考试的压力,但是两校教师对于教学目标
的理解仍然表现出某种程度的差异。由于轮岗教师在流入校时间较短,面临
着来自流出校与流入校的双重压力,他们更加追求短期内学生成绩的迅速提
升。相较而言,尽管流入校教师也存在考评的外在压力,但他们在追求学生成
绩的同时,并没有忽视学生在接下来时间的长期发展。这主要体现在部分流
入校教师并不完全认同轮岗教师所采取的操练、题海战术等教学方式,他们认
为学生的发展并不是短时间内一蹴而成的,而是一个长期发展的过程。基于
实践共同体理论,联合的事业本身作为指引成员行动的共享目标,不能通过外
在指定或强加而获得,而是由成员在相互介入以及协商的过程共同建立起
来。[①] 本书发现,轮岗教师与流入校教师的交流更多围绕外在的升学考试的
目标展开,而教师之间并没有充分建立起联合的发展愿景。

　　第二,轮岗教师与流入校教师在校内集体教研的合作内容也受到一定程
度的规限,其教研的知识领域或主题并不是教师在互动中形成的,而是通过自
上而下的方式确立的。教师群体之所以能够聚合成为实践共同体,其中一个
重要原因是群体的目标和需求能够符合参与者的热情和期待,成为驱动成员
加入并促使其发展的动力。[②] 然而,轮岗教师与流入校教师校本教研的主题
与取向是在区教研室的主导下展开,并由作为政策解释者的教研员通过培训

---

① Wenger E. Communities of Practice：Learning，Meaning，and Identity［M］. Cambridge：
Cambridge University Press，1998.

② Forbes A，Skamp K. Knowing and learning about science in primary school 'communities of
science practice'：The views of participating scientists in the *MyScience* initiative［J］. Research in
Science Education，2013（43）：1005-1028；Wenger E，McDermott R A，Snyder W. Cultivating
Communities of Practice：A Guide to Managing Knowledge［M］. Boston：Harvard Business Press，
2002.

以及教研活动等,传递给教师。区教育行政部门致力于发展统一的校本教研主题框架,负责理念层面的更新,而学校教师则负责落实符合理念的具体行为。区教育行政部门的主导虽客观上有利于提升教师学习的理论高度、符合政策导向,但是也导致同一片区不同学校教师在教学理念、取向甚至是教学流程等方面的趋同。同时,校本教研的主题理念与普通教师的教学实践也存在一定程度的断层情况,其理念与取向在外在监督与考评之下演变成口号与标签,与教师真实的教学需求之间存在一定的距离。轮岗教师与流入校教师的互动学习始终围绕受到规限的内容目标展开,由外部力量而非教师自身主导着学习目标。标准化的教学理念、取向与方式等,压缩了轮岗教师与流入校教师的对话空间,在一定程度上削弱了他们基于本土实践探究的动力。

第三,在轮岗教师与流入校教师的跨校交流中,两校教师如何共享教学资源与教学经验是影响两校教师学习与发展的重要因素。在这一过程中,两校教师分享教学实务,不仅包括教案、课件、试卷等实体性教学资源,也包括教学策略、方法等抽象的教学资源。而两者之间教学共享的方式主要可体现为以下三种:轮岗教师主导下教学知识的直接转移、基于流入校课堂情境的教学示范与指导、合作互动中有限的意义生成。在这三种方式中,前两种居多,而第三种则相对少见。

在轮岗教师主导的教学资源与方法的传递过程中,轮岗教师将流出校的教学资源转移到流入校。由于轮岗教师与流入校教师之间缺乏深入的互动与协商,两校学生在知识与能力基础方面存在的差异没有得到充分的考量,教学资源的平移并没有在流入校达到理想的效果。这也进一步说明,在不同的共同体中获得的教学经验并不能直接地分享给其他共同体中的教师,实现不同共同体成员之间的沟通需要结合共同体中具体的情境做出调整以建立起共同的理解性框架,只有这样才能使传达的信息在本土情境中获得合法性。[①] 轮岗教师更多是基于自身的经验向他人提供自己认为行之有效的做法,但是并

---

① Niesz T. Chasms and bridges: Generativity in the space between educators' communities of practice[J]. Teaching and Teacher Education, 2010 (1): 37-44.

不充分关注问题实际解决的过程,也并没有关注在进入新的情境时是否需要对自己已经掌握的知识进行进一步的调整或修正。

基于课堂情境的教学示范与指导,是在真实的课堂情境中由轮岗教师示范自身的教学策略与过程,为流入校教师在课堂中出现的问题提供情境化的指导。这为教师深入理解轮岗教师的教学知识与策略提供了重要平台,在沟通不同学校教师的教学实践中发挥了重要作用。但是在研究中也发现,这一情境化的指导多发生在师徒结对形式的公开课、示范课等情形中,在公开课的准备过程中,教研员所重视的教学理念与设计受到推崇。在整个公开课准备、实施的过程中,带有表演与鉴赏的教学模式与流程获得专门的训练与重点发展。[①] 授课教师展现课堂教学实践的细节,而轮岗教师帮助授课教师反复打磨教学设计,精心安排教学流程。然而这种精细化的操作性设计似乎与教师日常的教学实践距离颇远。

然而,不论是教学资源的传递还是教学示范与指导,都较多地体现为轮岗教师对流入校教师教学技艺的单方面"影响",更多时候是流入校教师对轮岗教师经验的单方面消耗,而缺乏双方的互动与交流。部分轮岗教师表示,自身在这一交流的过程中并没有较大收获。

在第三种实践呈现的方式中,轮岗教师虽提供流出校的教学资源,但是他们与流入校教师共同研讨,根据本土情境做出调适与修订。同时围绕教学中的异质性观点展开互动协商,在碰撞、交流中建构新的教学意义。在这种互动形式中,两校教师均获得一定程度的专业发展。然而这一互动方式并不多见。只有当轮岗教师与流入校教师能够充分意识到双方学校在教学情境方面的差异,尤其是所面临的教学对象即学生的差异,并在尊重这一差异的基础上对以往的教学做出适时的调整,才可能建构出适应流入校教学情境的教学方式与策略。同时这也需要双方教师在尊重彼此差异的基础上建立起相对平等的合作对话关系,围绕具体的教学问题展开较为深入的讨论与协商,将从轮岗教师向

---

① Tsui A B M, Wong J L N. In search of a third space: Teacher development in Mainland China [M]// Chan C K, Rao N. Revisiting the Chinese Learner: Changing Contexts, Changing Education. Hong Kong: Springer, 2009: 281-311.

流入校教师的单向的知识传递转变为两校教师双向的知识共享与创新的过程。

综上所述,轮岗教师与流入校教师之间的合作是在以考试为指向性目标以及教师学习的内容目标受到限定的前提下进行的,两校教师之间缺少充分的互动协商与交流,其互动较多体现为由轮岗教师向流入校教师的单向传递与领导。如何推动两校教师之间达成深度合作、促进教师知识实现转化与升级是需要进一步关注的重要问题。

第五章　轮岗教师与流入校教师
　　之间的互动规范

　　轮岗教师与同侪教师之间的互动关系是影响轮岗教师参与共同体实践的一个重要因素。在实践共同体理论中，个体在共同体中的学习与发展是基于成员间的社会互动进行意义协商的活动。[①] 成员之间的互动关系深刻影响个体在实践共同体中的学习过程与效果。[②] 在实践共同体中，教师之间通过人际互动与沟通，彼此达成对意义的理解。轮岗教师与流入校教师如何展开互动，以及他们之间形成何种互动关系，将是本章探讨的重点。

第一节　轮岗教师与流入校年轻教师之间的互动

　　在个案研究中发现，轮岗教师与流入校年轻教师以及资深教师的互动规范有所不同。在与年轻教师互动时，比如在 A 校中，其师资力量相对年轻，存在较多年轻教师与轮岗教师结对的情况，研究发现，轮岗教师在与这些年轻教师的意义协商过程中，往往占据中心与主导地位，轮岗教师掌握着教研活动的主导权，新手教师则处于相对边缘的位置。而轮岗教师在与流入校资深教师的互动中，双方则存在话语权的冲突，当轮岗教师试图尝试在共同体中承担领

---

　　① Wenger E. Communities of Practice: Learning, Meaning, and Identity [M]. Cambridge: Cambridge University Press, 1998.

　　② Little J W. Locating learning in teachers' communities of practice: Opening up problems of analysis in records of everyday work [J]. Teaching and Teacher Education, 2002 (8): 917-946; Grossman P, Wineburg S, Woolworth S. Toward a theory of teacher community [J]. Teachers College Record, 2001 (6): 942-1012.

导责任,并逐步从共同体的边缘走向中心时,其与流入校的资深教师之间存在话语权的博弈。

一、轮岗教师与年轻教师之间的互动关系:主导与被主导

从该区教育集团内的优质校流入两所个案学校的轮岗教师,在多年的教学经历中积累了较为丰富的教学经验,当他们进入流入校时,他们在与新教师或青年教师的互动中往往占据主导地位,拥有更多的话语权。个案研究发现,轮岗教师在与年轻教师的意义协商过程中似乎拥有更大权力,他们往往会主导教师的互动过程。当新教师面对自身不确定的教学内容或教学方法时,大部分新教师会向轮岗教师寻求帮助,倾向听从轮岗教师的建议,由轮岗教师对教学方式或内容等做出最终评判。

轮岗教师丰富的教学经验、在特定学科教学内容知识上的专长以及对年轻教师的专业示范与引领是教师影响力的重要来源,也使他们在双方的互动中自然而然占据主导位置。经验是教师在共同体的互动中决定谁更有话语权的一个重要因素。这一点在 A 校教师与轮岗教师的互动中体现得较为明显。以经验为主的学习内容形塑了学校中教师关系的结构,往往使资深教师与新教师之间形成单向的领导与学习关系。A 校建校时间较短,整体师资队伍也较年轻。轮岗教师进入学校之后,多被分配到相应的备课组承担指导教学的工作。这些轮岗教师整体教学时间较长,具备相对丰富的教学经验。且这些轮岗教师来自本区内的优质学校,该校优异的教学成绩也使来自该校轮岗教师的教学经验,尤其是备考经验更受重视。相较而言,尽管这些年轻教师学历较高、理论知识较扎实,且具备较强的计算机运用能力,但是他们擅长的这些在日常备课组的交流中并不是决定性的学习内容。对于中学教师而言,考试的重难点,如何落实教学目标以及突破教学重难点的方法等才是更重要的学习内容。而这些无疑需要长时间教学实践的打磨,要在逐渐积累教学经验之后才能获得。这也在一定程度上决定了在轮岗教师与新教师的交流中,年轻教师更多处于被支配与被主导的地位,成为需要帮扶的对象。

一方面,轮岗教师的示范与指导为年轻教师的专业成长提供了重要的助力。在日常教研的过程中,经常会遇到无法确定或抉择的问题,这时年轻教师会向身为教研组长的轮岗教师求教,让他们给出建议和指导。不少年轻教师指出,不管是在教研组中的互动,还是师徒结对的形式,在与轮岗教师的交流学习中受益良多。

> 我们备课组的每一节都是精心准备的,三人一起备课。我们先是初步备课,但也会遇到一些无法确定的情况,这个时候就会给师傅(轮岗教师)过目,她会给我们讲解,对不足之处加以改进,课件每次都要精益求精。记得有这样一节课,关于统计直方图。一般我们采取题目出来后,由教师讲解或者学生回答问题的教学模式,比较传统。这时师傅提出,可以采取只给学生看图,让学生编题的方式,回答也可以由学生完成。上完课后,效果是出乎意料地好。学生积极性很高,争先恐后,不仅把我自己原先设计的题目一个不漏地编出来,还出现了很多很好的点子,更好的题型。这节课上得非常成功,学生掌握得也非常好。由学生自己编题并回答的授课方式激发了学生的积极性,使课上得轻松活泼。(A-FTF02-E)

另一方面,个案研究也显示,在部分教研活动中,新教师往往只能边缘性地参与集体性的备课活动。例如,在整个备课组筹备研究课的过程中负责帮助轮岗教师寻找相关的课程资料、帮助制作课件等。但是当备课组的教师坐下来集体研讨时,他们往往主动或被动地失去了话语权。在备课组的讨论中,一般由作为备课组组长的轮岗教师发起,提出教学的进度安排以及教学工作中存在的问题,以此在备课组中展开讨论。尽管教师在参与讨论的过程中可以表达自身的观点与见解,但是多数情况下,讨论主要由轮岗教师主导,而新手教师对集体讨论结果的影响较为有限,他们更多处于旁观的状态。这较多地体现为在有新教师的教研组或备课组中,往往呈现出"新教师提问、轮岗教师负责答疑"以及"轮岗教师划重点,新教师在旁记录"的教研关系模式。

在这些资深的轮岗教师面前,部分新教师选择主动放弃自己的话语权,在集体的讨论中往往扮演"听众"的角色。他们认为自身缺乏一定的教学经验,在教学知识点的把握以及课堂教学实践方面都缺少锻炼,不敢表达自己的观点,认为自己的意见无足轻重,缺乏专业自信。轮岗教师来自优质学校,这一标签使轮岗教师在进入学校之初就有一定的优势,尤其是新手教师认为,能够接触到来自优质学校的教师并接受他们的指导,对他们而言是较为难得的学习机会。

也有一些年轻教师在与轮岗教师的互动中采取"不说话"的方式,然而沉默并不意味着这些新手教师本身没有见解,而是在讲究论资(经验)排辈的教研氛围中,他们选择放弃自身发表意见的主动权,认为在这些经验丰富的老教师面前,最好的方式就是"听着就行了"。

> 师傅嘛,就像老师一样,就是彼此之间不像我跟同辈的另外一个老师一样那么顺畅,哪怕她再和蔼可亲,师傅就是师傅,很多时候说什么你就得听着……(A-FGF02-E)

总体而言,资深的轮岗教师在与新手教师的互动中,更多处于共同体的中心位置,掌握着教研活动的话语主导权;而新手教师则处于相对边缘的位置,受处于中心的轮岗教师的指导。在这一集中式结构之下,新手教师受轮岗教师的影响,往往使用同样的教案以及教辅材料,按照同样的教学进度展开教学。在整个沟通的过程中,作为指导者的轮岗教师为年轻教师进行课堂示范,提供"正确的"操作方式。轮岗教师的示范性教学模式尽管在一定程度上为新手教师提供了教学捷径,但是也使组内讨论成为主导教师的"一言堂",年轻教师则以复制轮岗教师的教学模式与思路为主。

二、师徒带教制度下的"顺从":H教师的个案

学校实施的师徒带教制度也使轮岗教师在与流入校年轻教师的互动中处于主导地位。学校采取的师徒带教制度在一定程度上实现了对新手教师的"驯服",导致年轻教师在多数情况下普遍对作为师傅的轮岗教师采取顺从的立场。在两所个案学校中都有较为明确的规定,新教师需要与轮岗教师建立起师徒关系,通过师徒带教的方式,帮助新教师快速成长。轮岗教师在进入流

入校之后,作为指导教师发挥"传、帮、带"的作用。在建立师徒关系的过程中,轮岗教师与其所带教的入职初期的新手教师往往会通过学校正规的拜师仪式,建立起正式的师徒关系。这种正规的仪式也在一定程度上加强了教师对师徒角色的定位与认知。其中,师傅对徒弟的教学与成长负有一定的责任,需要通过定期听课、共同备课、设计教案、监督教学等方式帮助新手教师成长;而徒弟也需要接受师傅的指导,以便尽快提高其教学水平。

师徒带教制度作用的发挥是在轮岗教师与流入校教师日常共事的过程中潜移默化发生的。其中,轮岗教师通过示范教学模式、教学方法、工作风格、为人处世等,给新教师带来影响;新教师则出于尊师重教的心态,大多数情况之下采取顺从的态度,以更好地在学校的立足与发展。

H教师是在A校刚刚任教两年的英语教师,她与流动到A校的轮岗教师结成了师徒关系。由于这位新教师教学经验不够丰富,她打算通过多听课、多讨论来学习轮岗教师的教学经验。然而多次听课之后,这位年轻教师心里有了疑惑。她发现自己的指导老师在课堂上几乎采用全程讲授的方式,非常注重课堂输入,大部分课堂时间都是在讲解教材上的知识点与考点,一边讲一边让学生将重点划下来,针对其中学生难以消化与理解的地方,就反复地操练。在其中一次习题课的听课过程中,指导教师一如既往地采取老师讲、学生记的方式,然而H教师发现学生对这一方式并不"买账"。尽管教师已经告诉学生正确的答案应该是选项D,坐在教室后面的学生显然没有听进去,依然在答案C前打了勾。当这位年轻教师发现这个问题之后,她感受到:"采取满堂灌的方式让学生快速地掌握知识点,这种教学方式并不难,同时也较为高效,整堂课的课容量较大。但是缺点也非常明显,学生并没有真正投入学习,对英语学习也没有太大的兴趣,整个课堂氛围也沉闷无力。"对此H教师感到困惑:"这种教学方式该在自己的课堂中延续吗? 如果继续的话,可能对学生不利,如果不继续,又可能会拖慢上课的进度,也可能会影响整个备课组的教学进展,那样的话师傅会不会对我有意见?"

在H教师自己上课之前的准备过程中,她与轮岗教师共同商讨教案的设计。轮岗教师帮忙"划了一下重点",这些知识点都是将来中考可能会涉及的考点内容。在交流过程中，轮岗教师也反复强调了该节课应该让学生重点掌握的教学内容。面对如此繁多的知识点，H教师对到底采取何种教学方式犹豫不决。最终她决定还是延续师傅的教学风格，在课堂上以讲授为主，主要按照教材以及教参中重点标注的知识点进行讲授。当然，H教师也加入了自己的设计，在课件制作以及素材的选择上根据自己班级学生的情境进行了适度的调整。

按照这一教学设计真正授课之后，H教师描述了整堂课上完之后的感受："他们（学生）基本上不怎么听我讲，我在上面讲我的，他们在下面各干各的，我想问个问题，也没人搭理我，没人举手回答，整堂课就是我一个人的独角戏……"而在课后的反思中H教师也讲道："自己任教的这个普通班的学生对知识的接受和吸收能力真的好差，明明已经练了好多次，还是有人犯错……整堂课的课堂纪律也不好，他们明显更加不听话，是不是现在的学生都喜欢和老师对着干？"

从以上的个案中我们发现，从备课到授课的整个过程中，H教师基本处于被动的、顺从的状态。在整个听课以及备课的过程中，尽管H教师内心十分挣扎于"这样的教学方式是否应该在自己的课堂上有所延续"，在心里并不完全认同轮岗教师的做法，但是她还是出于师傅"会不会对我有意见"的担忧选择了妥协。然而这种妥协与顺从掩盖了教师真实的内心想法，使共同体成员之间失去通过意义协商而进一步改进教学实践的重要途径。H教师在听课时认为，指导教师"满堂灌"的方式并不能激发学生的兴趣，而在用同样的方式授课之后，H教师将课堂混乱的原因归结为：学生素质较差、学生不配合。通过这一过程我们可以看出，缺少了来自共同体意义协商的支持，教师自身的反思并没有获得持续改进实践的动力，反而在这一过程中加深了对学生的消极认知。

轮岗教师凭借着来自优质学校支援教师以及经验教师的身份成为师徒关系的主导，在很大程度上占据共同体意义协商的话语主导权，使轮岗教师与流入校新手教师之间的互动呈现出"徒"对"师"的单向依赖，多数新手教师在与轮岗教师的互动中表现出服从。

然而,师徒制下的顺从并不意味着新手教师对轮岗教师就是真正发自内心的认同,这往往成为新教师避免与轮岗教师发生正面冲突与矛盾的一种策略。有些新手教师会采取一种"策略性"的服从,尽管他们表面上认可轮岗教师的做法,但是在自身的课堂教学中仍然会采取自己认可的教学策略。

> 比如说……对于师傅来讲,因为老教师他注重课堂上的输入,他可能会……比较少关注到学生的感受,课堂会相对来说比较沉闷一些。我本人就是不喜欢这种沉闷的课堂。讨论的时候我可能不会表现出来,听完他(轮岗教师)的课,我可能会找一个平衡的点,我不会完全选择这样的教学方式。当时师傅的意思是说,课堂上老师最好就是不要搞那么多活动,也最好不要跟学生走得太近……我当时听了之后对这个没有发表意见,但是我自己在课堂上实施的时候可能还是会按照我自己的方式来,因为我本身的性格就是这样,我就是一个严厉不起来的老师,对我而言,我更适合领着学生一起开心地上课,而事实上我发现学生们同样也很尊重我。(A-FGF02-E)

由此我们可以看出,流入校年轻教师在与轮岗教师的互动中,对轮岗教师本身的教学方法与策略并不总是处于完全认同的状态。但是由于受师徒制度的束缚与禁锢,为了维持相对稳定的师徒合作关系,他们在互动中又不得不表现出顺从状态。表面的顺从并不等同于内心的认同,在这一互动模式之下,年轻教师往往选择回避争议,较少直接表达与轮岗教师相左的见解,轮岗教师与流入校年轻教师之间深层的互动与协商受到一定程度的限制。

第二节 轮岗教师与流入校资深教师之间的互动

轮岗教师与同侪教师之间的互动关系也是影响轮岗教师参与共同体实践的一个重要因素。莱夫和温格指出,新来者通过参与共同体的实践逐步进入共同体时,可能会引发与其他先前处于中心位置的熟手之间的矛盾。[①] 轮岗教师作为特殊的新来者,他们并不等同于严格意义上的新教师,这些教师更多来自较为优质的学校,本身具备一定的教学经验,轮岗教师与共同体既有的资深教师之间的互动与协商是影响其作用发挥的重要因素。在个案学校中,轮岗教师作为新来者与共同体既有的熟手之间并不是处于完全和谐的状态,在互动过程中也表现出一定的矛盾与冲突。

一、轮岗教师与教研组长或备课组长之间的互动

轮岗教师来到流入校之后,有些被学校委任为年级组长、教研组或备课组长的职务承担本学科教学工作的领导责任,引领其他教师的发展;有些则没有承担领导职务,而仅仅作为普通教师进入相应的学科组。尽管他们没有明确的领导头衔,但是作为由优质校流入的支援教师,这一身份本身赋予他们一定的声望,加之这些教师具备较为丰富的教学经验,使轮岗教师的身份与其他普通教师有所不同。作为外校进驻的支援教师,他们被期待在共同体中发挥一定的示范与领导作用。然而,在进入相应的教研组或备课组之后,他们如何与同样在组内承担领导责任的教研组长或备课组长展开互动与协调? 教研组长或备课组长往往是本学科领域的带头人,他们是相应学科教学活动的组织者,在引领组内其他教师制订教学计划、组织教学活动以及指导青年教师等方面承担主要责任。轮岗教师与共同体既有的领导者之间能否展开良好的互动、相互支持并发挥各自的专长,是影响交流轮岗政策在学校顺利实施的一个重要因素。

在个案中,部分流入校既有的教研组长对轮岗教师持较为欢迎与接纳的态度。由于长期局限于同一学校教师之间的交往,同一教研组或备课组内的教师在教学思维、模式等方面表现出一定的相似性。而对于这些共同体的既有领导者而言,其本身作为学科组的带头人,在教学实践的改进以及专业发展

---

① Lave J, Wenger E. Situated Learning: Legitimate Peripheral Participation[M]. Cambridge: Cambridge University Press, 1991.

的提升方面也面临一定的困难。一位教研组长讲道：

> 还是希望他们能够来交流的，像我们天天就面对同一批人，萝卜炒萝卜，没有新东西可以炒了，再说我现在也无所谓提升这一说了，早就已经到瓶颈阶段了对吧，现在组里面老师遇到问题主要还是来问我意见的，那我自己也很难接触到新的东西，可能他们（轮岗教师）来了就能刺激我一下，能够感受一下不一样的东西……（B-FQF15-M）

他们希望轮岗教师能够与之分享教学资源、交流教学经验，为改进整个备课组教师的教学实践发挥作用。在集体教学讨论中，他们希望轮岗教师能够发表自己的教学观点，也愿意较为积极地听取轮岗教师的建议。在这些教研组长看来，轮岗教师的到来在一定程度上帮助他们关注到在以往教学中被长期忽视的教学问题，带给他们新的教学观点与教学思路。交流轮岗为不同校教师之间的相互学习、更新教学思维、开阔教学视野提供了良好的契机。

> 现在兄弟院校之间教师跨校流动，我本人觉得这种做法是很好的，像我们在集体教研的时候，我就特别想让这些老师多说两句，想听听他们的建议和想法，想知道他们究竟是怎么做的。很多时候长期形成的教学习惯你根本感觉不到，那外面的人来了可能一下子就能帮你看出来……你也会接触到不同的想法、不同的思路，对吧？其实对我们而言，就像井底的青蛙一样，你在井底下坐久了，你认为天就那么大，其实不是的……（A-FGF17-M）

同时也有教研组长指出，在与轮岗教师日常交往的过程中，通过观察轮岗教师对待工作的态度以及与同事相处的风格，也让他们学习到如何更好地领导同事以及做好组内的协调与组织工作。例如，B校的一位备课组长分享了她的感悟：

> 她（轮岗教师）来了之后就是整个精神面貌很积极，做事情效率很高。她做什么事情就是想着大家、带着大家，比如她手里有什么好的习题或试卷，就会主动跟我们分享。每次下课回来，也会跟我们讲，今天上课哪个

知识点学生接受不了、反应比较慢,也会提醒我们在讲课的时候可以注意。就是这种日常的交流不知不觉让我们整个办公室的人也跟着动起来了。虽然她不是我们的备课组长,也没担任什么职务,但其实大家还是很佩服她的。就是感觉这种领导力量其实是无形的,对我自己而言确实也挺触动的,就是感觉自己一直没扮演好这样一个角色……(B-FQF15-M)

但是在个案学校中我们也发现,有不少轮岗教师表示,他们在参与共同体实践的过程中遇到一系列矛盾与冲突。有些轮岗教师表示,自己在进入共同体之初愿意表达自己的教学见解,为组内教师提供建议,但是遭遇了诸多挑战。其中主要体现为与共同体既有领导者之间的消极性互动。不少轮岗教师表示,一些流入校的教研组长掌握着共同体事务的决策权与话语权,在组织和安排教学事务以及出现教学议题的相关分歧时,往往过于重视己见,忽略对其他教师教学意见的合理吸纳,这在一定程度上使教师参与共同体实践的积极性受挫。如一位轮岗教师分享了他的一个经历:

可能每个人做事情不一样,比如说我们出单元卷什么的,我们那个教研组长感觉还是蛮卖力的,他的意思就是说这是他的工作,由他来负责出试卷。其实当时我也建议他,我说我们就轮流来出试卷。当时我们对这件事看法有些不一样。因为轮着出试卷每个人风格不一样,大家都可以锻炼一下,还有一点是老师你一个人有的时候可能会忽略掉有些题目或者角度,有些地方在我看来感觉也不是很到位,大家轮流的话可以集思广益是吧。不过他好像也没怎么听进去,最后还是按照他自己的意思来,就是感觉好像不太能听进去别人的意见……我平时很注意尽量少去干涉别人的事情,偶尔提了几次意见,别人也没反应,所以我基本上是别人让我发表意见,让我说的时候再说。(RT-B-LXF20-M)

从以上轮岗教师的经历中我们可以看出,轮岗教师与共同体既有领导者之间的消极性互动关系是影响他们参与共同体事务的重要因素。尽管部分轮岗教师具备参与共同体事务的热情与意愿,愿意向其他教师表达自身的观点与见解,但是共同体的既有领导者并没有对来自轮岗教师的多元见解秉持包容、接纳的态度,导致轮岗教师参与共同体事务的积极性受挫。

在集体备课的过程中,当面临教学议题的相关分歧时,往往由教研组长做出决定。一些教研组长可能会强化自己的意见,导致组内教师之间较少有教学思想的交流和争鸣,而不同学校教师之间思想的火花也没能充分激发与碰撞。由于共同体并没有为他们发挥能动作用提供一个很好的平台,导致部分轮岗教师对共同体的归属感与认同感较低。如一位轮岗教师指出:

> 有的时候在我们准备展示课的过程中可能会有不同的看法,在一些问题上角度不一样,我觉得这是好事啊,没必要最后大家非得要统一起来对吧,但是有的时候就感觉不是特别自由,最后在拍板的时候可能还是得按照他那套方案来,就是领导嘛,就算他重视你,也并不代表你可以给他提意见,或者他就一定得尊重你的意见,最终可能还是会按照他的意思来。(RT-B-LCF16-E)

由以上可以看出,尽管有一些共同体的既有领导者能够给予轮岗教师尊重,但是较少能够接纳分歧、让教师各抒己见。面对争议时,更多将共同体事务的话语权和决定权集于一身,而并没有为轮岗教师能动作用的发挥营造一个开放、包容与自由的共同体氛围。

多次提出教学建议并没有得到相应的重视以及回应,这在一定程度上挫伤了部分轮岗教师参与共同体事务的热情与积极性。有轮岗教师表示,他们不愿意再过多地发表自己的见解,因为在他们看来这一行为无异于"多此一举"。这在某种程度上可以说阻碍了教师之间的分享与合作,同时也导致轮岗教师对该学校的认同感较低。

> 不听有什么办法呢,就不再提了,何必呢? 对吧,说了几回也没用,还是少说话好了,毕竟人家是教研组长对吧……何必自讨没趣呢? 这跟我们原来学校的氛围是不一样的,在原来的学校,至少很多事情大家都是有商有量的,我们教研组长、年级组长啊,其实都很尊重我们的意见,大家都是同事,什么事情至少都会来征求一下老师们的意见,但是在这边就始终感觉自己融入不进来,说实话,在这一方面真的不如原来的学校,我自己

在这里总是感到有一些距离感……(RT-B-LXF20-M)

同时,在个案学校中,并不是所有共同体的既有领导者都希望这些外来成员能够发挥他们的能量,对这些外来成员持包容与接纳的态度。也有一些领导者并没有将轮岗教师提出的教学建议以及发起的创新性教学实践等视为学习交流的机会,而是将这些视为对其话语权以及地位的挑战。他们并不希望轮岗教师在共同体中表现得过于积极,害怕这样会削弱自己在共同体以及学校中的地位。

> 之前我们几个过来的老师就提出组织大家一块准备古诗文大赛,这个是他们学校以前没组织过的,当时就感觉我们组领导……虽然嘴上答应了,但是在做的时候就感觉不是特别愿意参与这件事情,或者说支持你、配合你……其实说实话,其他流过来的老师可能也有这种感觉,有些人,是不希望我们很卖力的,为什么呢? 因为一旦考好了他不是很没面子吗? 我们没轮到这里来的时候他们成绩不好,我们一过来,成绩如果变好了,不是显得他们很不好吗? (RT-A-LWF19-C)

在话语权的博弈之下,个案研究发现,一些轮岗教师倾向隐藏自己的教学观点,不愿意在教研组中主动公开表达自己的见解,在他们看来,过多的表现就相当于"越权"。

> 像学校编校本教材也是学校的老师在做,毕竟作为一个外来的老师,不太好对教研组的建设提出太多的建议,因为毕竟别人会说越位怎么样,所以这方面倒不太有。(RT-B-LXF20-M)

总体而言,我们发现,在共同体中成员之间的互动是一个充满矛盾、冲突与权力关系的过程。在共同体内部,教研组长因经验、年龄以及职务本身所赋予的权力等诸多因素,在教研组的互动中往往占据主导地位。一部分共同体的领导者期待轮岗教师能够发挥其能动作用,在轮岗教师进入学校之后,愿意听取其建议,在教学以及管理等方面展开互动交流。但并不是所有的教研组长都对轮岗教师的参与持接纳态度,当持有不同观点的轮岗教师尝试对共同体的实践做出改变时,一些教研组长害怕轮岗教师的实践给自身在共同体中的既有利益与权威带来冲击,因而采取回避甚至是抗拒的态度,导致错失两校教师交流学习的机会。

二、轮岗教师与经验丰富的老教师之间的互动

新手与熟手之间的关系是莱夫和温格实践共同体理论的重要方面,在新手逐步进入共同体的过程中,当其试图推动实践改变时,可能会引发与共同体既有的熟手之间的矛盾。[①] 这在个案学校中也有所体现。

A校的一位轮岗教师指出,在他们尝试将流出校的一些创新性的教学方法与教学理念等引入流入校时,并没有获得来自共同体内其他同侪教师的充分理解与支持。有轮岗教师指出,部分本校经验丰富的老教师对轮岗教师提出的学科理解以及教学方法等持怀疑和抗拒的态度。这些年长的教师已经有多年的教学经验,他们的教学风格和方法可能已形成固定的模式。他们不愿意改变自己的教学方式,对新的教学理念与方法感到陌生与不适。同时,这些老师也有一种骄傲的情绪,多年的工作经历使这些教师在教材理解、学生教学方面积累了丰富的教学经验,因而在面对轮岗教师这一外来人员提出的教学理念与方法时,往往持怀疑和抵制的态度。

> 很多时候,他们给我的感觉是,我在这个学校已经教了十几年了,不需要你来告诉我如何教学生……(RT-A-LWF19-C)

这些有经验的教师因其资历较深而处于共同体的中心,轮岗教师在处理与这些教师的关系时持一种谨慎的态度,不少轮岗教师表示不愿意与其发生冲突,出于自身利益考虑保持沉默。轮岗教师参与共同体事务的积极性和热情受到一定程度的挫伤,也阻碍了相互之间的深度互动与合作。

> 很多时候不愿意多说,就是做好本职工作就可以了,不该参与的事情就不参与,会有这种疏离感的,有些事情不能够去做,也不能多说。有时

---

① Lave J, Wenger E. Situated Learning: Legitimate Peripheral Participation[M]. Cambridge: Cambridge University Press, 1991.

候也没有这种主人翁的感觉,比如指出说我们教研组应该要怎么样,如果这样说的话,那学校里最老资历的老师可能会说,你这个人,你以为你是谁啊,还在这里讲话。就是这方面心理压力比较大,所以说多一事不如少一事,少一事不如不要犯什么事情比较好。(RT-A-LLF27-M)

这些教龄较长、教学经验丰富的老教师,往往处于共同体的中心位置,不少轮岗教师担心对这些处于中心地位的"熟手"(old-timer)发起挑战(如提出相左意见或新的教学理念与教学方法等)会导致自身参与共同体实践的合法性遭到拒绝,因而不少轮岗教师在与这些成员互动的过程中往往持谨慎态度,不愿表达自身的真实想法。

有一次在中考之前的一次全区统考,这可以说是中考前最重要的一次考试了,但是我发现在这个学校,就是复习没有一个很好的系统性,那些小年轻就不用说了,那些老教师也是这样,就是没有一个成熟的复习计划。我当时看了心里确实是想说,但是我不敢说,我自己知道。人家毕竟也是老资历了,我怎么去干涉别人,去插手,我觉得不好,你也知道的。虽然当时过去的时候校长也是说,让我该提的意见就提,但是有些心胸不是很开阔的人,其实你说多了也让人觉得有一些反感的。在这里如果跟大家处得不愉快我自己也没办法工作,这一年会很难受。(RT-B-LXF20-M)

在轮岗教师进入新的共同体时,维持良好的人际关系对于其融入与适应新环境至关重要。从个案中我们可以看出,轮岗教师并没有对他们所处的共同体环境建立起充分的信任感。在一种缺乏信任与安全感的氛围中,轮岗教师并不愿意直接分享自己的见解。他们担心对共同体事务的过度干预可能会引发其他教师对自己的排斥,使自己无法在新的环境中立足。这种消极的社会关系体验进一步削弱了轮岗教师参与共同体事务的意愿与热情。

在个案学校中,我们发现多数轮岗教师其实并不愿意承担领导者的职务,尤其是涉及更广的教研组以及年级组层面,他们不愿意承担对整个学科或年级的教师进行组织与管理的领导职责。

其实我是把六年级教研组长这个工作辞了的,我没有答应这个工作,我觉得以我这样的身份去管理六年级，毕竟他们那边的老师是占绝大多数的，我是人生路不熟的，我又要以组长的身份去发号施令，去做管理工作，我觉得这必然会产生矛盾的。年轻教师还好一些，他们可能还愿意听你的，尤其是那边的老教师肯定会有意见的，你凭什么用原来学校的思维去管理现在这个学校呢？而且教研组长又是一个不大不小的官，我就觉得，这个管理工作肯定很难，我不适合站在这样的位置，肯定会产生很多矛盾，后来就没有承担，我想着还是配合别的老师的工作更容易被接受，否则就很容易发生冲突。（RT-A-LCF10-C）

对于这些轮岗教师而言，与年轻教师相处似乎更容易"放得开"，而涉及与本校的资深教师相处时，在他们看来，承担教研组长或备课组长的职务很容易破坏同事间的关系，不利于自己进入新的环境。尤其是作为一个新来者，一开始就占据共同体的中心位置承担领导者的工作，可能会遭到其他资深教师的抵制与反对，不利于自己在新的环境中立足，因而他们往往不愿意承担领导者的职务。

除此之外，在有些教研组中，我们发现虽然少数轮岗教师能够主动提出自身的教学观点与方法，但是受制于共同体成员对现有制度与规范的固守，很难推进自己的想法与策略。部分经验丰富的老教师虽然对轮岗教师的建议持相对开放的态度，但他们不愿意将这些建议真正落实到行动中。尤其对那些可能给现有的制度与生态带来改变与冲击的建议，他们更多表现为回避与抗拒。很多教龄较长的老教师不愿意走出长期形成的"舒适圈"，对新的教学方法和理念感到陌生与不适，害怕改变和适应新的环境。有些流入校教师将轮岗教师所提出的教学建议以及活动安排等视为对共同体既有生态的挑战，他们不想因为轮岗教师的到来而打破既有的关系模式与生态平衡。

之前在我们学校，你今天听了一节课以后，如果评课活动不可能把所有的老师集中在一起，学校就会组织教师填好电子表格进行记录，每个老师的评课记录都要提交，把电子稿交到学校存档保存。但是在这边是没有的，这些环节没有我们之前的学校做得到位，大家听完就散了，也没有具体的表格要评课,也没有将大家组织在一起。上次开年级组会的时候我就提了一下这个事情,但是其他老师就不怎么高兴,会有意见的,可能是觉得,你看看,你把我们搞得这么紧张干什么,就是会不高兴的。(RT-A-LWF19-C)

当作为新来者的轮岗教师试图改变共同体既有的制度与规范,且这一行动会影响共同体成员长期形成的实践模式时,可能会遭到共同体既有成员的抵抗与反对,此时他们可能会倾向于固守现有的制度与结构,拒绝接受新的观点与理念。

三、轮岗教师与流入校领导者之间的互动

校长以及中层领导的信任与支持是影响轮岗教师参与的重要因素。可以说,学校领导的支持在影响轮岗教师发挥其作用中扮演着关键角色。作为一名校外流入的支援教师,轮岗教师若要实现对共同体实践的完全参与,则更加需要学校领导给予一定的肯定与支持。

学校校长以及中层领导在学校的校本教研活动中扮演着"守门人"的角色,他们整体把控着学校教研活动的方向,其对于共同体活动的干预和监督在很大程度上决定了教研活动能否顺利开展、向何种方向开展,同时也对教师共同体活动的参与以及互动产生一定的影响。

校长是一所学校的关键,是学校的统帅,在学校整个教学、科研的发展方向方面都起着决定性的作用,他们是否有长远的眼光、是否能够调动全校的老师跟着一起努力,这很重要。(RT-A-LLF27-M)

学校教科研的宏观方向由校长决定,而具体的实施与运作需要集聚全校教师的力量共同完成。在校长把控宏观局势的前提之下,学校相关政策与教研活动的落实需要全校教研组与备课组教师的集体参与,因而也意味着校长、中层领导与教师所处的共同体之间需要建立起双向的支持性关系。一方面,校长需要得到教师的认可与支持,以保证决策的顺利实施;另一方面,校长也需要创设一定的支持性条件,协助教师开展活动。

　　然而,个案研究所见,轮岗教师进入流入校之后并没有获得校长与中层领导足够的信任与支持。对于轮岗教师教学改进与建设教师队伍的提议,流入校领导囿于学校师资情况与整体实力的考虑,既担心这些提议在轮岗教师结束交流后难以维系,又担心这些提议破坏既有的文化生态,给学校管理增加无谓的负担,不相信轮岗教师的提议真的能够带来改变。其中一位数学教师分享了他与校领导互动的经历。作为流动到该校的一名数学骨干教师,该教师提议学校组织青年教师"大比武",他自己也曾在教师之间的切磋与学习中获益良多。但这个在他看来可以让教师反思改进教学实践、获得快速专业成长的方式并没有得到流入校领导的积极回应。A校的校长认为:"我们教师整体的素质目前就是这个水平,你不可能说通过教师一年的交流,通过一个比赛就可以改变,这很困难。"(A-PL-24-M)得不到信任与支持致使轮岗教师领导力的发挥陷入困境。"没有校长点头什么事情都办不成,想做些事情非常不容易!"(RT-A-LLF27-M)这导致不少轮岗教师不得不依据校长的指令行事,难以充分释放自身的专业能量。

　　个案研究显示,学校领导虽然希望轮岗教师能够发挥一定的引领作用,在学校中主动分享经验,帮助学校的课程与教学建设获得发展,但学校领导又不愿意充分赋权给教师。例如,A校校长虽然希望轮岗教师发挥专长,引领学校进行特色课程的开发,但为了保证课程建设的进度,校长对课程建设的方向、内容、标准以及事项完成的步骤都进行了"精细化"的框定。教师们只能依据校长的指令,在校长设定好的方向与框架之下开展研究。有轮岗教师指出:

　　　　校长给我的感觉是对我不够信任,他不放心我可以带着大家把课程建设这件事做好,其实我在原来的学校就已经有课程开发的经验,在原来的学校我会更加放松,可以游刃有余地放手去做,但在这里不行。校长会事事过问,每一个环节、进度都会把关,我的任务就是把校长已经定好的理念落实下去。我觉得事必躬亲未必是好事,其实老师们都很有想法,但是我们能自由发挥的空间就很小。(RT-A-LCF10-C)

　　由于缺乏对轮岗教师的专业信任,教师缺乏发挥能动性的自主空间,轮岗教师难以在学校充分施展自身的专长。这也导致不少轮岗教师在交流轮岗过程中缺乏认同感与归属感，不少教师直到交流轮岗结束都认为自己没有真正融入。

在参与共同体实践的过程中，受到学校校长以及中层领导的干预与监督，轮岗教师对共同体实践的参与享有"半自主"权。一方面，流入校的校长以及中层领导能够尊重轮岗教师的角色和地位，在轮岗教师进入学校之后多委任其承担教研组长、备课组长等领导工作，期待轮岗教师能够发挥其能动作用，带动共同体中其他教师的专业发展，提升学生的学业成就。另一方面，学校领导并未赋予轮岗教师充分的决策自主权。尽管学校领导希望轮岗教师能够发挥其领导作用，但是又坚守固有的传统，建立起较为封闭的共同体边界，不愿接纳变革、挑战共同体现状的意见。

> 平时一些小的教学建议提出来学校的领导会采纳，但是一旦提出一些新的想法涉及改变学校现有的制度、组织或文化，基本上都不会有太大的水花。他们既希望改变，又害怕改变。有些领导快退休了，他们不愿意再给自己增加麻烦，有些是不想走出"舒适区"，不想再在学校层面做一些大的调整和变动。其实我觉得最重要的是教师的士气，是学校的氛围，这一点必须改变。要改变教师的精神状态就得需要从组织、文化方面做出一些调整，但他们似乎意识不到这一点。（RT-A-LLF27-M）

在交流轮岗的过程中，学校领导者支持轮岗教师在既有的结构之下发挥其能动性，但对于轮岗教师提出的可能给现有的结构、体制与规范带来冲击的新的教学管理方式以及教学理念等又不予回应，采取回避甚至是排斥的态度，害怕因变动而引发矛盾和不确定性。封闭、等级式的权力互动关系将轮岗教师置于一种"半自主"状态，这在很大程度上挫伤了轮岗教师参与实践的积极性，不少轮岗教师选择放弃对决策的参与权。

综合以上讨论，我们发现，轮岗教师在与不同教师的互动中呈现出不同的互动规范。在与年轻教师的互动中，轮岗教师占据主动地位，掌握教研活动的话语权；年轻教师本身则相对处于被动与顺从的位置，即便是在互动中有所异议,出于对师傅的"尊重",也不愿提出。而在与资深教师的互动中,教研组长以及既有的老教师能否对轮岗教师的到来持包容与接纳的态度,对于轮岗教师能动作用的发挥至关重要。尽管部分教研组长与经验丰富的老教师对这些新来者持接纳与认可的态度,但是也有不少轮岗教师表示他们在参与共同体的过程中受到来自教研组长以及部分老教师的挑战,多数轮岗教师因为担心自身的过度干预和参与会导致自身受到其他资深教师的排斥与抵制,而在互动中持谨慎态度。作为一名校外流入的支援教师,轮岗教师顺利融入共同体非常需要学校领导给予一定的肯定与支持。缺乏来自校长以及中层领导的信任与支持成为阻碍轮岗教师发挥引领作用的重要因素。校长不愿意充分放权,轮岗教师在学校中缺少发挥专长的自主空间,这导致轮岗教师的积极性受挫,对流入校的认同感和归属感比较低。

第三节　整体偏向于和谐的教研氛围

在轮岗教师与流入校教师合作的过程中,成员之间只有彼此信赖,持相互信任以及尊重的态度,在安全以及支持性的环境中,才能激发其参与的热情与能动性。在一种强调合作、分享的环境中,教师在心理上感到安全,他们会更主动、公开地分享他们的问题,与其他教师大胆地进行交流。安全感与信任感是教师之间开展深入互动合作的重要前提。[①]

一、重视和谐融洽的同事关系

受中国传统"和合"文化的影响,流入校的教师与轮岗教师往往将彼此之间的合作与和谐的人际关系联系在一起。双方教师较为重视彼此之间的和谐相处,良好的人际关系是展开互动与合作的前提。为此,教师之间在一般情况下维持和谐融洽、彼此尊重的状态。在彼此接纳、支持的共同体中,轮岗教师

---

① Grosemans I, Boon A, Verclairen C, et al. Informal learning of primary school teachers: Considering the role of teaching experience and school culture[J]. Teaching and Teacher Education, 2015(47): 151-161.

与流入校教师之间建立起信任的人际关系网络,他们能够更加开诚布公地展开交流,分享自己的心得体会。在个案学校中,当流入校的教师能够以开放、包容的心态接纳轮岗教师的到来、轮岗教师本身也能够对新的同事表现出尊重以及坦诚相待时,会更有利于彼此之间的融合与互动。在此情境中,教师更愿意向同事公开自己的课堂教学,不必对他人的看法有所顾虑,能够自由地表达内心真实的见解与想法。

> 人际关系是第一位的对吧? 否则的话肯定不愿意在那个环境中待下去,当时过去的时候感觉整个大办公室的人都挺好的,就是看到我们过来还是挺开心的,我自己也觉得是一个挺好的经历,是一个相互学习的过程吧,平时大家课堂就都是开放的,随时过来听课,看到问题也可以随时指出来,整体来讲氛围还是挺好的,否则大家相处得不开心,也会影响工作的心情的。(RT-A-LCF10-C)

尤其对于新成员而言,他们在进入一个新的共同体的初始阶段,与他人建立关系是个体顺利融入新的情境首先要面对的事情。而良好的情感体验以及接纳、开放的共同体氛围对他们而言尤为重要。在有些教研组中,共同体的既有成员与轮岗教师建立起彼此支持的互惠关系,一方面,教研组的既有成员帮助轮岗教师熟悉学校以及教研组的事务,帮助他们了解共同体的现有制度、规范以及学生的基本情况,以帮助其尽快适应新的环境;另一方面,轮岗教师在获得他人关怀与帮助的同时,也逐步发展出对他人的关心,如主动分享自身的教学资源与经验,在教学上给予同伴支持等,在接受接纳的同时也对其他成员传达善意,在这一过程中逐步融入新的共同体,与他人建立更深的合作关系。

> 我刚过去的时候感觉办公室的老师还是挺热情的,刚开始人生地不熟的,很多地方也不知道,他们就挺热心地带我熟悉学校的环境,所以自己适应起来也相对比较容易。我也很愿意跟他们分享一些好的资料,都是之前我们学校内部的一些周末卷、课件之类的,就是会主动复印一些给大家,大家平时讨论什么的也都是遇到问题直接在办公室问了,我觉得是一个相互影响的过程吧。(RT-B-LSF15-C)

当面临较大的工作压力以及教学工作的挑战时,彼此信任、相互支持的共同体氛围能够为教师提供强大的精神支持。在一次区优质教研组的教学竞赛中,A校教研组的五位语文教师集体参与准备竞赛的课件与教案,全组教师彼此分工,相互协作。但在这一过程中,他们针对教学风格的呈现产生了分歧,有些教师的风格较为简洁明快,根据教学目标将教学内容分区块进行设计,内容呈现重点突出,一目了然;另外一些教师的设计则是潺潺流水、娓娓道来,凸显意境。前一种方式明确简明,教学重点突出;后一种方式则更能吸引人的眼球,但是课堂教学的节奏不容易把控。究竟在比赛中最终采取何种呈现方式,教师之间出现了不同的声音,彼此之间各执一词,难以说服对方。通过坦诚地表达自己的教学思路与冷静分析彼此的优势与不足,教师最终结合了两种教学方式的优点,融合每一位老师的特色,决定在主线上分区块设计,在每一环节的处理上充分利用图片、绘画以及语言等营造良好的教学意境。值得注意的是,在这一教研组中,教师之间的合作关系并没有因为彼此在教学上的"各执己见"甚至"针锋相对"而相互疏离,他们反而更加尊重和认同彼此认真负责的工作态度,相互之间的融合与互动程度以及合作的深度也优于其他教研组,成员对整个共同体的归属感也较强。

　　我印象比较深的就是那次一块准备区里面优质教研组的竞赛,当时我们就是在呈现的形式上出现了分歧,每个老师意见不一样,有的老师是特别利索的那种,根据教学目标将内容设计得很明确,但是有些老师就是像细雨绵绵,缓缓道来,一堂课设计得就很有意境。大家在讨论的时候发现各自有各自的优势和劣势,两边的老师各自有各自的观点,一时半会儿谁也没法说服谁,后来就变得有点针锋相对甚至是有点两派吵架一样的感觉。后来我们还是冷静下来,看看到底怎么样才能最好。取其精华,去其糟粕嘛。最后就是将两种融合在一起。当时大家争论得还挺激烈的,但我们也知道大家这样争都是为了集体的荣誉,第二天就什么事都没有,大家也不会碍于面子只会说好的,也会说不足,就是很自由地各抒己见。这种态度,我们反而觉得大家都很敬业,也很专业……后来这个比赛我们是获了奖的,当时大家还都挺高兴……(B-FKF11-M)

　　该教研组在这次合作之后,教师对彼此的认可与信任程度有所增强。在这种情境之下,共同体成员对于共同体的认同感较强,其对共同体活动的投入度与参与度也相对较高。轮岗教师与流入校教师之间能够实现较好的悦纳和融合。教师之间拉近了彼此的距离,关系变得更为密切,形成深入合作的内聚力。

　　不过,在群体的表达方式上,教师之间往往过于倾向发展共识,彼此之间重视保持和谐一致。为了维持整体教学研讨氛围的平和,教师群体在互动时较为重视平衡与和谐,避免可能会引发矛盾与冲突的争论。为此,轮岗教师与流入校教师在相互表达观点见解时,往往采取较为委婉的表达方式,如有些轮岗教师在沟通的过程中保持谨慎的态度,在意见的表达中有所顾虑,尽量避免直言不讳可能给他人带来的"冒犯"。

　　　　大多数情况下都不会非常直接地点出来,否则人家也会不高兴的。如果确实是觉得某个方面不好,那我可能会换一种说法,我肯定不会说你应该怎么做,应该怎么安排,不会这样说的,可能会说,你现在这个挺好的了,不过如果这里再调整一下会不会更好一些……或者就把我自己的一些经历分享给他们,最好不要让人家觉得你很高高在上的感觉,有的时候就会告诉他们我自己在教学的过程中其实也犯过类似的错误,比如很多时候就是不相信学生,在课堂上老是想把控学生,但是结果其实往往会适得其反。就是会把自己的一些经历跟他们现在的一些经历联系起来,当大家有共鸣的时候最容易接纳你的建议。就是类似这种,换一种表达的方式对吧,这也是相处的艺术。(RT-B-LXF20-M)

　　也有一些流入校教师表示,轮岗教师在与他们共同讨论教学问题时,或是他们希望轮岗教师在听课、观课之后能够对其教学发表自己的见解时,不少轮岗教师较多提一些中立性的或积极的反馈,而较少提批判性的意见。但是这些流入校教师指出,他们其实更希望轮岗教师表达自己的真实想法,过于折中的立场并没有帮助他们获得对教学的理解,也并不利于双方合作关系的改善。

　　　　他是不会怎么说我的,其实有的时候我特别希望他能直接地指出我哪里做得好，哪里做得不好，至少那样，我知道自己的问题在哪儿。但是有的时候我知道他可能不太好意思说或者不愿意说，其实我是不喜欢这种相处方式的，并且有的时候，大家都知道，其实真正为你好，真正关系好的同事或朋友是能够直接提意见的，这些大家都不会介意的，也知道都是出于好意。可能有的时候那边的老师不好意思直接说我们哪里有问题，其实我反而是希望老师能直接指出来……(A-FGF02-E)

成员之间较多地倚重"和谐"的同事关系，而忽视看似"不和谐"的冲突或异质的声音对共同体以及成员的推动作用。对以"和"为贵的同事关系的追求尽管维持了成员之间的和谐共处，但是也可能会在一定程度上抹杀成员间深度合作以及思维碰撞的机会。研究中发现，尽管轮岗教师对集体的理念或行动有异议，但为避免受到同侪教师的抵制与排挤，也出于对其他教师"面子"的考虑，隐匿自己的真实想法，甚至会拥护自己并不支持的观点。

我记得就是围绕初三数学课的复习，当时第一学期的课很早就上完了，新课上完之后，我觉得距离学期结束还有好久，新的教学单元的一部分内容可以稍微讲解一部分，因为这部分知识和前面整体是相关的，放在一起讲其实是帮助学生理解也是巩固学习，这样也减轻了下一个学期的难度，因为到初三下个学期会很紧张。但是当时组里的其他老师就一直在复习前半个学期的内容，最后的一两个月都在做这件事情，其实我知道他们就是为了应付后面的期末考试，就是不能把眼光放得长远一点，只顾眼前的得失。但是我当时也没有说什么，毕竟在一个办公室对吧，大家抬头不见低头见的。(RT-B-LXF20-M)

综合以上分析，我们可以看出，轮岗教师与流入校教师之间要重视建立和谐的人际互动关系。良好的社会关系体验以及接纳、支持性的共同体环境有利于轮岗教师更好地融入共同体，同时也有利于双方的深度合作。在少数的共同体中发现，教师之间围绕教学议题的"针锋相对"并没有使彼此疏离，反而增强了彼此的信任与认同感。但是整体而言，在两所个案学校中，两校教师为了维持共同体整体和谐的教研氛围，往往倾向发展共识、保持一致，避免因直言不讳以及批判性意见而引发矛盾与冲突。对"不和谐"声音的回避,在一定程度上阻碍了教师之间信任关系的建立以及教师之间的深度合作。

二、内外有别:"自己人"与"外人"的差异

社会学家费孝通先生在《乡土中国》一书中提出"差序格局"的概念以阐述中国社会中人与人之间的关系。他指出,中国社会中的人际关系表现为"差序格局",在差序格局下,人与人之间的社会关系是一个由强到弱、渐次推开的同心圆结构。社会关系是逐渐从一个一个人推出去的,就好像把一块石头丢在水面上所发生的一圈圈推出去的波纹。人们之间的人际关系网络构成一个圈层结构,在圈内是自己人,圈外则属于外人。在圈层结构的关系模式支配之下,人们之间交往沿着自家人—外人的向度向外层层扩散,最终形成一个内外不同、生熟有别的人际关系网。①

轮岗教师与流入校教师之间的合作需要双方教师之间的相互信任,信任与合作具有较高的相关性。然而中国情境中,以"关系"为基础形成的信任,往往会受制于人际关系上的差序性与圈层结构。其中,学校中同一教研组的教师因为交往时间较长,且往往同处一个办公室,形成"自家人""自己人"的封闭圈。而轮岗教师在进入学校之前,则被归为"外人"圈子的范畴。在教师共同体中,根据社会人际网络距离的不同,可以分为自家人与外人两个圈子。而对待不同圈子的人,教师往往采取不同的交往方式。在与自家人交往时,彼此之间的人际距离较近,相互之间能够直接指出问题,而无需太多顾虑。而与外人交往时,则往往重视人情与面子,以保持良好的关系。

轮岗教师若成功进入流入校教师的圈子,则相处过程中教师之间能够畅所欲言,在交流过程中没有太多顾虑,彼此沟通顺畅,没有较大的心理负担,整体研讨气氛较为轻松,在这一过程中,即便是存在尖锐的异质性意见与建议,也可以在互动过程中表达。

> 我们几个平时在一起,基本上也是想讲什么就讲什么,也没有很拘束

---

① 费孝通.乡土中国[M].北京:生活·读书·新知三联书店,1985.

的感觉,大家讲什么都不会生气,我们知道这些来交流轮岗的老师也不会生气,大家就是很自然……不会刻意去客套,基本上在教学上遇到什么问题在办公室就随时展开讨论,她(轮岗教师)人也很亲和,基本上我们问什么,就随时随地能够聊起来。有的时候感觉她说的可能不太对,我们也会当面提出来,就是没把她当外人,她也没把我们当外人……(B-FQF15-M)

然而,相当一部分轮岗教师仍然处于外人的圈子,在与外人的相处过程中,需要注重说话的艺术,讲究交际的礼仪。这种情况下,教师之间保持比较远的人际距离,相互之间在交往时更重视人情面子,避免可能的冲突。流入校教师与轮岗教师之间彼此保持一段"安全的距离",在集体的研讨场合,相互之间少有多元声音,尖锐性意见则更是少见。教师之间避免挑战彼此的权威,以保持整个研讨过程的和谐稳定。在整个交往过程中,双方教师都较为小心谨慎,由于对彼此缺乏信任,他们往往心存顾虑,担心自己表达不当构成冒犯,引起对方的不满与排斥。在研讨过程中,尽管表面上彼此达成一致,但并不代表双方教师在内心相互认同对方。即便是存在不同的观点,但碍于情面,也很少当面提出。

可能会有不同的意见吧,肯定有意见不同的时候,但是也不好说,怎么说呢,毕竟大家也不是很熟悉是吧,不像天天在办公室里的这些老师,人家毕竟是外校的老师,那交流的时候肯定会注意一下的。就是不会像自己的这些同事一样,对吧,说话那么随便。有的时候可能会觉得有些方面不太好,但是也不会直着说出来,可能自己知道就好了,比如有些地方她给我提的建议,那可能就是不能用在我的班上,我觉得不应该是那样,那也不好直说对吧,有的时候可能会比较委婉一些,说怎样变动一下的话可能会更好……(B-FWF17-E)

在交往过程中,不少轮岗教师自身的表现也加剧了其外人的角色定位。在个案学校中,部分轮岗教师不愿意过多干预共同体事务,也不会主动表达与主流意见相斥的见解。他们认为自己不方便对共同体的事务过分"指手画脚"。在不少情况下,除非他们被要求发表意见,否则他们不会主动表达自己的见解。他们无意于引领并带动轮岗学校教师的发展，更不会主动挑战轮岗学校共同体的文化与规则。他们奉行"多一事不如少一事"的原则，在多数情况下保持沉默、服从以及视而不见的状态。他们认为最好的处事方式是"做好自己的事情"。

> 我觉得更多时候是做好自己的事情，不多事就可以了，不评论也不过多参与，做好自己分内的事情。我可能不会自己主动提你应该怎么样之类的，就是教研组长问的时候，比如他让我来回答这个问题，这个时候才会说，就是不该管的事情就不会太过于管，不愿意太去涉及别人或工作安排的事情，也不好太多发表看法，学校和领导怎么安排怎么做就行了，毕竟不是这个学校的老师，也不好涉及太多。(RT-B-LXF20-M)

然而，尽管自家人与外人圈子主要是根据参与者的身份划分，但是在长期交流的过程中，这一角色定位并不是一成不变的，圈子的边界也会发生相应的变化。有些轮岗教师在进入共同体之初被划归为外人，但是通过积极地参与教学研讨，主动分享自身的教学经验，与其他教师开诚布公地展开交流，在这一过程中逐渐受到其他教师的尊重与认可，最终成为自家人。

> 有些过来这边的老师(轮岗教师)刚开始来的那一段时间觉得很难接近，平时也比较少跟我们交流，有些高高在上的感觉。但是相处着，慢慢就发现，这个老师其实人真的很好，后来我们发现她的资料、课件什么的几乎都是毫无保留地给我们，每次不会说只复印她一个人的资料，办公室的老师她都会帮忙打印一份，这些付出其实我们都感受得到。实际上我们这几个人心里都很尊重她。现在大家就很熟悉了，她不把我们当外人，我们也是把她当作自己人来相处，有什么就说什么，我们几个私底下还经常约着一起出去吃饭……(A-FGF17-M)

而也有一些流入校教师可能一开始处于自家人的圈子当中，但是因为较少参与共同体的活动，对共同体的发展缺少贡献，而逐渐淡出集体的视野，退居到共同体的边缘地带成为外人。

有些老师其实是经验很丰富的,我们以前也经常会向她请教问题,但是慢慢的,可能职称也评上了,觉得自己也有了一定资历或上年纪了,现在每天就特别自在,别人的事情都不怎么关心,看好自己的一亩三分地就行了。我们前段时间整个教研组的老师一块参与这个古诗文的培训活动,就感觉她不是很积极,可能觉得每天中午要给学生辅导,放学后还要一起讨论,开会比较耗费功夫、浪费时间,今天这个事情、明天那个事情,总之就是不太积极。后来几次老是这样,我们组里面再有什么活动,大家也不愿意叫他一起参与了,他自己也不愿意来。(A-FWF05-C)

综上所述,在重视和谐与讲究差序格局的文化影响下,轮岗教师与流入校教师之间根据在共同体内关系的亲疏远近可以划分成内外有别的两个圈子,少数轮岗教师进入自家人的圈子,相互之间情感联结较强,可以公开发表各自的见解。但是也有不少轮岗教师一直处于外人的圈子当中,教师之间的情感联结相对较弱,在交往时存在顾虑,更加注重和谐稳定的氛围,避免争论,彼此之间保持距离。然而,这一圈子的划定并非一成不变的,在长期互动的过程中,自家人与外人的角色定位也会随着成员的沟通发生一定的转换,有些流入校教师可能会逐步淡出自家人的圈子,而也有少数轮岗教师则通过积极参与缩短与流入校教师之间的人际距离,成为自家人。当然成为自家人并不必然就意味着他们一定能够走向社群的中心,成为共同体的领导者。

第四节　本章小结

本章以沟通规范为切入点,深入挖掘轮岗教师与流入校教师在共同体中的互动与协商过程,呈现教师之间参与沟通的方式,探讨轮岗教师与不同主体的互动状态。

第一,由于共同体内成员的经验、年龄以及身份等因素影响其话语权,处于共同体中心的熟手或专家在意义协商的过程中似乎拥有更多的权力,他们在意义协商的过程中占据主导地位。① 轮岗教师与共同体中的年轻教师进行互动时,尽管轮岗教师作为一个"新来者",但轮岗教师在意义协商的过程中似乎拥有更大的话语权,有些年轻教师选择主动放弃或让出自身的话语权,即便是对轮岗教师的教学建议存有异议,也保持沉默状态。一方面,这是因为流入校的年轻教师认为轮岗教师积累了较丰富的教学以及备考经验,在一定程度上可以为他们提供指导;另一方面,从个案学校部分年轻教师的反应来看,他们对于轮岗教师的教学方法与模式等并不是完全认同的,而让这些年轻教师选择让出话语权的是"师徒制"下师傅与徒弟关系的禁锢,徒弟对师傅表现出顺从。轮岗教师更多以指导的方式与年轻教师开展互动,而双向交流与协商的成分较少。

第二,教师在共同体内部的互动与协商并不总是在相互容纳、和谐的氛围中展开,其互动可能是一个充满矛盾、冲突以及权力关系变化的过程。② 尤其是带有个人观点的新手给共同体的熟手以及共同体现有的秩序与规范带来的威胁可能导致他们被边缘化或排斥在外。③ 个案学校中,轮岗教师进入流入校之后,与共同体既有领导如教研组长或备课组长之间的互动存在一定的矛盾与冲突。尽管在部分共同体中,教研组长能够对轮岗教师持接纳态度,鼓励和尊重共同体成员表达不同的见解,相互之间能够展开教学资源与经验的学习与共享,但是也有相当一部分共同体依然处于集权式的领导之下。在这些共同体中,教研组长往往全权负责教研组的管理与运作,掌握和控制着教研组沟通的话语走向,其角色在共同体中具有决定性的影响力,阻碍共同体其他成员对决策的参与以及话语的表达。轮岗教师与其他普通教师可以积极参与讨论,在意义协商的过程中公开表达自己的见解,但对最终决策影响有限。

---

① Roberts J. Limits to communities of practice[J]. Journal of Management Studies, 2006 (3): 623-639.

② Roberts J. Limits to communities of practice[J]. Journal of Management Studies, 2006 (3): 623-639.

③ MacPhail A. Becoming a teacher educator: Legitimate participation and the reflexivity of being situated [M]// Fletcher T, Ovens A. Self-study in Physical Education: The Interplay between Scholarship and Practice. London: Springer, 2014: 47-62.

　　在轮岗教师与本校经验丰富的老教师之间也面临同样问题。轮岗教师作为特殊的"新来者",他们并不等同于完全意义上的新手教师,他们本身具备一定的教学经验,拥有自己的教学理解。面对同样具备丰富教学经验的老教师,轮岗教师与这类教师的互动协商不同于轮岗教师与缺乏经验的年轻教师之间的互动。在主要由年轻教师构成的共同体中,年轻教师往往主动将话语权让出,轮岗教师很容易占据主导,也更容易走到共同体的中心。但是对于教龄较长且已经形成自身固有教学理念与模式的老教师而言,这些老教师往往出于捍卫自己在共同体中已有的中心地位以及保护共同体既有的规范与实践模式的考虑,对轮岗教师表现出拒绝与排斥。由于轮岗教师对所处的环境缺乏安全感与信任感,他们引领以及参与共同体实践的意愿偏弱。此外,流入校的校长在轮岗教师融入学校、发挥影响力的过程中扮演着重要角色。研究发现,学校领导者如果没有为轮岗教师在共同体中能动作用的发挥创造一个包容、接纳与支持性的环境,反而将轮岗教师提出的教学建议以及发起的创新性教学实践等视为对其话语权以及既有规范的挑战与威胁,则会削弱轮岗教师参与共同体实践的意愿,降低他们对共同体的认同感与归属感。

　　第三,个体在共同体中与其他成员的人际互动关系是影响教师之间开展合作的关键要素。[①] 在信任、包容以及支持性的共同体环境中,更有利于个体提出批判性意见,表达不同的观点,并建立起共同体成员的身份认同感以及较强的归属感。[②] 在个案学校中,两校教师在互动中注重和谐融洽的教研氛围的建立。在融洽、支持性的氛围中,流入校教师与轮岗教师能够彼此接纳尊重、坦诚以待,双方教师都具有良好的情感体验,教师之间可以自由表达想法,建立起彼此支持的互惠关系。同时,在信任、开放的氛围中,教师之间能够自由地表达想法,真诚地分享与交流经验,而不用顾忌他人的看法。在此基础上,部分教师的讨论虽然存在争锋与对抗,但是并没有破坏彼此的交流,以共

---

　　① Lieberman J. Reinventing teacher professional norms and identities: The role of lesson study and learning communities[J]. Professional Development in Education,2009 (1): 83-99.

　　② Gleeson M, Tait C. Teachers as sojourners: Transitory communities in short study-abroad programmes[J]. Teaching and Teacher Education,2012 (8): 1144-1151.

同荣誉与责任为目的的讨论,反而创造了促进教师之间合作、增强教师之间信任的机会。然而研究也发现,在群体的表达方式上,教师之间过于强调发展共识,保持彼此的和谐一致,避免直接的冲突与矛盾。为此,成员之间往往会采取规避策略,使用含糊或委婉的言辞来避免潜在的言语不和或争议。有些轮岗教师甚至会出于顾及其他教师"面子"的考虑,隐匿自己的真实想法,拥护自己并不支持的观点。

在共同体内部,往往会根据彼此之间的信任感划定人际交往圈的边界,呈现出内外有别的圈层人际结构,圈层内外的互动规范有所不同。在圈内的成员被视为自家人,彼此之间的人际距离较近,可以自由表达意见。而在圈外的则被视为外人,与外人的相处讲究面子和谐,彼此之间的人际距离较远,缺乏足够的信任,强调维持表面的相互尊重与和谐。研究进一步发现,这一交往圈的边界并非固定的,轮岗教师在共同体中的角色定位并不是一成不变的,少部分最初处于圈外的轮岗教师在长期的互动中可能会逐步融入圈内被认可为自家人。

第六章　轮岗教师在共同体中的
参与样态

　　温格强调,个体在实践共同体中的参与深受其所处的情境脉络的影响。在与情境的复杂性互动之下,个体在共同体中可能存在多种参与形式与参与轨迹。[①] 轮岗教师进入新环境之中,表现出何种参与形式在很大程度上取决于轮岗教师与流入校环境之间的相互作用。本章旨在探讨轮岗教师进入流入校之后,在共同体中的参与样态与类型。在个案学校中,轮岗教师在共同体中的参与共呈现出四种不同的参与类型。其中,有部分教师停留于共同体的边缘,对共同体事务的参与程度较低,他们更像是共同体中的局外人;不少教师属于被动的部分参与,他们往往以服从共同体已有结构与规范、被动适应当前的环境为主;也有部分教师在参与共同体的过程中遭遇挫折,他们经历了从边缘逐步实现较多参与而又返回至边缘的过程,表现为"受挫"之下的非线性参与;只有少数的轮岗教师主动发挥能动性,他们是共同体实践的积极参与者。

第一节　轮岗教师停留于共同体边缘的消极参与

　　在两所个案学校中发现,部分轮岗教师对共同体的事务参与程度较低,他们大多停留于共同体的边缘。这些教师并没有实现向心性的合法的边缘性参与,而是一直停留于共同体的边缘位置。在多数情况下,他们只关心自己的教

---

　　① Wenger E. Communities of Practice: Learning, Meaning, and Identity[M]. Cambridge: Cambridge University Press, 1998.

学,对其他教师以及共同体的发展处于旁观状态,对交流轮岗政策本身以及作为轮岗教师可以发挥的作用表现出消极的态度,他们是共同体中的局外人。

一、校长推动下的"被迫"轮岗

在参与交流轮岗之初,这类轮岗教师往往是通过"校长谈话"的方式加入流动队伍的。他们本身并不愿意参与交流轮岗,但是又受制于校长的权威与压力,被迫参与轮岗。于他们而言,参与交流轮岗是他们被迫去做而不是本身主动选择要去做的事情。

> 一开始去的时候心里是这样的:学校为什么派我去？我是不是哪里表现得不好。后面就有人传话给我,说当时本来派了另外一个老教师,但是那个老教师明确表示不愿意过去,学校没有办法总要派人去的,学校要考虑派出去一个既能做事,又要好说话的或听从指挥的。我当时心里是很不情愿的,我们校长前前后后找我谈了几次,告诉我到那边去是代表学校过去的,是我在学校做得好才派我过去支援集团里的兄弟院校的,话是这样说,但是当时我心里其实是很抗拒的。(RT-A-LSF7-E)

从以上描述中我们可以看出,轮岗教师对参与交流轮岗的负面情绪较大。当轮岗政策落到流出校层面时,教师主动报名参与的现象较为少见,"校长谈话"成为派出教师的主要措施之一。轮岗教师本身交流意愿不强,因为迫于校长的行政权威与压力等被动轮岗。许多轮岗的教师认为在决定轮岗人选的过程中,自己并没有受到重视,没有被尊重,很难理解为什么自己会被轮岗,对参与交流轮岗存在抗拒心理。

> 校长把我叫到办公室明确说了,这个是经过学校考虑的,说是让我过去那边学校帮忙,是综合考虑的,总之就是命令已经下来了,你没办法拒绝校长的意见吧。但是确实那边的学校离我家也比较远,上班也非常不方便,我还要考虑接送孩子上学。并且学生质量上跟这边也是有一定差距的,教起来肯定也会比较吃力。我本身是别的学校的人,去了那边谁都不认识。后来校长说要专门派一辆校车方便我们上下班,但是事实上也

没有施行。总之,就是完全在被安排的情况下过来的。(RT-B-LLF8-C)

在交流轮岗的过程中,一些轮岗教师可能因为现实因素影响其参与交流的意愿。例如,工作的学校离家较远、担心影响对家庭的照顾等,这些是影响轮岗教师参与的重要现实因素。此外,离开原来的学校,进入一所新的学校任教一至两年的时间,也意味着原有的生活与工作方式的变化。这不仅包括上班路程与时间的变化,还可能因远离家庭、无法照顾子女及老人而分心,更面临着要离开自己熟悉的学校,被迫适应新的教学环境的种种问题和困难。例如,有的教师怀疑自己在新环境中不能适应,担心自己到了薄弱学校不知道该如何教学。诸如此类担忧,成为阻碍老师进行交流轮岗的因素。但是最终,教师又迫于校长的压力加入交流轮岗的队伍,对交流本身存在一定的抵触情绪。

学校一方面通过"校长谈话"的方式对教师施以一定的压力,使教师服从学校的安排参与轮岗;另一方面也在绩效工资分配、薪资福利、评优表彰等工作中,向参与交流轮岗的教师倾斜,给予轮岗教师一定的福利补贴(包括交通补贴、住房补贴以及特殊岗位补贴等)、经济待遇以及职称、荣誉方面的激励,以提升教师主动参与交流的意愿。

> 学校方面是有一些补贴的,可能每个月工资里面多出几百块钱,其实这些物质方面倒是其次的,最主要的是这个交流的经历在评职称的时候是会看的,下面我要评高级教师职称,这些东西你得有,你最好是有这样一个经历。当时确实是心里不太情愿,但是考虑到这些,还是去了,现在就是这样考评啊,没办法。(RT-A-LSF7-E)

由此我们可知,"校长谈话"是推动教师流动的主要方式之一,这些轮岗教师交流意愿偏弱,却因为职业发展、校长的行政权威与压力等被动参与轮岗。交通问题、家庭问题虽然成为制约教师轮岗的潜在因素,但是在职称、荣誉以及物质等措施的激励下,这些轮岗教师最终服从于政策与学校安排等外部压力加入交流轮岗的队伍。

二、停留于共同体边缘的消极参与

尽管这些教师服从学校的安排进入流入校,但是行为上的服从并不代表内心的认同,他们对于轮岗政策本身持冷漠、消极的态度,对其他教师以及共同体的发展在态度上处之默然。研究发现,这类轮岗教师更加关注自身教室内的教学任务,对共同体事务的参与程度较低。他们的注意力多围绕自己教室内的课堂教学展开,对教室之外的共同体以及共同体其他成员的发展漠不关心。作为共同体中的局外人,这类轮岗教师更多是通过"校长谈话"的方式加入流动队伍,在外部力量的推动下,他们参与共同体的动机更多是出于完成学校领导交代的任务,而非源自希望参与校际交流学习,他们本身对于参与交流轮岗持相对抵触与排斥的情绪。有些轮岗教师认为,"反正不会在这个学校待太久",认为自己能发挥的作用也不大,整体上对共同体事务的参与程度较低。

这类教师与其他同侪教师之间的互动很少发生,他们主动地退居到共同体的边缘位置,放弃参与共同体的部分活动,将自己从共同体的决策以及主要事务中抽离出来。他们与其他教师的交流非常有限,且多局限于外在行政力量推动下的"硬造的"合作,相互之间多围绕教学进度、学习计划等方面进行交流。由于与其他成员之间很少有深入的参与和投入,因而他们很少有思想、观念的碰撞以及资料的共享。

(一)"我不是这个学校的人":只关注课堂教学成绩

对这类轮岗教师而言,其参与轮岗的目的更多是完成学校校长交代的任务。在交流轮岗期间,任教班级的学习成绩往往代表着他们是否顺利完成交流轮岗的任务,关乎他们返回原校后能否获得相应的奖励以及荣誉,能否在其职称评定时增添一定的优势等,因而是他们最迫切关心的事情。

> 说到底最后更多还是看你的教学成绩,所以这个是最根本的。所以当时想的就是把自己班里学生的成绩带好,这样这边学校的校长也不会说什么,原单位领导也没有话说。将来在这边交流一年结束,脸上也不至于太难看……(RT-B-LLF8-C)

这些轮岗教师将注意力更多聚焦于自己课堂内的教学成绩,在保证自己教学成绩的前提之下,对于课堂教学范围之外的事务整体处于消极应付与随波逐流的状态。

> 比方说教研组安排的各种沙龙活动、集体教研什么的,有的时候我这节课实在调不开,我就不去参加了,我也不担心领导骂我,因为我成绩还可以,领导也不会说我什么。包括我上公开课也是基于这么一个想法,他们要求我上,那我就跟大家一起上了,但是我也不用上得太好,我准备得差不多就可以了,也没有说批评我上这个课上得哪好哪不好之类的,心态上比较放松,基本上就属于混下来的一个状态。(RT-A-LSF7-E)

轮岗教师 N 是在 A 校交流的轮岗教师,她认为自己"并不是这个学校的人",在交流轮岗一年之后就会离开,因而在交流期间,她认为自己只要在教学成绩上的表现"还不错",就已经算是尽力完成了任务。而自身作为一个外校来的教师,保证教学成绩是其最关心的事情,至于其他方面则整体处于较为消极的状态。

> 其实本身来说,我在那边,我自己的心态就是我不是他们学校的人,所以其实我自己也有偷懒的心态,我肯定不会像在自己学校这么努力表现。在原来学校的话,比如说要参加学校的集体教研,我肯定不好意思跟领导请假,我会尽量避免,把我的其他事情安排在周末。但是毕竟在这边,如果在我正常教课且成绩还不错的情况下,他们也不能把我怎么样。还有上公开课,如果在原来的学校上得不好,可能被领导看不上看不起,我可能会有这个压力,但是在这边学校上得不好又能怎样,反正我不是他们学校的人。所以说得直白一点,我上得好又怎样,我在这里也不过待一年就走了,我上得不好又怎样?因为学生在那整体成绩排名还不错,对于这边学校来说足够了,我自己原来的单位校长也不会怎么说我。学生成绩可以,没有其他的问题,对于学校来说这个班在这个学校就已经不错了。(RT-A-LSF7-E)

对于轮岗教师 N 而言,参与流入校共同体的互动与实践并不是其首要关心的事情。在遇到选择性冲突时,她往往会选择放弃参与共同体的部分集体会议与活动。周三下午是 A 校教师召开每周教研组例会的时间,英语学科的教师会聚集在一起对每周课堂教学的情况进行分析与汇报,并就下一周的课堂教学计划进行安排。但是周三正好也是轮岗教师 N 回原学校汇报工作的时间,她在两者之间做出了选择:

> 那个学期就周三下午没课,我原来的学校是要求我们定期回学校汇报工作的,但是这边的教研组例会也是安排在周三下午,所以很多时候确实得权衡一下,这边例会有的时候确实就不能参加了,毕竟那边学校(原校)的关系是绝对不能够断掉的,以后肯定还是要回去的。(RT-A-LSF7-E)

她并没有太多关注整个共同体正在进行的活动与安排。事实上,她并没有真正参与共同体的活动。在进入流入校的第一个学期 11 月份,适逢上海市举行新一轮区青年教师"希望之星"的精选大赛,这一比赛对整个上海市中学具有一定的影响力,旨在提升青年教师的教研能力,受到各区学校的普遍重视。为此,轮岗教师 N 所在的教研组早在学期初就进行了相关准备工作。整个教研组内的教师自愿地聚集在一起,每天中午利用休息的时间全力帮助参赛的青年教师反复磨课。轮岗教师 N 也被"拉"入这一研讨小组,一开始她并不是非常情愿,在她看来:

> 中午我还要盯着自己的班级,学生只要一不盯着纪律就特别差,我每天还有一堆作业要批改……有的时候一讨论就是一个多小时,太浪费时间,其实每个人都有自己的安排……(RT-A-LSF7-E)

尽管并不是十分情愿,但轮岗教师 N 还是顺应大家的要求参与了共同的讨论:"毕竟刚开始过来,有些事情心里不情愿,但表面上还是要过得去……"(RT-A-LSF7-E)在共同讨论了一周之后,轮岗教师 N 就不再参与中午的小组教研活动,最终她以"看管班级"为由退出了集体的小组讨论活动。她认为:

> 其实他们自己的老教师可能更熟悉这个年轻教师的情况,像这种比赛其实别人说什么都没用,关键还是靠自己,我中午还有自己的班级要管理,这边的学生真的很调皮。再说,其实我也帮不上什么忙,我对他们班

级的学生也确实不是很了解……(RT-A-LSF7-E)

最终在教研组的集体支持下,组内的青年教师在区比赛中获得了优异的成绩,在集体高兴之余,轮岗教师 N 却有些失落。因为教研组在开集体例会的时候不仅表扬了那位获奖的青年教师,还特别提到了整个团队在这一过程中团结合作、集体努力的精神。轮岗教师 N 在那一刻觉得心里不是滋味,她觉得"有些话好像是故意说给我听的"。而组内的成员在后面的教研活动,尤其是自愿组织参与的活动中,似乎了解到轮岗教师 N 不愿意参与的心思,也不再主动"拉她入伍"。轮岗教师 N 觉得"他们并没有把我当作自己人",而她自己也感受到自己好像"并不属于这里",自己并不是这个共同体中的一员。

对于这类轮岗教师而言,流入校的教学与发展并不是他们主要关注的对象。虽然缺乏来自流入校教师的信任与认可,但这似乎并没有给轮岗教师带来太大的困扰。在交流轮岗的一年时间内最主要看的还是任教班级的学习成绩,虽然轮岗教师 N 与流入校教师之间缺乏充分的互动与交流,但是在轮岗教师 N 看来,她已经做了一项不错的工作,至少帮助班级学生在学习成绩上有所提升。

> 虽然与其他老师没有太多时间交流,但是在我任教的这一年,班级学生的成绩还是有了较大幅度的提升。毕竟在这边只有一年的时间,要想短期内出成果,就得大量地做题,我觉得在这一点上我尽力去做了。
> (RT-A-LSF7-E)

为了能够在一个学年内帮助学生迅速地提升学习成绩,她延续了以往"题海战术"的教学方式,通过反复操练让学生掌握习题的思路。事实上,她也认识到过度地将知识"灌输"给学生似乎并不利于学生的长期发展,但是她觉得自己这样做是"形势所迫":

> 我在这个学校不会待很长时间,如果时间长一些的话,我可能会考虑得多一些,可能会尝试一些新的教学方法。但是现在在这边就只有一年,我在这里如果成绩不好,回去怎么跟校长交代,成绩毕竟还是很重要的。
> (RT-A-LSF7-E)

（二）"我不能从交流中获益"

在对自身与流入校教师关系的理解上，这类轮岗教师更多将自身定位为"支援者"的角色，而流入校的教师则是需要帮扶的"受援者"的角色。在他们看来，与流入校教师之间的交流更多的是单向的输出，而自身难以从交流中有所进益，因而对于交流轮岗更多持较为消极的态度。

在流入校教师看来，轮岗教师 J 在很多情况下都是站在"支援者"和"指导者"的角度对其展开指导，在其身份上存在一定的优越感，而并没有以平等的同侪教师的身份与他们展开互动，也没有充分尊重他们的想法与意见。

> 她有的时候就觉得自己的东西是好的，以一种居高临下的姿态来跟我们交流，言语之中流露出优越感。其实有的时候我们也不差的，大家都是同事对吧，我自己也是区第一批骨干教师，对这一块其实我也研究得是很透的，但是有的时候可能他们就是觉得自己是从好的学校过来的，资料是好的，想法也没问题，其实很多时候我们对自己的学生也很了解的，也并不是完全的一无是处，所以我们有些老师确实是不喜欢总把我们当成是什么也不懂，什么也不会……（B-FWF17-E）

而这一角色定位也体现在轮岗教师对流入校教师缺乏信心、不愿与流入校教师进行深入互动与交流。例如，轮岗教师 J 在进入流入校之后，需要准备一堂校级的公开示范课，在备课的过程中，考虑到其他教师可能"帮不上自己什么"，最终她还是决定主要由自己来完成。在她看来与其跟其他教师交流，她更愿意自己在课堂中钻研。

> 我当时也想着大家一起会好一些，在原来的学校我们一般都是集体准备公开课。但是在这边我觉得他们可能也帮不上我什么，很多时候都是我给他们提意见，我感觉整体来讲无论是在教学经验上还是技巧上，他们都跟我们有很大差距啊。后来还是觉得自己在课堂中琢磨更好。那我们过来之后可能更多就是帮助他们，那我们自己能获得什么呢……说真的，我不愿意在这样的环境中，你在这个环境待久了，当你再返回原来的学校之后就跟不上了，所以现在想的就是这边赶紧结束，然后离开……

（RT-B-LQF15-C）

由于对其他教师缺乏信心，认为自己难以从交流中有所获益，因而她更愿意"自己做自己的事"。她很少与其他教师交流，在有限的交流中，也多局限于信息的互换，如教学进度、教学计划的安排等。由于她与教研组的其他成员之间没有太多的交流，他们之间很少有观念、想法以及资料的共享。这一角色定位导致轮岗教师 J 并没有获得同事的认可。

（三）"我不会发挥太大的作用"

还有一部分轮岗教师，他们将自己视为交流轮岗中的"过客"，认为自己在流入校的时间只有一年，至于与其他同事的互动与交流能否帮助促进其他教师的专业发展，他们认为自身难以发挥真正的作用，他们并不认为自己能够对共同体的实践起到实质性的改进作用。在他们看来，这些作用非常有限，即便是当前能够部分改善学校的教学现状，在轮岗教师离开学校之后也仍然不会有太大的改变。

> 你可以对一些事情产生影响，但是毕竟在这里只有一年的时间，一旦我们离开之后他们很可能会回到原来的样子的，他们以往的教学还是会继续，我们并不可能真正改变任何事情。所以从这一点而言，你付出了或许也没有用。（RT-A-LSF7-E）

这类轮岗教师认为，自己在流入校的交流时间有限，不可能真正参与其中，因而对整个参与交流轮岗的过程态度较为消极。

总体而言，这类教师是共同体中的局外人。他们本身交流的意愿偏弱，他们参与交流轮岗的目的更多是完成学校交代的任务，等待轮岗结束便返回到之前的学校。他们并没有在参与共同体的过程中表现出一定的紧张与矛盾，相反，他们将自身的边缘性地位视为理所当然。参与共同体实践本身并不是其目的，对于他们而言，只是为了完成学校安排的任务而已。他们在行为上表现出顺从，内心却对学生、共同体以及其他教师的发展持冷漠态度。

这类教师之所以停留于共同体的边缘，究其原因，主要有三：首先，作为共同体中的"局外人"，这类轮岗教师更多是通过"校长谈话"的方式加入流动队伍,他们本身交流意愿偏弱,在外部力量的推动下,他们参与共同体的动机更多是出于完成学校领导交代的任务,对参与交流轮岗存在抗拒心理。其次,在对自身的定位上,他们更多将自身定位为一个"支援者"的角色,在他们看来,与流入校教师之间的交流更多的是单向输出,而自身难以从交流中有所获益,因而对于交流轮岗更多持较为消极的态度。由于认为自己难以从交流中有所获益,因而他们更专注于"自己做自己的事",很少与其他教师交流,有限的交流多局限于信息的互换,如教学进度、教学计划的安排等。最后,他们将自己视为交流轮岗中的"过客",认为自己在流入校的时间只有一年,难以发挥真正的作用,最终还是会回到流出校。他们并不认为自己能够对共同体的实践起到实质性的改进作用,即便是当前能够部分改善学校的教学现状,但是其作用非常有限,在他们离开之后学校可能仍然会保持原状。这类轮岗教师认为自己在流入校的交流时间有限,不可能真正参与其中,因而对整个参与交流轮岗的过程态度较为消极。

第二节　轮岗教师被动的部分参与

与停留于共同体边缘的轮岗教师不同的是,被动参与的轮岗教师在大多数情况下以"明哲保身"式的参与为主,其特点是轮岗教师对共同体实践的投入度不高,与其他成员之间较少建立起深层的合作关系。同时,这类轮岗教师往往以服从共同体已有结构与规范、被动适应流入校的环境为主,他们是共同体中寻求"安全"的"服从者"。

一、轮岗教师的被动参与

为获得进入该共同体的合法性,轮岗教师会服从制度的安排参与共同体的集体备课以及教学计划的制订等,但是从某种程度而言,这种参与仅仅是一种部分参与。

这类轮岗教师无意于引领并带动共同体的发展。他们鲜少主动表达自己的见解,不愿发起创新性教学实践,他们担心因对共同体事务的过多干涉而导致流入校教师"对自己有看法",进而受到孤立。除非被要求分享经验或提出意见,多数情况下他们不愿意主动发表自己的见解。他们普遍缺乏引领共同体以及成员发展的意愿,不会主动带动其他教师的发展。多数情况下,对共同体的事务更多保持执行者的角色与沉默状态,以"明哲保身"为主。

> 教研组当时也是说我属于从外校过来的聘请的教研组长,但是人家本来有教研组长,你知道吧?那么我这个人反正我不太喜欢去指手画脚,你明白我的意思。就是做好我的事情就可以了,你表现得太过了,别人也是会有意见的,我一直是这样的一种心态。所以教研组除非他们非要说老师你评一下课,你做个什么事情,就是除非他们非要我说,我才会说我的想法,否则我就不想去指手画脚……我不想太高调,不太喜欢那样子。(RT-B-LXF20-M)

他们很少为共同体的发展与建设主动提供自己的建议,尽管他们对共同体的某些做法有异议,但是他们在互动过程中会尽量回避与学校领导以及共同体领导者之间的接触与交流,避免自身在互动过程中由于过多干预或不恰当的表现而引发矛盾。轮岗教师 X 在与流入校教师的交流中,发现教研组内教师之间的合作意识不强,教师大多各自专注于自己的事情,彼此之间交流比较少,整个共同体的合作氛围不够好。例如,她发现很多教师并不愿意跟组内的其他教师共同分享教学资源,隐藏自己的教学资料。尽管观察到这一点,但是轮岗教师 X 并没有打算为改善共同体的氛围做出行动。

> 我没有插手,因为当时我过去,其实我也很担心,如果我就一个资格很老的样子,那么那边的老师,你说多了是会有意见的,他其实心里面会觉得不舒服的。我过去也担任了两位老师的师傅,然后他们也说让我做教研组长,他们发给我聘书,我觉得这只是一张荣誉证书而已,人家那边本来就有教研组长的,然后我去干涉别人的,去插手,我觉得不好,反正我是这样想的,所以我就没有更多去插手。除非他们叫我干什么,我才会去做,其他我就做好自己的事情。本来也想着去做点事情,但是后来我想算了,我在这里也不过待一年,他们本来就是这个样子,我也不要搞得人家

很不开心对吧。(RT-B-LXF20-M)

另外一位轮岗教师 L 也采取了同样的态度。她意识到,A 校建校时间较短,在诸多教学以及管理制度方面尚不成熟。学校在教研方面并没有很好地利用已有的资源,如班主任日记以及教师的教学周记,其中优秀教师以及班主任的经验都可以拿来深入分析与挖掘。但是她发现 A 校在这一方面的做法太流于形式,而未能发挥这些资源应有的价值。在她原来的学校,学校基本上每个月都会将优秀班主任与优秀教师的事例通过学校官网以及板报的形式公布,并组织这些教师分享自己的经验与心得。她认为 A 校也可以尝试这一做法,但她并不打算将这一想法分享给教研组长以及学校分管教学的教务主任。在她看来:

> 在这边主要是该干什么就干什么,让干什么就干什么,还是不要多说话,难道有些问题他们自己看不出来吗,为什么要多此一举呢? 我什么都不想,这一年踏踏实实做好自己的事情就可以了。(RT-A-LLF27-M)

他们也无意挑战共同体既有的制度与规范,以践行共同体既有的价值观以及保持共同体内成员之间现有的关系模式为主。绝大多数情况下,他们让自己与其他成员保持一致,较少提出异质意见、表达不同声音,与共同体的其他成员维持相对和谐的同事关系,避免发生不必要的矛盾。尽管在有些情况下,有些轮岗教师并不认同流入校教师的教学方法以及工作方式,但是出于可能会对其他教师构成"冒犯"或激发矛盾的考虑,最终选择隐藏自己的真实想法,他们往往出于自我保护的考虑选择缄口不言。例如,有的轮岗教师担心自己的工作风格与所在共同体的氛围不相符,过多的干预会引发同事间的冲突,影响自己在共同体中的生存与发展,因而他们往往不愿意承担领导与管理工作,多数情况下处于被动参与状态。

> 反正学校的整体风格是不一样的,办事的风格是不一样的,我们以前的学校因为学生人数比较多,整个班级也比较多,所以大家做事就可能会更高效一些,因为不高效,很多事情就完不成。但是在这边,老师们感觉整体就比较松散,做事情效率很低,作业很多时候也不批,要是把我们原

来的那些做法强加给他们,他们肯定不愿意。所以很多时候就是心里面
知道,但是嘴上不能什么都讲。领导开始让我担任教研组长,我是不愿意
的,我知道学校之间肯定有很多不一样的东西,把我的东西硬推给他们肯
定会心里不高兴。(RT-B-LXF20-M)

这些轮岗教师往往出于"自保"的考虑而谨慎地参与共同体的事务,他们
的参与更多表现为一种被动参与,更多是服从学校的安排,而很少主动表达自
己的声音。这些教师多以被动、服从的方式参与共同体,始终未能建立起归属
感,发挥其专业影响力。

二、选择性的部分参与

这类轮岗教师除了较多在外力推动下被动参与共同体的事务,他们在共
同体中的参与过程也表现为选择性的部分参与,这主要体现为他们在互动的
群体以及参与的事务上有所选择。在互动的群体上,他们更愿意与自身不太
可能发生冲突的年轻教师交流,而较少与可能发生话语权冲突的资深教师互
动;在参与的事务上,他们会刻意回避参与共同体中涉及话语权、微观政治等
相关议题。

在共同体内部,轮岗教师与年轻教师的互动多于与其他年龄较大的老教
师的互动。一位年轻教师指出,他们与轮岗教师在办公室内部的日常互动较
多,而轮岗教师也能够在整个教学重点的把握、教学进展以及整体作业的把控
方面为他们提供支持。但是该教师也指出,在大多数情况下,轮岗教师不会主
动为其提供建议,只当其就教学问题向轮岗教师请教答疑解惑时,她才会为
其提供帮助。

> 我有的时候遇到一些问题会去找她,一般情况都要我们主动一点,但
> 是我们整体联系还是比较少,她平时跟我们大家都不是贴得特别近的那
> 种老师,但是在遇到问题,需要帮助的时候,她都会帮助你。有的时候我
> 可能连着一周不跟她联系,因为我们不在一个办公室,那我们几乎就碰不
> 到面,也不会联系。(A-FGF02-E)

　　轮岗教师会帮助年轻教师尤其是自己的徒弟,特别是当徒弟准备校级或区级的公开课时,他们会投入比平时更多的精力。因为在师徒关系中,其徒弟的表现往往也在一定程度上与师傅的荣誉结合在一起。在上公开示范课的关键时刻,这一"师徒共同体"就会紧密地结合在一起,此时轮岗教师会较平时更为积极地投入其徒弟整个备课、上课以及评课的教学环节,为其提供指导。在前期教案的设计上,轮岗教师帮助其徒弟把握教学的整体思路,厘清教学的重难点。而在上课的过程中,轮岗教师进入其课堂观察教学,记录其教学的时间、课堂语言以及整个教学流程等,并将其发现的问题在课后反馈给徒弟,为其提供教学示范与指导。轮岗教师对整个过程较为重视,且会全程参与其中。

　　开学的第一学期,新老师都有一堂亮相课,这个对新老师来讲还是很重要的。他是我的徒弟嘛,我自然也很重视他那次的表现。我跟他说,你作为我的徒弟,要先写好教案给我看,看好以后我简单指导一下看思路大体有没有问题,总体框架有没有问题。然后提早一周试上,我来听课,听完以后再跟他反馈问题。当时就发现他在控班上比较差,课堂上整个乱糟糟的。在教法上也存在较大的问题,他只是按照课本上的原原本本去教,课本上怎么说,就怎么做。全部都是课本上的,一模一样……后来我就告诉他,也要挖掘书本里面的东西,为什么这么讲,怎么讲学生更容易接受。把这些问题帮他指出来,后来我也示范了一下我怎么上这堂课的,通过举一些比较幽默的、贴近现实的例子,让学生更能理解。(RT-A-LLF27-M)

　　轮岗教师指出,他们更愿意与年轻教师交流,因为年轻教师更容易接受新的观点与知识,在态度上也较为开放、积极上进。相对而言,有些老教师在教学上则更容易固守自己的教学模式,不愿意接受新的事物,在态度上相对封闭保守。

　　我们组里一共四个人,除了我还有两个小年轻,一个年纪稍微大一些,我觉得在这边主要还是跟我那个徒弟交流多一些,很多时候没那么多顾虑,而跟年纪较大的老教师在一起,则存在诸多顾虑。我不太愿意接触这些老教师,他们就是有些教条主义,也很固执,讲得有板有眼的,一直觉得自己的教学没问题，不喜欢听外面的意见。但是年轻教师就不一样，他们因为缺乏经验，改变原来的那套东西不会很困难……同时他们比那些老教师在态度上也更上心，愿意跟你请教。(RT-B-LXF20-M)

在这些轮岗教师看来，流入校部分教龄较长的资深老教师已经形成自己特有的教学理念与教学模式，对外来意见的接受程度较低，且往往很难改变长期形成的教学习惯。这些轮岗教师担心自己对老教师的过多干预会引发彼此之间的矛盾，因而他们选择闭口不言。

> 蛮难的，其实是很微妙的，有的时候他们来跟我交流一些问题，只要是肯学的，是不是徒弟也无所谓，但是到了一定的年龄之后，像那边有的老师，他也经验比较丰富的，但是他的那一套跟你的一套是不一样的，这是很有可能的。我觉得有些做法肯定是不合理的，但是他觉得是很顺手的，这个时候你要去插手的话，别人就会不开心的，没必要做一些费力不讨好的事对吧。(RT-B-LXF20-M)

这些有经验的教师往往因其资历较深而在共同体内占据一定的地位，轮岗教师在处理与这些教师的关系时持一种谨慎的态度，不少轮岗教师表示不愿意与其发生冲突，出于自身利益考虑选择保持沉默。

在参与的事务上，这类轮岗教师往往选择回避共同体内部的微观政治等敏感性议题。例如，对于谁来界定最佳实践、听取谁的建议等涉及权力与博弈的问题上保持沉默或视而不见，充当旁观者。

每年的 4 月份，上海市会举行中青年教师大奖赛，各个区都会组织学校内部有竞争力的教师参与角逐。轮岗教师 U 所在的教研组也需要推选教师参与竞赛，由于每所学校参选的教师名额有限，在组内教师自愿报名的基础上，需要整个教研组的教师对自愿参赛的教师进行评比筛选，选出其中的一位优胜者去参与市区的比赛。轮岗教师 U 所在的英语教研组共有三位教师报名参与，但最终需要筛选出一位实力较强的教师。在经历了教学设计、说课以及上课三轮评比之后，轮岗教师 U 认为，在参与竞赛的三位教师中，教师 A 与教师 B 表现都较为出色，尤其是教师 A，具有丰富的教学经验，在教学思路、教学语言的表达以及课堂的把控与应变能力上都可以独当一面。而教师 B 则较为年轻,教学思路清晰,在教学方式上也较为灵活,但整体而言课堂教学的生成较少,整堂课上下来缺乏一定的亮点。最终整个教研组的教师需要各自发表看法并决定最终由谁去参赛。教研组内的教师显然也分成了两队,有一部分教师支持教师 A,另有一部分教师支持教师 B。而轮岗教师 U 却最终没有表达自己的看法,她选择了中立的立场,在点评的时候,她分别指出了两位教师各自的优点,也同时点到了各自的缺点,但是她不愿对最终结果做出选择。在谈及原因时,轮岗教师 U 指出,在整个教研组里面其实存在不同团体之间的"斗争",她从另外一位流入校教师处了解到,支持教师 A 与教师 B 的两队教师分别属于不同的团体,而轮岗教师 U 认为,为了在交流轮岗的一年能够"安全"度过,她应该远离这些"是是非非",因而她最终选择充当"旁观者"。

> 我不想参与这些事情,之前听其他老师讲到关于里面的这些内幕,我就更加不想参与,不同的小团体就支持不同的老师,牵扯到不同的派系,这些都跟我没有关系,一不小心惹到不必要的麻烦,我自己也无法在这里立足。(RT-A-LQF16-E)

总体而言,这类轮岗教师为了获得参与共同体实践的合法地位,避免受到同侪教师的抵制与排挤,在沟通合作的过程中往往采取选择性的部分参与,在互动的群体以及参与的事务上保持谨慎的态度,多数情况下保持事不关己或沉默状态。

三、作为一个外来人员:"我不方便插手"

有些轮岗教师将自己定位为一个"外来人员",认为自己作为一个外校教师,不便对共同体的事务过多"指手画脚",对共同体缺乏归属感。作为一个外来者,他们将自己视为在学校中没有太多发言权的人,他们对于共同体的决策及与其他同事的关系保持谨慎的态度,对共同体的事务采取部分参与的形式。在这类教师看来:"作为一个过路者,早晚会离开,做好自己的事情就可以了。"

(RT-A-LQF16-E)这种自我定位严重阻碍轮岗教师能动性的发挥。

在九年级第二学期的期末考试中,轮岗教师 X 正在紧锣密鼓地准备复习考试,她发现办公室的其他教师却没有很紧张地投入复习过程,"他们好像没事干的感觉"。而这位轮岗教师发现,作为教研组"领头羊"的资深教师 T 并没有带领团队建立起系统的复习体系。

> 他们好像就是从前几年其他学校出过的试卷中,随便弄几道题,连最基本的考纲也没有复习过,感觉他们就是随机地去抓两道题,今天放这两道题进去做,明天就抓另外两道题,根本没有一个系统性……我当时觉得这肯定是不行的,在我们原来的学校,光考纲就要复习一个多月,复习就像大扫除,第一遍大扫除我每个角落都要扫到,但是他们完全不是这个样子。(RT-B-LXF20-M)

面对教研组中教师不具系统性的复习状态,轮岗教师 X 并没有选择向教研组中的其他成员表达她对这一事情的真实想法。在她看来,她并不是这个学校的人,作为一个"编外人员",又没有承担领导的行政职务,她似乎不太方便干预太多。

> 即便是知道这样不好吧,那我也不能指手画脚,因为我毕竟是外面来的老师,我也不是你们领导,很多事情我没有立场去说,也没有立场去做。里面的老师也不是没教过初三,并且有两个老教师,是有经验的,好像也是高级教师,怎么这样子复习,那我还不好说,不敢说,但是我自己知道……我当时也能够体会到为什么很多人都挤破脑袋愿意去好的学校,因为一个集体的氛围太重要了,他们整体上都感觉很散漫,就我而言,我不希望在这样的集体中待太长时间。(RT-B-LXF20-M)

轮岗教师 X 认为,自己作为一个"外面来的老师",在流入校的交流时间有限,自己不具备指导其他教师的"身份"和"资格"。因而,她更多选择袖手旁观。

> 教研组里面有一个数学老师,就是有的时候很自以为是,好像不太听得进去别人的建议,他有一个特点就是作业布置得特别多,学生也提意

见，家长也提意见说他作业太多。但是不管其他人怎么跟他说，他都说"我的作业还好啊，也没有很多"。就是思想僵化了，已经不会反思自己的行为，不太能够听进去别人的建议。那我平时也会自觉一点，我也不可能去说他，告诉他哪些地方存在问题，毕竟好歹人家也是几十年的老教师了，我又能算是谁呢？我没有发言权，对吧，我在这边也不过是待一年就走了……（RT-B-LXF20-M）

综上所述，我们发现这类轮岗教师以有限的部分参与为主，他们往往无意于引领共同体的实践，以外力推动下的被动参与为主。同时，在互动的群体与互动的内容上也有所选择，较多与不会产生话语权冲突的年轻教师交流，而对与资深教师的互动持谨慎态度，在互动的内容上也尽力回避涉及微观政治以及话语权的敏感性议题。这类轮岗教师在共同体中发挥的作用仍然有限，并没有对其他成员以及共同体的实践承担起相应的领导责任。这类轮岗教师之所以选择主动停留于共同体的边缘位置，与他们对自身的定位以及所处共同体的氛围有关。首先，他们将自己定位为一个"外来人员"，认为自己作为一个外校教师，不便对共同体的事务过多"指手画脚"，对共同体缺乏归属感。作为一个外来者，他们将自己视为在学校中没有太多发言权的人，他们对于共同体的决策及与其他同事的关系保持谨慎的态度，对共同体的事务采取部分参与的形式。其次，共同体本身的文化氛围也会在一定程度上影响轮岗教师的参与。在缺乏安全与信任感的环境中，轮岗教师在尝试提出不同的观点或新的教学建议时往往会担心其他成员的反应，为避免受到同侪教师的批判或排挤，他们更多倾向于隐藏自己的想法，规避冲突。

第三节　轮岗教师"受挫"之下的非线性参与

与前一类被动参与的教师有所不同，遭遇挫折的轮岗教师在进入共同体的开始阶段往往希望与共同体中的教师展开互动，他们具有参与共同体事务以及承担责任的意愿，不愿意居于边缘位置，并且尝试在共同体中承担一定的责任，发挥领导作用。这类轮岗教师在共同体中的参与是一个迂回曲折的过程,他们的参与轨迹是非线性的。他们在持续参与过程中遇到一系列困难与挫折,经历了从边缘走向更多参与(如走向责任阶段)而后又返回至边缘的参与轨迹。

一、轮岗教师与流入校领导者之间的互动

这类轮岗教师在初始阶段对参与交流轮岗的态度较为积极,他们将其视为专业发展的机会,希望通过不同学校教师的跨校交流拓展自己的教学视野,走出专业发展的瓶颈期。同时也希望能够融入流入校的共同体,发挥自己的专业力量。

> 我在我原来的学校已经待了 12 年了,从研究生毕业一直到现在都在原来的学校任教,对我而言,我也需要到外面去见识,因为现在不管是在教学方面还是班主任工作方面,我已经达到了一个瓶颈,也很难再提高了。我除了原来学校的老师,其他老师几乎都不认识,我也想出去见识见识,我想看看其他学校优秀的老师,各个老师都有擅长的东西,其实都有学识的,所以当时我是想出去参与交流的。一方面是把我的经验带过去,另一方面也是希望自己跟别的学校的老师学习一些新的东西。(RT-A-LYM12-M)

这类轮岗教师在进入共同体的初始阶段表现出较强的愿望,希望自身能够被流入校接受,他们对于自身处于共同体边缘的位置感到不适,希望能够融入既有的共同体,发挥自身的力量,得到同事的认可与欣赏,为流入校的发展做出贡献。

> 其实这是一个很好的机会,来了你肯定要做点事,我本身也是一个闲不住的人,我觉得你到这边来什么贡献都没有,什么事情也不做,好像也不太像话。学校把我们几个派过来,我心里确实是想做点事的,把以前一些好的做法引进来,我的大门是向他们敞开的……(RT-A-LYM12-M)

轮岗教师 Y 是这一类教师的典型代表。轮岗教师 Y 在进入 A 校之初怀有一腔热情,他希望能够通过发挥自身的力量,与流入校教师展开交流,带动

共同体中其他教师的发展。在进入流入校后,他主动承担起备课组长的职责,与组内的教师展开互动,分享自己的教学资料与教学经验。他成立了专门的教师研讨群,将自己以往的课堂教案与教学课件放置在共享的平台上,供其他教师参考下载。同时他也开放自己的课堂,允许其他教师自由进入课堂观摩学习,课堂结束之后针对其中的问题展开研讨。

> 他们学校没有那么好的资源和条件,硬件还好,软件可能不到位,那么我的课件和教案就全部上传到网上了,你需要什么你点相关的教案来用。当然他们自己在这个基础上也会自己做,做好之后有些地方我们也会互相讨论一下。平时课堂基本上都是敞开的,随时可以过来听。课外还会进行讨论和总结,然后教学问题都可以谈都可以聊,有问题随时解答。(RT-A-LYM12-M)

除了资料的共享以及全开放的课堂,轮岗教师 Y 还组织备课组内的教师一起参与合作命题的比赛活动——"中考猜猜猜",即根据往年中考的试题进行模拟命题。命题结束之后再与当年的中考试题进行比对,根据知识点相吻合的程度进行评比,最后根据评比结果对教师进行奖励。这一活动需要教师能非常清晰地把握本学科的教学重点与难点知识,在一定程度上促进了教师对专业知识的钻研与交流。

> 这个活动收效还是很好的,老师之间合作分工命一份中考试题模拟题,命题结束以后根据当前的中考试题,进行一个评比,这是一个很好的方法,对于老师们把握学科的、考试的方向都有很大的影响,我们当时在组里面搞了好几次,这个效果确实很好。(A-FGM3-M)

通过为组内的教师提供教学上的指导与帮助以及带领教师开展集体的教研活动,轮岗教师 Y 逐渐受到其他教师的认可,他在共同体内参与的合法性得到组内教师的肯定,也获得了同事的信任与支持。这也在很大程度上给了轮岗教师 Y 信心,鼓舞他进一步深入参与。

尽管轮岗教师 Y 的一系列行动得到了组内教师的认可,但是在逐步深入参与的过程中,他也遇到了一系列困难与挑战。为了更好地实现教师之间相互指导与合作,轮岗教师 Y 根据其在流出校的教研经验,提出了在学校中成立工作坊的想法。工作坊需要教师每周抽出一定的时间,组织教师结成对子,通过"老教师带青年教师"和"青年教师影响老教师"的方式,两队教师需要定期呈献一堂示范课,以"赛课"的形式激起教师教研的热情与积极性。轮岗教师 Y 指出,这一做法在流出校收效良好,不管是对年轻教师还是经验丰富的老教师的教学成长都有较大的帮助。但是,在轮岗教师 Y 将这一想法提议给学校领导时,学校领导并没有给予轮岗教师足够的支持,甚至并没有做出任何反馈,这让他颇受打击。

> 我当时把这个想法跟我们教务处主任说了,他当时说了声好啊,然后就没有下文了,后来我又跟他提了一次,结果还是没反应。我不明白,其实我真的是为了他们好,也是想在这边能做点什么,但是我不清楚没反应是什么意思……后来我从其他老师那里了解到,原来是他们觉得这件事太浪费时间,不可能做起来,说是学校里面已经有师徒制度了,没必要再去折腾……我觉得我没办法跟他们沟通,有些东西他们不理解,领导也没有长远的眼光……(RT-A-LYM12-M)

尽管轮岗教师 Y 希望能够发挥自身的积极性,为共同体的发展提出建议,但是并没有得到足够的支持与回应,其能动性受到限制,缺乏来自领导者的信任与支持让他感受到失望。

在轮岗教师 Y 看来,学校领导者并没有充分尊重其声音,不给予回应的态度打击了其进一步参与的积极性。但是这位学校的中层领导在谈及轮岗教师 Y 的建议时给出了不一样的看法:

> 他的建议确实挺好的,但是有的时候确实也要结合我们学校的实际情况,有些建议我们会采纳,但是这个工作坊其实我们学校之前也搞过类似的活动,最终都没能做起来。我们学校是个新学校,刚成立还没多久,相对新老师特别多,他们都没什么经验,而老教师相对比较少,这种工作坊从成立到后面维持下去,特别需要一些比较骨干、有经验的老师把架子搭起来,也需要长时间盯着、花精力在上面,但是我们学校这些老师现在

还没有条件去做这些。(A-FZM16-M)

从以上可以看出,学校中层领导并没有采纳轮岗教师 Y 的建议,是因为在他看来,轮岗教师 Y 的想法可能并不符合 A 校当下发展的实际情况,考虑到学校的师资力量现状以及学校目前已经存在的一些教研活动,"我们学校现在已经有一些带教制度,也有不同形式的'亮相课''推门课'以及其他校级公开课的比赛,基本上每一两个月都会有这种教研活动,所以再去做其他的也是增加老师们的负担"。(A-FZM16-M)在思考之下,轮岗教师 Y 的建议最终并没有被采纳。为了不"得罪"轮岗教师 Y,领导者采取了"不予回应"的态度。"之所以没给他什么反馈,确实是觉得他提出的建议目前不太可行,但是又不好直接拒绝。"(A-FZM16-M)但在轮岗教师 Y 看来,学校中层领导的"不予回应"是对其不够尊重的体现,也在一定程度上打击了他为学校继续建言献策的积极性。

在这一过程中,轮岗教师能否根据流入校的本土教学情境提出适合流入校实际发展情况的教学建议是影响其在流入校中能动作用发挥的重要因素。除此之外,领导者与轮岗教师之间能否建立起有效的沟通方式显然也是影响两者之间沟通合作的关键。

而轮岗教师 Y 在流入校中进一步参与,其在承担更多责任、发挥更大作用时所面临的另外一项挑战则是他在流入校仅享有"半自主",轮岗教师并没有充分的话语权和决策权,学校的绝对话语权主要掌握在领导者手中。学校领导者一方面希望轮岗教师能够帮助其带动学校教师的发展,提升学生的学业成绩;另一方面又建立起较为封闭的边界,坚守固有的认知,对轮岗教师提出的可能会给现有规范与结构带来挑战的建议采取回避态度。

> 他们很多领导和老师都没有这个意识,比如说备课组会议上,全年级质量分析会上,当领导来的时候我会跟校长、中层领导把一些建议反馈出去。我在对比他们成绩的时候,我说评判一个老师好不好,不能光看这个班级的平均分,就像这个班级的平均分他一开始进来就是最差的,但是领导看的是你这个本来第五名或者第六名,现在考到第三名这叫进步,我说

不是的。你要看到一个老师他本来跟,比如说最好班级的差距是 20 分,后来一年以后他跟最好班级的差距只有 10 分了,这个就是进步。你不能说他还是第六名,但其实是有本质上的差别,本身分班时候就有差异。那边的老师,根本就不敢讲这些话,但是当时我就讲了,我看到这些就说了。(RT-A-LYM12-M)

虽然其他校内教师并不愿意向领导者发表其意见,轮岗教师 Y 在备课组会议以及全年级的质量分析会上却大胆地表达自己内心关于教学的真实理解与想法,他希望能够获得领导者的重视与支持。然而,他的建议并没有获得学校领导的重视,他感觉到自身受到了"无视",并没有获得领导者充分的尊重与信任。

> 说了之后没反应,当然在开会的时候他们不会明确地表达赞同或不赞同,但是他们过后还是原来那个样子,根本就没听进去,我当时反复地说了,你一个领导者不能只看绝对的平均分,你得看到相对的进步,很多时候一个老师已经进步很大了,但是领导看不到,这就会很打击这个老师的信心。但是说这些都没用,他一直都是这个样子,根本听不进去别人的意见。我当时觉得自己说多了,也觉得特别难以理解,明明是为了他们好的,别人都不敢讲这些。(RT-A-LYM12-M)

导致轮岗教师 Y 逐步退居到边缘很明显并非"一日之寒",而是在多次的消极性互动中导致其对领导者失去信心,其参与的积极性逐步降低。轮岗教师 Y 认为,A 校当前的奖励制度设计不仅不利于不同学科教师之间的合作,这反而会加剧不同学科教师之间的恶性竞争。为此他向领导者建议,学校对于教师的奖励要重视学科之间的平衡,重在通过奖励制度的设计引导教师之间实现合作共赢,然而他仍然没有获得领导者的反馈与支持。

> 他们这个奖励制度,只要成绩好,就奖励你。这个听上去好像情有可原,但事实上他只有一门功课好,其他两个都不好。他还是班主任,班主任把自己的学科教得很好很好,另外两门很差很差,他把所有的时间都占掉了。但是校长就奖励他,而不是批评他,在我们原来的学校就会批评

他。你作为一个班主任，应该协调好。那他数学考得再好，英语不好有什么用呢？就是学生的精力有限，你把所有的精力都用在数学上，那你的语文、英语怎么办？要平衡，这是关键。关于这一点我也跟校长说了，跟教务主任该反馈的也反馈了，但是不听，没用。(RT-A-LYM12-M)

轮岗教师 Y 虽然将自己的建议与想法带入流入校，但他觉得自己的想法并没有得到重视，没有获得充分施展的平台和空间。多次提出建议而没有获得有效的反馈与重视，导致轮岗教师 Y 内心十分受挫，他在流入校中并没有获得充分的信任与尊重，也没有获得一个施展手脚的空间与平台。而这也进一步影响了轮岗教师 Y 在共同体中的参与感，他对共同体事务的积极性逐渐降低。他感觉自己始终无法真正融入流入校，流出校与流入校两所学校不同的制度与文化氛围让他越来越感到自己并不是流入校的一员，他对流入校的认同感与归属感很低。

我现在很少跟这边的领导接触，也不愿意再在大会上发言，除非他特地找我，让我聊聊，否则我现在觉得没必要跟校长多沟通之类的。我们做的这些事情，包括之前的反馈什么的，都不会搭理你，那还有什么好说的。没有一个很好的人带着或指引着你一直做一件事情，在这里做得不开心，没有家的感觉，所以现在就很少再去掺和一些事情……(RT-A-LYM12-M)

在遭遇一系列打击之后，轮岗教师 Y 不愿意再主动发表自己的想法，也不愿再主动承担责任，他由开始阶段的主动参与逐步变成被动参与。除非被要求表达意见，否则在多数情况下保持沉默状态。他开始更多关注自己在教室范围内的事务，而对其他事情则不愿再多加干预。他逐步从共同体的中心又返回到共同体的边缘。

现在就是管好自己的事就好了，我把我自己的班级带好就行了，反正一年之后就走了，在这里总共就一年的时间，很多事情没必要，搞得我自己也很不开心，我现在就是该干什么就干什么，放学到点就走，平时也废话少说，管好自己就行了……(RT-A-LYM12-M)

从以上我们可以看出,轮岗教师 Y 通过为组内的教师提供教学上的指导与帮助以及带领教师集体开展教研互动,受到了教师的认可与信任。可以说他在进入共同体的前一阶段已经达到了在共同体中承担责任、发挥领导作用的阶段。但是当他想更进一步地参与,在共同体以及学校范围内发挥更大的作用时,遭遇诸多挑战,其发起的新的教学实践活动因为没有获得领导的支持与认可而受阻,加之在学校中的话语权与决策权也较为有限,这使他进一步参与的积极性受挫,出现了返回至边缘的现象。

二、流入校教师的消极回应:轮岗教师寻求地位而不得

在进入流入校之后,有些轮岗教师希望能够融入新的学校文化,他们服从学校的安排,积极地参与共同体的各项活动,与同事之间展开交流。从政策层面来讲,轮岗教师被期待能够发挥"领头羊"的作用,带动流入校教师的专业发展。而这部分教师本身也对此有一定的意识,他们较关注自己在共同体中的地位,希望获得同事的肯定与认可。他们期待进入流入校之后,力图将流出校良好的教学实践经验带入流入校,发挥自身的领导力,扩散自身的专业能量。

> 这边的老师有些年纪比较大了,出去学习的机会比较少,我在原来的学校经常会有一些出去学习的机会,我想着能把自己看到的、学到的跟他们说一说,也是希望能够帮助到他们,开阔一下眼界。(RT-B-LQM17-M)

作为一名经验丰富的数学教师,轮岗教师 Q 在进入 B 校之后主动承担了备课组长的角色,希望能够跟流入校的教师分享自己的教学经验。在进入共同体的初始阶段,他主动分享自己的教学资源与教学经验,组织组内的教师每周轮流相互听课,并针对听课的内容展开集体研讨,让教师们相互提出意见,反思教学中存在的不足。轮岗教师 Q 还组织了组内不同教师之间的同课异构活动,他自己也参与其中进行课堂展示,围绕同一教学内容采取不同的教法,组内教师集体观摩,相互比较不同的教学过程以及教学方法,分析各自优势与不足。轮岗教师 Q 希望通过"传、帮、带"的方式拓宽流入校教师的视野,

提升他们的专业素养。

尽管轮岗教师 Q 的教学实践得到了部分流入校教师的肯定,但同时他也遭遇了一定的挑战,这些努力并不为所有的新同事都认可。轮岗教师 Q 发现组内有些教师经常存在不批改学生作业的情况。在他看来,教师可以通过批改学生的作业了解学生在学习过程中存在的难点问题,出错率较高的题目往往意味着学生对该知识点的掌握还不到位,需要教师在课堂中重点讲解,批改作业是了解学生学习动向最直接的方式。看到组内教师对作业并没有足够的重视,他在备课组会议上反复强调了这一问题,但是他发现自己的建议并没有得到回应,有些教师则直接采取了"不理睬""没反应"的态度。

> 我感觉这边的老师这个惰性有点强。怎么说呢？实际上我给过他们一些建议,但是给我的感觉是他们也听不进去。有些老师作业基本上都不批改,我觉得这样你怎么发现学生的问题,真正掌握学生的动向呢？学生在作业中容易出错的地方在哪里,说明这个知识点学生没有掌握好。你通过批作业至少可以做到心里有数,那在课堂当中就需要再重点地讲解一下,但是他们把及时地批改作业就不当回事。每次这样你说也说了,但是人家听不进去,你自己也觉得没意思啊,总是这样。(RT-B-LQM17-M)

轮岗教师 Q 还尝试将自己班主任的管理经验分享给所在共同体的教师,他发现 B 校在班主任中队建设方面存在不足,"他们连中队建设当中应该设置什么样的岗位都不清楚,把中队长和班长混为一谈,我看到以后就主动帮他们指出来"。(RT-B-LQM17-M)轮岗教师 Q 将自己作为班主任的管理经验分享给组内的教师,但是他的努力并没有得到流入校教师的积极反馈。

> 中队长和班长是不一样的,比如说平时在班级里面就叫班长,而中队长则主要负责搞中队活动,这两块一个是中队,一个是班会,这是不一样的。在中队建设的内容上,也比较差,他们没有方向,就是看好自己的班级,至于弄得好、弄得差,他们也不管。但是事实上,中队建设是有一个体系的,比如说三级汇报制度,我都跟他们分享了,但是这种指点,他们觉得无所谓,他们觉得反正我们都这么弄,也弄了这么长时间了,对吧？跟他

们说了之后,没有任何后续,比如说中队会该怎么开,他们只是觉得我开好这个会就可以了,至于会后怎么总结,怎么管理,他们不把这些当作经验。(RT-B-LQM17-M)

轮岗教师 Q 虽然尝试把自己的专业品质与教学和管理经验带到流入校,但是无法让其在那里生根发芽。新同事"不理睬""自说自话""没有什么触动"的互动现实使轮岗教师 Q 陷入了"说了没人听"或"不能说"的"失语"境地。这在很大程度上削弱了轮岗教师参与的积极性,无奈与被动应对的心态与行为也随即出现。

> 我这个人对于很多我觉得有问题的东西,或看不惯的东西,我就要指出来,但是指出来往往就会伤害人。比如说我指出你的缺点,对于教师而言,他很多时候不觉得你是为他好,有很多人都是这样子。有的教师会倚老卖老,他不睬你,不买你的账。有些班主任或任课老师,他觉得自己很厉害了,根本不听你的。这种方法我觉得不好,你可以改进啊。但是你说多了,他觉得我就是这么干,这就是一种环境,就是这个状态,这样子的话我还能说什么呢?(RT-B-LQM17-M)

而导致轮岗教师 Q 参与积极性进一步减弱的因素则是其所处的共同体氛围。有研究发现,在开放、支持的共同体氛围中,教师之间能建立起良好的同事关系,成员之间能够开诚布公地分享经验,并建立起共同体成员的身份以及较强的归属感,而共同体中孤立、个人主义等规范会限制教师之间的互动与交流,降低教师对共同体事务参与的积极性。[①] 轮岗教师 Q 发现,学校中部分教师团队合作精神较为匮乏,"他们更倾向于自己做自己的事情,不太喜欢与别人分享自己的想法和经验"。(RT-B-LQM17-M)教师之间习惯单打独斗、各自为战而不是相互帮扶,同侪教师之间相互切磋、合力协作的氛围不够浓厚。

---

① Lieberman J. Reinventing teacher professional norms and identities: The role of lesson study and learning communities[J]. Professional Development in Education, 2009 (1): 83-99.

他觉得我只要教好我自己的就行了，我为什么要管你呢？而我们原来学校课件与试卷全部是统一的，整个教研组统一。我们原来学校都是很严格的，平时自己没有试卷，备课组长带领大家共同编制试卷。你要加题可能有的，偶尔在黑板上抄个两道题让学生抄，这种是可以的。但是自己是不允许的，就防止这种有些老师偷偷摸摸在做，他不告诉你，他那里明明有资料，但是不愿意把自己的东西分享给大家。(RT-B-LQM17-M)

在这一共同体氛围的影响之下，轮岗教师 Q 不愿再在共同体中发挥能动作用，反而被所在的共同体所"同化"，他不愿意再将自己的资料分享给其他教师，更多关注自身教学。

人与人之间都是相互的，你手里有大把的资料却不愿意拿出来，让别人怎么样，其实我也很受打击，现在很多情况下我也不愿意再主动分享给他们，当然他们要的话我可能还是会给，但是就是不会像以前傻傻地分给别人。(RT-B-LQM17-M)

在一系列失望与矛盾之中，轮岗教师 Q 不再愿意过多干预共同体的事务。即便是当他发现共同体内部存在小团体等不和谐的现象，他也选择沉默与旁观。

你说多了有什么用呢！他觉得我就是这么干，我就是这样的，这就是一种环境。我后来发现他们这几个人是一个小群体，他们那几个人是另一个小群体，互相影响。我在考虑问题的时候，他在帮这块，他在帮那块。这是我以前看不惯的，但是我现在不会再说了，我不会再说这种事情该怎么做，对吧？说多了就像以前那样，他们也不会觉得你的出发点是好的。现在我就想我一年就走了，我能多说多少呢？(RT-B-LQM17-M)

轮岗教师 Q 由最初主动在共同体中承担责任、发挥作用，到之后不再主动发表自己的意见，甚至出现了被流入校共同体氛围"同化"的现象。在后面阶段的交流轮岗中，他更多关注自身的事务，而较少参与共同体的事务，呈现出由承担一定的责任阶段返回至边缘的参与形态。

　　而进入 A 校交流的轮岗教师 W 也经历了相似的参与轨迹,但是她的情况与轮岗教师 Q 有所不同。轮岗教师 W 在学校中主动分享自己的教学资源与经验,她的热情与付出得到其他教师的肯定。但由于她提供的教学经验缺乏与流入校教学情境的充分融合,不能够满足同侪教师的真实需求,因而没有获得充分的认可与应用,这在一定程度上导致其参与的积极性受挫。

　　轮岗教师 W 与组内的教师分享了她在流出校使用的一套练习册——《一课一练》,这套练习册作为与教材配套的习题,她在流出校使用了多年,且效果良好。轮岗教师 W 向组内的教师分享了这一教学资料。但是,她发现组内的一位老教师在练习册的使用方式上让其非常困惑,在给学生布置作业的时候,这位教师要求每一位学生专门准备另外一本笔记本,选择练习册上的部分题目重新抄写一遍,让学生进行选做。这种"抄题目"的做法在轮岗教师 W 看来非常低效且不合理。在她发现这一问题之后,她跟这位教师表达了自己的看法,但让轮岗教师 W 感到困惑且受挫的是,这位教师并没有采纳她的建议,还是坚持采取原来的教学方法。

　　　　她觉得这个练习册就是不行,我都没搞懂怎么不行,比如说同样还是练习册跟《一课一练》,她就让学生拿一个本子要抄题目的,你比如说还是《一课一练》挑两道题,让他们抄一道做一道,我跟她说你这样子的方式很低效啊,题目有什么好抄写的,学生浪费了很多时间去抄题目,有什么好处呢? 这个效率肯定是很低的,特别是对优秀的学生,因为差的学生,他反正也做不来,就少做两道,他可能影响不是很大,好学生他用很多时间去抄作业,还有一个你给他布置这两道,抄题的这点时间已经能多做两道了,她听不进去,跟她讲了还是按照她原来那一套,我当时也不知道该说什么好了。(RT-A-LWF19-C)

　　轮岗教师 W 感受到自己在教研组中并没有获得足够的尊重,她觉得自己"吃力不讨好",尽管她非常希望自身能够被共同体接纳,但是她觉得自己并没有得到足够的支持与信任,这在很大程度上打击了她引领共同体发展的意愿与积极性。

但是与轮岗教师 W 的想法形成鲜明对比的是,这位在轮岗教师 W 看来有些"固执"且"不怎么听话"的教师,有自己的见解。她并不认为轮岗教师 W 的建议能够真正在自己的课堂上适用。在她看来,轮岗教师 W 本身所任教的实验班学生在学习与认知能力上都优于自己所任教的平行班学生,事实上,在她所任教的班级中,有不少学生在学习力与专注力方面存在较大问题,而"抄题目"的方式看似非常机械,但有一定的长处。一方面,学生在重新抄写题目的过程中,即是进行二次阅读与理解的过程。由于不少学生注意力不集中,题目的誊写虽然浪费一定的时间,但能够帮助学生更为细致地"读题"。另一方面,她并不赞同轮岗教师 W 所认为的"差"的学生"反正做不来",所以"影响不是很大"。这些看似普普通通的学生几乎占据了她所在班级学生的绝大多数,在她看来,这些学生是班级中不可忽视的群体。而她让学生抄写题目,本身也是经过一定的筛选,根据学生的学习情况,分层次让学生练习不同的习题。

> 她(轮岗教师 W)作为师傅,很多时候她的意见我都会听,但是也有很多时候我自己会掂量考虑一下,因为这个意见并不一定就适用于我的班级,她并不了解我班上学生的一些情况,她教的是实验班,与我们普通班本身就是有差别,有些方面她可能是对的,但是很多时候在我们班上可能就是不适合,所以并不是所有的建议都会听……(A-FWF02-C)

由以上的案例我们可以看出,轮岗教师 W 感受到自身"不受重视",但是从流入校教师的角度而言,他们认为轮岗教师的建议并不能完全适用于自己的课堂教学。由于轮岗教师 W 的建议并没有获得流入校教师的认可,其参与的合法性在某种程度上遭到拒绝。

综合以上讨论,我们发现这一类遭遇挫折的轮岗教师在参与共同体的初始阶段愿意承担一定的责任,但是流入校的领导者以及其他成员并没有为其能动作用的发挥提供支持性的环境。研究发现,学校领导对轮岗教师能动作用的发挥体现出部分支持的特点,一方面希望轮岗教师发挥其领导作用,另一方面又对轮岗教师所提出的一些可能给现有结构与规范带来冲击的教学建议视而不见,这在较大程度上影响轮岗教师参与共同体事务的积极性。轮岗教师与同侪教师之间信任关系的缺失也是影响轮岗教师参与共同体实践的一个重要因素。轮岗教师本身提出的教学建议因缺乏与流入校教学情境的充分结合而没有获得足够的认可,这导致教师并没有获得持续、深入参与的合法性。轮岗教师所带来的教学资源缺乏与本土教学实践的充分融合,未能根据流入校的实际教学情境以及同侪教师的真实教学需求进行充分转化与调整,导致在流入校出现"水土不服"的情况,这在一定程度上影响流入校教师对轮岗教师的认可度以及轮岗教师本身的自我成就感。

一系列矛盾与挑战带给这类轮岗教师压力、失望,在这种情况之下,改变自己以适应当下环境成为他们无奈而又合理的选择。然而,失望毕竟不等同于绝望。"在交流过程中遇到很多困难,对新环境的适应问题、与同事之间的关系问题等,虽然很辛苦,但是很多问题并不是没有办法解决的,我相信这段经历最终带给我的会是一个惊喜。"(RT-B-LQM17-M)在这类轮岗教师看来,虽然在交流过程中遇到很多困难,但是很多问题并不是没有办法解决的。参与交流轮岗为其打破以往教学视野的局限、反思与提升自身教学以及建立新型的同事关系等提供了重要契机。

第四节　轮岗教师对共同体实践的积极参与

个案研究所见,只有少数的教师呈现出走向中心的参与。这类轮岗教师扮演着领导者的角色,引领其他教师参与共同体的实践,推动共同体以及成员发展。尽管在这一过程中他们也面临着标准化的教学模式、流入校的文化与规范等方面的挑战,但是他们充分发挥自身的能动性,努力寻找可以使自身的教育信念得以发挥的空间。

一、以育人为己任与持续学习的交流心态

轮岗教师如何看待自身作为教师的角色,如何看待交流轮岗的行为对他们能否在交流轮岗实践中发挥效用起着至关重要的作用。从个案研究中我们发现,少数轮岗教师将交流轮岗视为振兴薄弱学校教育事业,实现专业发展的

重要途径。驱动这些教师加入流动队伍并积极发挥领导作用的关键因素是他们视育人为己任,希望通过发挥自身的能量帮助更多薄弱校的儿童获得发展。轮岗,其中一位语文轮岗教师提到:"来到这里交流,就是希望能够尽自己最大的努力,切实帮助到这里的孩子们。"(RT-B-LSF15-C)虽然最初部分是基于职称晋升的考虑参与轮岗,但进入流入校之后,轮岗教师逐渐为交流轮岗活动赋予了新的意义,更多思考的是如何通过自己的努力实现学生的发展。轮岗教师 S 提及自己的交流轮岗经历时讲道:"当你真实感受学校之间的差异,你会一下子觉得身上的担子重了,我觉得我有责任为这里做一些事情。"(RT-B-LSF15-C)在为薄弱学校发展贡献力量以及实现自我发展的目标驱动下,轮岗教师乐于发挥其专业能量,为流入校发展提供力所能及的帮助。

在对待自身专业发展的态度上,这类教师也希望通过交流轮岗实现与不同学校教师的合作,进而更新自身的知识结构,获得进一步提升。在参与交流的动机上,这类教师更多抱着持续学习的心态,希望通过不同学校之间的跨校交流拓宽教学视野,促进自身的专业学习与发展。他们对于交流轮岗政策的态度较为积极,对于他们而言,进入新的教学场域是一次全新的学习机会,为他们了解不同的教学视角以及方法等提供了平台。

> 我在一个学校待的时间太久了,很多东西都固化了,无论是从教学上还是班主任管理上,都进入了瓶颈期,我也想借着这个机会体验一下不同学校的文化,感受不同学校环境下的学生与老师,与其他学校的老师多交流,看看人家是怎么教学的,对自己也是一个锻炼与学习的机会。(RT-B-LSF15-C)

他们并没有抱着"来了一年之后就走"的心态参与共同体的互动,而是真心希望在交流的这段时间里能够与流入校教师相互学习、彼此借鉴。尽管作为优质校派出的支援教师,他们并没有觉得自身就比流入校教师"优越",他们渴望与其他教师建立良好的关系,希望在与同事的交流过程中彼此都能够获得专业提升。他们主动与同事展开交流,积极地适应新的环境与岗位。

> 其实我刚来的时候对这边什么都不懂,即便是在教学上我也并不觉

得自己就一定比他们这边的老师强多少,我在听课中发现有些老师在教学上其实也很优秀,很多时候我也会向这边的老前辈去咨询,询问办公室的其他老师,遇到问题也会跟学校的教导主任交流,有的时候大家中午一起吃饭或者下班的时候跟其他老师一起走,会跟他们多了解学校的情况。总之,一个是通过跟别人交流,还有就是自己慢慢摸索,然后一点点适应这里。(RT-B-LSF15-C)

而这类教师对自己在流入校的表现也有所期待,希望能够在交流轮岗的一年时间里留下一些"印记",为学校改进以及学生与教师的发展贡献微薄的力量。"在这边待一年,走的时候如果能有那么一两件事情让这里的校长和老师能够记住我,有一些好的做法能够在他们这个学校继续维持和保留下去,那我这一年就没白待。"(RT-B-LSF15-C)趋向于中心的轮岗教师通过持续探究其进入的新群体的文化与互动模式,成功融入新的共同体,也逐渐被新同事接纳。

二、轮岗教师进入共同体之后的积极参与

积极参与的轮岗教师扮演着领导者的角色,他们有明确的目标定位,他们积极参与共同体教学讨论的过程,同时也与流入校教师建立积极而紧密的关系。这类轮岗教师到流入校后能够在教育教学上发挥其引领辐射作用,其负责的工作态度、丰富的教学经验以及对创新性教学实践的组织及引领等,赢得了同侪教师的尊重和认可。

(一)在教学专长上获得认可:根据学生需求进行教学调适与创新

轮岗教师 S 在进入 B 校之后,主动承担了教研组长的工作,她将自身在教学以及班主任工作方面的经验分享给组内的老师,在学科教学以及班主任管理方面为教研组内的其他教师提供帮助与指导,同时也带教青年教师,帮扶徒弟在专业上获得成长。轮岗教师 S 的行动与努力受到大部分教师的认可,是极少数被认可为教师领导者的轮岗教师。她之所以能够从共同体的边缘走向中心,是轮岗教师个人以及所处共同体之间互动作用的结果。

事实上,轮岗教师 S 在进入共同体的初始阶段就感受到不同的教学情境与文化氛围之间的冲击与碰撞。流出校与流入校的学生水平存在较大差异,由于学生的变化,在流出校已经摸索出的一套对于学生有效的教学方法,换到流入校中却难以奏效。她深刻感受到一个重点学校的优秀教师到一个薄弱学校去教学,未必就一定是优秀教师。

> 有的学生的学习专注力有问题,数数都很困难,还有的学生在语言表达方面很欠缺,有些从来没做过任何职务,在课堂上很胆怯。有各种各样情形的孩子,我就觉得突然之间有点蒙了,因为去之前我也有十几年教龄,但是十几年教龄当中从来没有和这样的孩子打过交道,所以就是一个全新的适应阶段。但是我又很兴奋,因为对我而言,既是一个挑战,也是一个重新适应、重新学习的机会。(RT-B-LSF15-C)

对流入校学生学习能力与学业水平以及对流入校教师教学特点的相对整体而全面的了解是其在流入校中开展教学与指导工作的前提和基础。首先,为了尽快融入学校,她先自己在课堂中摸索,通过课堂教学以及考试测验等方式了解班级学生的特点,然后她积极地向流入校其他有经验的老教师请教咨询,与办公室的教师交流问题,并选择了最直接和有效的方式——听课。除日常教学活动外,她基本上都会进入其他教师的课堂观摩教学,仅一个月的时间,她就听了中学教师的 35 节课。借助听课这一重要方式,她一方面更加清晰地了解到流入校学生的学习水平与能力,另一方面也观察到其他教师的教学方式与过程,了解到流入校教师在教学过程中的优势以及不足。其次,为了更好地了解班级学生的学习特点与需求,她主动走进学生家庭,挨家挨户进行家访。语文轮岗教师 S 发现,流入校很多家长对子女教育的重视程度与投入力度明显不足,有些甚至对子女教育漠不关心。面对这种情况,她认为只有改变家长的想法,才能真正改变学生的处境。她多次走进学生家庭了解学生的个性特长与成长环境,并积极引导家长走进校园,亲历课堂。在协同家庭、社区力量共同参与课堂实践与学生发展的过程中,努力改变家长的思维方式,帮助家长提升对教育的认知。事实上,薄弱学校学生的学业成就深受其家庭与所处社区环境的影响,交流轮岗的政策目标除了改进薄弱学校教学质量,也希望轮岗教师帮助改善学生所处的整体教育环境。她努力发挥自身的专业能力,为改善薄弱校教育生态贡献自己的力量。

> 我觉得这边学校跟原来的学校比,家长的差距还是很大的,不是说文化程度上的差距,是对孩子、对教育观念的差距。很多家长对孩子教育不重视,有些家长我打了很多次电话都联系不到人,我就在学期开始前挨家挨户进行家访。学期中又把家长请到班级,组织了"家校讲堂",让家长们也走进孩子的课堂担任义务讲师,亲身感受不一样的教育,给学生也带来不一样的学习体验。(RT-B-LSF15-C)

进入与自己原先所处的工作情境迥异的新的教学环境,流出校与流入校在师资力量、学校文化等方面的诸多差异,既给交流工作带来了一定的挑战性,又给轮岗教师提供了发挥能动性的空间。在全面了解学生家庭背景和学习基础的前提下,轮岗教师 S 发现学生的认知能力以及学习习惯与流出校存在较大差距。

面对新的教学情境,她并不是直接将流出校的教学理念与方法照搬过来,而是思考"如何变一下",在课堂中尝试新的教学法,探索适应学生学习需求的教学策略与方法。她充分利用流出校与流入校在学生知识基础与认知等方面的差异,以对学生差异的分析为重点,重新反思自身已有的专业认知结构,尝试建立起适合本土教学情境的教学模式。在教学过程中,为了吸引学生的注意力,改善学生在课堂上学习专注力较差的问题,她调整了原来的教学进度,采取了多种灵活的教学方式以提升学生的学习专注力。例如,采用多种样式的板书设计,帮助学生了解教学的重点,同时深入课堂参与学生的小组活动,为学生提供有针对性的指导。在教学方法的使用中,她会根据班级学生的需求进行调整和创新。例如,在语文课堂上运用绘本教学,最初这一方法由轮岗教师从流出校引入,但由于两校学生认知水平、教学环境的差异,并不能直接不加批判地应用于流入校。为此,轮岗教师 S 带领其他教师重新返回到课堂教学,在实践中摸索、试讲与反思,最终碰撞出新的想法,他们不再局限于绘本教材的内容与形式，而是充分结合本校儿童的生活经验，将绘本的主题教学充分内化到学生的日常生活中，让学生基于自己的经验对绘本故事进行再现与创造。这一过程不仅激发了学生的学习兴趣，也开发形成了颇具本校特色的绘本教材。当然，这一在真实课堂情境中运用和形成新的教学理念与方法的过程并非一蹴而就，而是需要不断结合学生的反馈、班级的具体情境进行调适，历经反复地试验、调整与改进，最终生成新的知识。

同时，轮岗教师也主动分享专业经验，积极带领同侪教师发展。例如，承担同侪教师启导者的工作，帮助教师提升教学实践，促进专业发展。又如，分享教学资源与教学经验，在将流出校的教学资源引入流入校的过程中，会考虑教学资源的难易程度与流入校学生能力之间的匹配情况，在指导其他教师使用的过程中会适度降低教案、试卷等资料的难度。还通过集体备课、协同教学等合作性教研活动，为教师提出教学改进策略，帮助改善流入校教师的教与学。尤其是在日常的示范课中，她"不吝啬"公开自己的课堂，随时欢迎其他教师前来听课。在上课的过程中，她调整了原来的教学方式，将自己通过观摩其他教师课堂以及在课堂试验中获得的有效教学方法分享给组内的其他老师（此时的经验已经是经过转化与整合的经验）。她也展示给其他在场观摩学习的教师，如何通过做一个"幕后导演"为学生设计喜欢参与的活动与讨论，如分角色朗读、情景剧等，如何在设问提问、同学互助上帮助学生参与。通过各种各样的方式"不着痕迹"地把自己的教学意图贯彻下去，让学生喜欢上课堂。

> 你听她的课就是一种享受，她的课堂就像讲故事一样，娓娓道来，她是一个特别用心的老师，她在课堂上的一些经验真的对我非常有帮助，她比我还要熟悉这里的学生，她比我更加知道怎么教这里的学生，她从来不会敲着黑板告诉学生这个要记那个要写，她总是能够用各种各样的方式明示暗示地让学生知道我要做一点事情。（B-FWF7-C）

轮岗教师 S 在对流入校学生认知与学业水平整体了解的基础之上，对以往的教学资源与经验进行调适与创新，成为符合流入校学生与教师需求的本土教学资源，通过示范与互动，帮助其他教师真正融入他们的教学与学习活动,带动同侪教师的专业发展。她对课堂教学的用心与付出收获了其他教师的尊重,其极为负责的专业态度以及较高的专业水平也赢得了其他教师的认可。

(二)创新教学实践活动的发起与组织:带来"不一样"的教学实践

轮岗教师能够结合流入校学生的实际发展,发起创新性教学实践,并引领其他教师集体参与实践,共同致力于改进学生学习方法。这类教师能够充分发挥自身的能动性,根据轮岗学校学生的实际发展情况,主动发起并组织相关教学活动。轮岗教师 S 在进入轮岗学校之后,为了提升流入校学生的古诗文阅读素养,鼓励学生积极参与上海市的古诗文竞赛活动。此前 B 校在培养学生的古诗文阅读兴趣方面经验不足,很少有学生能够参与这一比赛,为此,轮岗教师 S 带领整个语文学科组的教师在学校中开展了一项集体辅导活动。轮岗教师 S 首先与共同体中的教师针对班级学生对古诗文的学习情况展开交流与协商,在此基础上为了使辅导更加符合流入校学生的需求,她组织整个语文学科组的教师展开集体研讨,经过教研组教师的齐心协力,共同编写出一套满足本校学生需求的古诗文鉴赏读本,此后活动的展开则是围绕这一具备共享意义的资料进行集体教研。

她带领整个年级组,先是通过集体编写试题测验并掌握学生的古诗文阅读情况,而后与备课组的教师围绕共同体编写的古诗文鉴赏专刊,以分工合作的形式,组织每一位教师轮流于每天中午的固定时间对学生进行古诗文义务性辅导。轮岗教师 S 身体力行,她首先对如何引导学生对古诗文进行赏析、从哪些方面进行赏析等问题进行了示范,如在引领学生疏通文章大意的基础之上教会学生把握文章中词类活动的现象以及对文章中的人物形象和主旨进行归纳等。两个星期的示范与指导之后,她也将年级组内的其他教师调动起来,组织整个年级组的每一位教师集体参与这一辅导活动,在全校范围内大面积有序地开展。

我就是带着整个备课组,包括其实整个语文其他各个年级组的,我们全都一起组织起来了。就是利用每天中午,对他们进行义务辅导,做了整整两个月的时间,一开始是以我为主的一个辅导,后来我说大家都轮一轮,都参与进来,今天我上哪几篇,明天你上哪几篇,大家一起来弄。然后讲给学生听,那么有的时候要默写一些诗什么的,都是一起来做。(RT-B-LSF15-C)

经过为时两个月的辅导,B校学生在全市的古诗文竞赛中取得了优异的成绩。这一活动不仅提升了学生古诗文阅读的兴趣与能力,与流入校教师合作共同搭建起古诗文辅导的平台与框架,更重要的是,活动带动了整个备课组的学习氛围,鼓舞了整个教研组老师的士气。

后来在11月份的闵行区古诗文竞赛中,有一位同学获得了一等奖,还有不少同学获得了二等奖,还有获得了三等奖的。就是说基本上去参赛的同学,几乎是全部都拿了名次,这对于当时他们这所学校来说是前所未有的。可以说我们帮他们把一个竞赛辅导的框架搭建起来了。当时整个教研组的老师都被带动起来了,大家都觉得特别有成就感,这是大家通过集体的力量共同完成的。(RT-B-LSF15-C)

总体而言,这类轮岗教师积极参与共同体实践,充分发挥自身的能动性。他们积极参与讨论,组织并带动其他教师参与共同体的实践,推动共同体向前发展,他们扮演着共同体领导者的角色。他们充分发挥自身的能动性,努力寻找可以使其自身的教育信念得以发挥的空间。这类轮岗教师在共同体中发挥能动作用,不仅自身积极参与共同体的实践,还能够推动共同体以及成员的发展。

三、流入校共同体对轮岗教师的接纳与支持

而除了轮岗教师个人,流入校对轮岗教师的接纳同样是轮岗教师实现从边缘走向中心的重要因素。B校做出了相应的调整以更好地帮助轮岗教师 S 发挥能动作用,在其走向中心的过程中尤为重要。在制度设计上,学校给这些轮岗教师提供一定的物质与资源支持,同时也给予他们相应的自主空间与专业信任,轮岗教师所在的共同体对轮岗教师多持友好、包容的接纳态度。

与 A 校校长不同,B 校校长本身也是一名交流轮岗的校长,由 C 校流动到 B 校支持学校的工作。B 校校长对于两校教师柔性流动这一举措非常重视,其为了更好地发挥轮岗教师的作用、调整学校的工作思路,在行政会上带领教师学习跨校流动的相关文件。他认为,学科教研需要循序渐进,通过校际课堂教学交流活动的形式,在互相听课、评课、说课等教研活动中,建立学科教师学习共同体,汲取轮岗教师的教研优势和经验,从而提高学校的教师教研活动质量。B 校校长本身作为交流轮岗过来的校长,对参与交流轮岗的教师颇能感同身受,对教师的意见也非常重视,这无疑为轮岗教师在流入校开展教学工作提供了支持与保障。

> 第一年的时候从我们学校轮岗过去一个校长,然后校长一个人就觉得好像孤掌难鸣,就教学这一块的示范引领作用不是很典型,他第一年工作的开展也比较艰难。那么第二年就回到学校来求援了,就把我们这些老师也派过去,他讲起来我们就是他的左膀右臂,跟学校的其他老师讲就是你们看这些老师怎么做,大家就以这些老师为榜样,对我们的工作也是非常支持。(RT-B-LSF15-C)

由于 B 校校长本身也曾任教语文学科,与同为语文教师的轮岗教师 S 之间能够经常展开交流,同时也非常重视古诗文阅读大赛,大力支持轮岗教师 S 组织和发起的古诗文阅读辅导活动。轮岗教师 S 指出,在她向校长提出要组织教师集体展开对学生进行古诗词辅导时,校长"欣然答应"拨经费支持这一教学活动的开展,同时还将学校正式的会议室作为专门的辅导室,供教师开展集体辅导活动。轮岗教师 S 用"上下齐心"来形容校长在这一过程对她的支持,这一支持与信任无疑给了轮岗教师较大的信心和鼓舞,让轮岗教师 S 感受到"我的一些想法在这里能够很好地受到尊重,并得到回应"。

> 学校给了我们很多支持,当时我们的校长自己也是语文教师出身,他自己也知道这个竞赛很重要,所以也很支持这个想法。无论是印资料还是要用那个会议室来上课,学校都非常支持。因为学校没有其他比较就近的教室,所以我们就选了离教室最近的大会议室,就学校正式的那个会

议室给我们做辅导，每天反正到那个点就把门开了给我们学生去做辅导，因为那里也有桌子，觉得这个也挺意外的，所以上下是非常齐心的，给我们这种支持力。（RT-B-LSF15-C）

除了学校领导者的支持，轮岗教师所处共同体的氛围也至关重要。轮岗教师S之所以能够走向中心在很大程度上也得益于新同事的接纳与支持。新同事并没有将其视为竞争对手抑或"敌人"，而是作为交流学习的朋友，相互扶持，彼此进益。

我们之间没有什么界限或是隔阂，老师人都很好，我觉得不管从外面来多少老师，都要自己参与进去，我们没有什么抵触的心理，你不能说他们教得好就让他们去好吧，她身上有很多值得我们学习的地方，既然有这个机会你肯定要多学习，你自己要敞开大门，这样是一个双赢的过程。（B-FWF7-C）

除了给流入校教师带来教学资源以及经验分享，在一定程度上帮助他们获得专业提升，轮岗教师S自己也感觉在与流入校教师互动的过程中有所收获，有"新的发现""新的感悟"。她在观摩其他教师课堂以及指导其他教师的过程中，也对自己以往的教学进行反思，发现"大脑里有许多框框"，与其他教师的交流也令她的教学视野有所开阔，走出以往的思维定式，更加深入、细致地思考以往认定的教学问题，在反思与互动中有所发现与创新。

我觉得在原来学校的时候很多知识自己觉得清楚了，但未必真的明白。到了交流轮岗的学校，你需要把你的经验说出来，要去指导其他教师做一些事情，比如听课、磨课过程中一些细节的知识，这个时候就迫使你去反思原先你没有意识到的一些教学模式或教学习惯，甚至是帮助你了解可能之前并没有真正搞明白的知识点。虽然在指导同事的过程当中，我花了一些时间，但是我觉得在不断地听课、磨课的过程当中，我自己也会有一些新的发现、新的感悟，我觉得蛮好。听完了以后会让我想得更细一点、更深一点，然后就会突然感觉自己有一些新的思考、新的规律，可能好像以前我没有想到这一点，现在发现这个点了，我觉得很有收获，自己参

与交流轮岗这一趟真的是值得的。(RT-B-LSF15-C)

不同学校教师之间的交流讨论、互助与互动,拓宽了彼此的专业视野与发展思路,促进了他们专业发展。接纳、合作的文化氛围让轮岗教师感受到团队的支持与力量。"我感觉自己不是一个人在战斗。"(RT-B-LSF15-C)在群体接纳以及持续探索的过程中,轮岗教师获得对共同体的归属感,具备更多表现自我、施展自我的机会,持续发挥自身的专业能量。

研究发现,积极参与共同体的轮岗教师之所以从共同体的边缘走向中心主要有以下三个方面原因:首先,轮岗教师自身对交流轮岗政策的理解直接影响其行动,他们将交流轮岗视为振兴薄弱学校发展的机会,同时也希望与不同学校教师相互交流学习,发挥自身的作用带动薄弱学校教师与学生的发展。其次,信任、开放的共同体氛围对轮岗教师的参与也起到了积极作用。在互动交流的过程中,轮岗教师感受到来自领导与同事的积极回应,使他们对共同体的归属感以及专业信心有所增强。其中,流入校教师对轮岗教师的开放、接纳的心态尤为重要,流入校教师放下抵触、抗拒的心理,主动向轮岗教师学习的态度较为关键。最后,研究发现,学校领导在轮岗教师走向中心的过程中发挥了较大作用。在轮岗教师进入共同体之初,学校领导就委托其担任年级组长以及教研组长,给予该教师充分的信任与专业自主权,这给了轮岗教师较大的信任,也让教师感受到认同与肯定,对轮岗教师积极参与共同体实践发挥引领作用有非常大的助力。

第五节　本章小结

本章考察了轮岗教师在流入校共同体中的不同参与类型与参与轨迹。个案研究发现,流动教师自身对交流轮岗政策的理解、所处共同体的文化氛围以及校长领导等多个因素之间的复杂性互动,导致轮岗教师在共同体中呈现出四种不同的参与样态,在这种四种类型中,以被动参与共同体实践的轮岗教师居多,而走向中心的轮岗教师领导者则较为罕见。具体而言,个案学校中轮岗教师共呈现出以下四种不同的参与类型:

第一类,停留于共同体边缘的消极参与。研究发现有部分教师游离于共同体的边缘,多数情况下,他们只关注自身的教学,而对共同体以及其他成员的发展处于旁观状态。他们往往扮演冷漠的政策执行者的角色,于他们而言,参与轮岗是他们被迫要做而不是主动选择要做的事情。他们在行为上服从学校的安排进入轮岗学校,但更多关注自身教室范围内的事务,而对教室之外的共同体以及共同体中其他成员的发展态度消极、处之漠然。这类教师选择主动放弃参与共同体的部分活动,将自己从共同体的决策以及事务中抽离出来,有意退居到共同体的边界位置。按照博尔齐洛等对个体在共同体中从边缘走向中心过程的阶段划分,这类教师往往停留于意识阶段。在意识阶段,边缘性参与者对实践共同体的兴趣主要源于个体想要知道自己是否以及如何能够从社群的实践中获益。[①] 杜比(Dubé)等也指出,参与者经常会经历一个自我选择的过程,他们会衡量和评价自己从参与实践共同体中获得什么以及他们能够为实践共同体做出什么样的贡献。[②] 很显然,就这类教师而言,他们将自己置身于"支援者"的位置,他们认为自身难以从参与交流轮岗的实践中有所获益。而这种边缘性往往是由轮岗教师自我加诸的,他们认为自身不属于流入校。

还有相当一部分教师表现为被动的部分参与。相较于第一类停留于共同体边缘的教师而言,这种有限参与较多的表现为其在外在力量推动下的被动参与以及有选择的部分参与。这类轮岗教师无意于引领并带动共同体成员的发展,主要以遵从共同体已有的规范和制度为主,他们较少主动表达自己的见解,不愿发起创新性教学实践。他们在互动的群体以及参与的事务上有所选择,回避可能会引发矛盾与冲突的老教师与敏感性议题。他们认为自己作为"外来人员",不便对共同体的事务过多干预。尽管这一类型的教师相较于前一类教师而言表现出更多的参与,但是他们仍然没有达到在共同体中承担

① Borzillo S, Aznar S, Schmitt A. A journey through communities of practice: How and why members move from the periphery to the core[J]. European Management Journal, 2011(1): 25-42.

② Dubé L, Bourhis A, Jacob R, et al. Towards a typology of virtual communities of practice [J]. Interdisciplinary Journal of Information, Knowledge & Management, 2006(1): 69-93.

领导责任的阶段。这一类型教师的参与样态更多源于轮岗教师自身以及与所处共同体的互动作用,这类轮岗教师更多将自身界定为"外来人员",因不具备指导其他教师的资格而选择袖手旁观。此外,他们对所处的共同体普遍缺乏安全感,其所处的共同体并没有为其营造信任与支持的氛围,他们担心自己对共同体事务的过多干预会影响其他教师对自身的判断,因而多数情况下选择"明哲保身"。

也有部分轮岗教师经历了从边缘逐步走向较多参与(如到达责任阶段)又返回边缘的参与轨迹。这类轮岗教师在进入流入校之初希望能够发挥自身的力量,与流入校教师展开互动,并带动共同体以及其他教师的发展。为此,他们主动分享自身的教学资源与经验,并发起创新性教学实践,在共同体中承担责任,发挥一定的作用。但是在进一步参与的过程中,他们遇到一系列冲突和矛盾,其发起的新的教学实践活动并没有获得领导的支持与认可,在学校中的话语权与决策权也较为有限,他们的能动性受到限制,其逐渐从承担责任退回到边缘位置,更多关注自身的教学事务。学校校长以及共同体的领导者对教师参与共同体实践有重要影响,校长与共同体的领导者如果能够与教师交流发展愿景,为教师提供学习资源并支持教师的创新,则有利于教师更积极地参与实践共同体。[1] 在个案学校 A 中,领导者并没有给予轮岗教师充分的信任与支持,轮岗教师与领导者之间缺乏有效的交流与沟通,导致其参与的积极性受挫。同时,教师在共同体内的参与和互动是一个双向的在新来者与既有成员之间建立关系的过程。这一方面受参与者自身能动性、参与意愿的影响,另一方面也取决于共同体既有成员的反应,那些能够被成员接纳、能够与成员产生积极的互动并建立起积极的情感体验的新来者更能深入参与共同体的实践。[2] 研究中发现,尽管有些轮岗教师愿意参与,但是他们与既有成员之间的消极性互动导致其受挫。同时,轮岗教师能够结合具体的情境转化形成符合

① Printy S M. Leadership for teacher learning: A community of practice perspective[J]. Educational Administration Quarterly, 2008(2): 187-226.

② Korte R. 'First, get to know them': A relational view of organizational socialization[J]. Human Resource Development International, 2010(1): 27-43.

流入校学生与教师需求的教学资源也是影响其获得合法性的重要因素。研究中,有些轮岗教师并没有充分获得同事与领导者的认可与肯定,是因为他们本身的教学建议与指导并没有很好地与本土情境相结合。

研究结果显示,只有少数的轮岗教师能够发挥能动作用,表现出对共同体实践的积极参与。就这类轮岗教师自身而言,他们本身对参与交流轮岗的态度较为积极,将其视为促进薄弱学校教师与学生发展、提高自身专业素养的机会。在交流过程中,他们将流出校的优质教学资源和教学实践引入流入校的学习共同体,并在教学实践以及与同侪的互动中将其转化为本土的教学资源,通过公开课示范、集体备课与评课等形式分享自己的教学经验,带动同侪教师的专业发展。同时轮岗教师能够结合流入校学生的实际发展,发起创新性教学实践,并引领其他教师集体参与实践,共同致力于改进学生学习。总体而言,这类轮岗教师在共同体中发挥能动作用,不仅自身积极参与共同体的实践,还能够推动共同体以及成员的发展。而这类教师之所以能够成为共同体实践的积极参与者发挥领导作用,也得益于流入校的支持与接纳。学校领导者对其开展教学活动的支持与肯定增强了他们参与的动力,而来自同事的接纳与包容也鼓舞了轮岗教师的深入参与。但是这类教师仍然没有真正到达博尔齐洛等所划分的构筑阶段,因为在构筑阶段涉及新的知识的产生,尽管轮岗教师 S 发起创新性的教学实践,但在这一过程中较少有新的知识的产生。

总体而言,轮岗教师在流入校中的不同参与形式是轮岗教师个人以及所处情境之间互动作用的结果。它在某种程度上具有一定的主观性,受轮岗教师个人参与的心态与动机以及能量发挥意愿的影响,同时又受制于流入校的制度支持、同伴接纳等情境性因素,在多种因素的互动之下,轮岗教师在边缘与中心的两个端点之间移动。

综合以上讨论,为了更为清晰地呈现每一位轮岗教师的参与形态,本书将参与受访的所有轮岗教师详细划分到其所归属的相应参与类型中(见表 6-1)。

表 6-1　不同参与类型的轮岗教师信息

轮岗教师的参与类型	轮岗教师个案信息
轮岗教师停留于共同体边缘的消极参与	RT-A-LSF7-E；RT-B-LLF8-C；RT-B-LQF15-C；RT-B-LSM16-E；RT-A-LCF11-M
轮岗教师被动的部分参与	RT-A-LLF27-M；RT-B-LXF20-M；RT-A-LCF10-C；RT-A-LQF16-E；RT-A-LCM17-M；RT-B-FYM15-M
轮岗教师"受挫"之下的非线性参与	RT-A-LYM12-M；RT-B-LCF16-E；RT-A-LWF19-C；RT-B-LQM17-M
轮岗教师对共同体实践的积极参与	RT-B-LSF15-C

第七章 研究总结

在知识经济与全球化时代,教师需要不断提高自身的专业素养以应对外部环境的诸多变化与要求。传统的教师专业发展模式已无法满足知识爆炸时代的要求。如何建立新的教师专业发展模式以实现教师持续的专业学习与发展一直是教师教育研究领域关注的核心问题。近20年来,一种新的教师专业发展模式逐步兴起并获得人们的重视,该模式的核心在于强调"合作""共同体""实践"。其强调在贴近教师的工作情境的基础上,成员之间通过彼此的互动与合作实现知识的流动,发展反思与批判能力,提升个体之间的互信与认同感。温格的实践共同体理论为学习赋予了新的意义,它重视学习过程中的协商、合作与反思等要素,提出"合法的边缘性参与"的概念,强调实践共同体中的情境学习与实践思维的重要性,让学习回归到个体与同侪之间的互动与协商过程。实践共同体强调的情境性学习、意义的协商与呈现、身份的归属与认同等为研究提供了明确的方向。

本书从实践共同体的视角,探讨在中国教师交流轮岗政策背景下轮岗教师如何与流入校教师展开互动与合作,轮岗教师如何参与流入校共同体的实践,以及他们呈现出何种参与形态,本章将围绕这些问题做进一步讨论。首先将总结田野调查中的主要研究发现;以回应研究的核心问题。在此基础上,结合相关理论对研究发现进行反思和比对,进而回应现有研究并阐述本书的理论贡献与实践意义。最后将反思本书的局限性并提出未来可能的研究方向。

第一节 研究结论

本书主要关注在中国教师交流轮岗政策背景下,轮岗教师与流入校教师互动合作的过程,探讨轮岗教师进入流入校之后如何与其他教师展开互动以及在共同体中的参与形态。研究基于莱夫与温格的实践共同体理论和合法的边缘性参与理论的概念框架,主要围绕以下三个核心问题展开:

第一,我国教师交流轮岗政策背景下,轮岗教师如何与流入校教师分享其教学资源?

第二,在交流轮岗过程中,轮岗教师如何与流入校教师展开互动?

第三,轮岗教师与流入校教师及所处情境的互动如何影响轮岗教师在教研组中的参与进程?

本书采取质性研究的个案研究策略,选取上海市两所初级中学作为研究对象进行田野调查。研究者从两所个案学校共选取 38 位不同学科背景、教龄以及职位的教师进行深入访谈。本书重点分析了轮岗教师与流入校教师之间的实践共享、沟通规范以及轮岗教师的参与形态。鉴于前述三章对轮岗教师与流入校教师的互动合作过程已有较为详细的描述,本节将总结主要研究发现并归纳研究结论。

一、研究发现

以下将从轮岗教师与流入校教师之间教学实践的共享、互动的规范以及轮岗教师的参与形态三个方面进行总结。

(一)轮岗教师与流入校教师之间的合作目标与实践共享

本书基于实践共同体理论,通过对上海市 A、B 两校中轮岗教师与流入校教师的互动情况进行考察,发现轮岗教师与流入校教师之间的合作目标与实践共享呈现出以下特点。

第一,轮岗教师与流入校教师之间并没有充分建立起联合的愿景与目标。研究发现,外在升学与考试的巨大压力,使轮岗教师与流入校教师的互动合作主要围绕应试目标展开。两校教师日常集体教研的重心多聚焦于明确教学单元的重点与难点,分析考点内容,规划整个备课组的教学进度。尽管都受制于外在的升学压力,轮岗教师与流入校教师的合作目标并不总是处于契合的状态。由于轮岗教师在流入校的停留时间较短(多为一年),且面临来自流出校与流入校校长的期望及教学考评等多重压力,他们更倾向于追求教学成绩在短时间内的迅速提升。相较之下,流入校教师虽然同样重视学生的学业成绩,但是他们并不完全以牺牲学生的学习兴趣为代价,且更关注学生的长期发展。

第二,轮岗教师与流入校教师合作的教研内容受到规约。交流轮岗政策下的教师互动交流处于结构化的教研体系框架之下。区教研室负责统筹和主导片区内的教研主题与方向,而学校的教研组或备课组则负责落实具体的教研活动。区教研室制定的教研主题以及教学目标,虽有助于提升教师教学与学习的理论高度,但是也导致同一片区教师的教学理念与模式呈现出一定的同质性。教师往往更倾向于表现出为教研员所认同的教学理念与模式,缺乏多元性。教师之间的讨论更多是在既定的框架下进行零散的创新,在这种结构化的互动框架下,教师发挥能动性的空间较为有限。总体而言,片区内不同学校之间在整体教学理念与模式上并不存在较大差异,主要的不同体现在具体的教学技巧与方法上,轮岗教师与流入校教师之间的对话空间受到压缩,更倾向于表现出符合教研员理念的教学行为。

第三,面对割裂的教学目标和受到规限的教研内容,轮岗教师与流入校教师之间的互动交流受到一定的形塑与规约,其教研更多是为了完成升学目标,并表现出被教研员认同的教学行为,而非进行教学的反思与创新。多数轮岗教师与流入校教师的互动交流缺乏深度的合作与集体探究。这在两校教师实践共享的方式中表现得尤为明显。研究所见,两所个案学校轮岗教师与流入校教师实践共享的方式主要有三种:一是教学知识的直接转移;二是基于流入校课堂情境的教学示范与指导;三是合作互动中有限的意义生成。这三种实践共享的方式,以前两者居多,而第三种教学意义的生成则相对较少。

在教学知识的直接转移中,轮岗教师将流出校的资源直接引入流入校。轮岗教师主要基于自己以往的经验向流入校教师提供他们认为行之有效的教学方法,并没有深入分析两校学生在知识基础与学习能力等多方面的差异。在基于流入校课堂情境的教学示范与指导中,轮岗教师亲身示范自身的教学思路与过程,为流入校教师提供情境化的示范与指导。这一方式有助于流入校教师理解教学知识与策略在课堂情境中的具体应用,但是由于这种示范与指导多发生于公开课、汇报课等展示课中,区教研室重视的教学理念与教学取向往往受到推崇,轮岗教师帮助授课教师反复打磨教学设计,以迎合区教研室倡导的教学取向,两者之间的探究性互动相对较少。总体来看,不论是教学知识的直接转移还是基于流入校课堂情境的教学示范与指导,都较多体现为轮岗教师对流入校教师教学技艺的单向影响。由于缺乏深入的协商与交流,轮岗教师的教学经验未必能在流入校获得良好的效果。而在第三种合作互动的方式中,轮岗教师不仅提供流出校的教学资源与经验,还与流入校教师共同研讨,根据流入校学生与教师的实际需求做出调适与修订。同时,教学中的异质性观点受到重视并被充分利用,通过对冲突性观点的碰撞与交流,新的意义得以建构。在这一实践共享的方式中,轮岗教师与流入校教师都获得一定程度的专业发展。然而,这一实践共享的方式在个案中相对较少。

(二)轮岗教师与流入校教师的互动规范

轮岗教师与流入校教师之间的互动规范是影响两者合作的重要因素。研究通过分析沟通规范,探讨轮岗教师与流入校教师之间的互动与协商过程,发现他们之间呈现出不同类型的沟通模式。

第一,轮岗教师与流入校年轻教师的互动呈现出主导—被主导的互动关系。尽管轮岗教师是新来者,但由于其外校派出的支援教师的身份以及在教学经验上的优势,他们在与年轻教师的互动中常占据主导地位。研究发现,在轮岗教师与年轻教师的互动中,轮岗教师多负责分配任务、年轻教师负责执行,或年轻教师提问、由轮岗教师解答。除了受轮岗教师支援者身份以及教学经验差距的影响,"师徒"关系的束缚也使不少年轻教师对轮岗教师表现出顺从。在交流过程中,不少年轻教师选择主动让出或放弃自身的话语权,不愿在作为"师傅"的轮岗教师面前表达自己的观点。

第二,轮岗教师与资深教师的互动中存在一定的矛盾与冲突。具体体现在轮岗教师与教研组长、经验丰富的老教师以及学校领导者之间的互动关系上。轮岗教师与教研组长之间的互动关系是影响教师之间互动合作的重要因素。教研组长因经验、年龄以及职务所赋予的权力等诸多因素，在教研组的互动中往往占据主导地位。在部分共同体中，教研组长对轮岗教师持较为接纳的态度，能够尊重轮岗教师的观点，并与其有效分享教学资源与经验，表达不同见解，对教学议题进行深入讨论。但是研究也发现，一些共同体处于集权式的领导之下，教研组长掌握着整个教研组的讨论方向和决策权，而其他教师在决策中往往缺乏充分参与。虽然轮岗教师与其他教师可以参与讨论，表达自己的见解，但是最终的决定权始终掌握在教研组长手中。有些教研组长并没有对轮岗教师持包容与接纳的态度，反而把轮岗教师在共同体中的积极参与，如提出不同的教学想法或发起新的教学实践等，视为对其话语权以及既有利益的挑战。为了"捍卫"共同体原有的互动与实践模式，部分教研组长对轮岗教师表现出不信任甚至"排斥"的态度。

轮岗教师与经验丰富的老教师之间的互动关系中也存在一定的矛盾。与新手教师不同，这些资深的老教师教龄较长，已经形成较为成熟的教学思路与模式，具备与同样经验丰富的轮岗教师进行博弈的专业资本。在多由年轻教师组成的共同体中，轮岗教师通常能占据主导地位。但是对于教龄较长且已经形成固定的教学习惯与模式的老教师而言，许多老教师不愿做出改变。为了捍卫自己在共同体中的核心位置并保护现有的教学和互动模式不受威胁，他们对轮岗教师提出的可能改变自身现状的教学理念表现出抗拒。尽管有些轮岗教师愿意提出自身的教学想法与建议，但由于共同体成员过于固守现有的制度与规范，轮岗教师的能动性受到限制。

此外，流入校的领导者在轮岗教师顺利融入学校并发挥能动作用的过程中扮演重要角色。研究发现，部分校长缺乏对轮岗教师的充分赋权与信任，对轮岗教师提出的教学建议以及教学实践活动的发起与组织等并没有给予积极回应，没有为轮岗教师施展专长创造一个接纳与支持的环境，导致他们参与实践活动的热情与积极性受挫，对学校的认同感与归属感较低。

第三，轮岗教师与流入校教师之间更注重建立和谐的同事关系。在融洽与支持性的共同体氛围中,两校教师能够开诚布公地交流意见,基于相互信任和包容展开对话与讨论。即使在交流中出现冲突与争论也不会破坏彼此的合作关系,反而促进了教师之间的合作,增强了彼此的信任。研究也发现,轮岗教师与流入校教师之间在群体的表达方式上,往往过于重视和谐,强调发展共识,缺乏多元表达,避免潜在的矛盾与冲突。成员倾向采用委婉或模糊的言辞以避免可能的不和与争议,有些教师甚至可能会隐藏自己的真实见解,或者支持自己并不认同的观点,以维持与其他同事的"和谐"关系。

（三）轮岗教师的多元参与形态

轮岗教师在流入校与其他教师的互动中呈现出不同的参与形态,研究发现主要包括四类不同的参与类型。

第一,轮岗教师停留于共同体边缘的消极参与。在个案学校中,部分轮岗教师在进入流入校后停留于共同体的边缘,他们对交流轮岗政策以及自身能够发挥的作用表现出消极的态度。事实上,这类教师多是通过"校长谈话"的方式被迫加入交流轮岗的队伍,他们并没有主动参与交流的意愿,但是迫于校长压力以及职称评定等要求加入交流队伍。外在压力之下,他们服从学校安排进入轮岗学校,但是在进入流入校之后始终存在抵触和消极的情绪。他们很少与共同体中的其他教师互动,更多关注自己班级的课堂教学和教学成绩的提升,对其他成员以及事务漠不关心。作为"局外人",他们主动放弃参与共同体的活动,将自己置身事外,有意选择停留于共同体的边缘位置,这种边缘性往往是由轮岗教师自我加诸的。根据博尔齐洛等对个体在共同体中从边缘走向中心过程的阶段划分,这类教师多停留于意识阶段。

第二,轮岗教师表现为被动的部分参与。与第一类停留于意识阶段的轮岗教师相比,这类教师从意识阶段到达第二个阶段即分配阶段的初始阶段。在这一阶段,他们能够与其他成员分享自身的经验,但是这种交流多是在外部成员的推动下进行的,他们自身不愿意主动与其他成员互动,不愿在共同体中承担责任,因而又尚未完全进入分配阶段,仍不属于共同体中的积极参与者。这主要表现为他们在流入校对共同体实践的参与较多属于外部力量推动下的被动参与以及选择性的部分参与。一是这类轮岗教师无意引领共同体中其他成员的发展,多数情况下他们以遵守和服从共同体既有的制度与规范为主。二是他们在参与的过程中表现为选择性的部分参与。这主要体现在他们对互动的群体以及参与的事务有所选择。在互动的群体上,他们更愿意与能够听取自身建议的年轻教师交流,而与经验丰富的资深教师互动时则持谨慎态度。在参与的事务上,他们会刻意回避共同体中涉及话语权或微观政治的相关议题。三是这类轮岗教师将自己视作"外来人员",担心自己过多参与或干涉会引起其他教师的抗拒与抵制,因而他们通常选择保持"明哲保身"的态度。

第三,还有相当一部分轮岗教师表现为"受挫"之下的非线性参与,他们经历了从边缘走向更多参与(并未完全到达中心)又返回到边缘的参与轨迹。这类轮岗教师对参与交流轮岗的态度较为积极,将其视为与不同校教师交流学习和实现专业发展的机会。他们不愿意停留于共同体的边缘位置,他们希望能够发挥自身的力量,组织并带动其他成员的发展。在进入共同体的初始阶段,他们能够主动分享自己的教学资源与经验,随着参与的不断深入,他们逐步获得成员的信任,在共同体中承担越来越多的责任。但是在深入参与的过程中,他们遇到了一系列困难与挑战。一方面,缺乏来自领导者的信任与支持是影响其参与的一个重要因素。在个案学校 A 中,轮岗教师 Y 通过为组内教师提供教学上的指导并带领教师参与集体教研活动,受到其他教师的认可,获得了同事的信任与支持。当他想进一步参与并在共同体以及学校发挥更大的作用时,却遭遇了重重困难。他发起的新的教学实践活动并没有获得领导的支持与认可,同时在学校中的话语权与决策权也较为有限,这使他进一步参与的积极性受挫。在多次受挫之后,轮岗教师 Y 不愿意再主动表达自己的见解,而是较多表现为被动的有限参与。从轮岗教师 Y 的参与轨迹来看,他曾从边缘阶段到达责任阶段,但是在进一步参与的过程中遭遇挑战,而又返回到初始的分配阶段。另一方面,来自共同体其他成员的回应是影响轮岗教师参与的另一个重要因素。研究发现,轮岗教师 Q 承担了备课组长的工作,他主动分享自己的资源与经验,通过公开课堂、组织同课异构等教研活动在共同体中发挥作用,带领其他成员的发展。同时,他也遇到了诸多矛盾与挑战,尽管他尝试将自己的教学经验带到流入校,但是共同体中部分成员的"不理睬"与

"不回应"让其陷入了"失语"境地。研究还发现,轮岗教师在共同体中之所以"寻求地位而不得",除了受流入校教师的抗拒与抵制,轮岗教师能否结合具体的情境将教学资源(如教案、教学理念、教学方式等)转化成符合流入校学生与教师需求的有效资源也是影响其获得合法性的重要因素。研究发现,有些轮岗教师参与的合法性遭到拒绝,是因为他们的教学建议与指导并没有在本土情境中得到有效应用。这些轮岗教师感受到自身不受重视与信任,未获得同侪教师的认可,而又退回到共同体的边缘位置。总体来看,这类轮岗教师曾从意识阶段短暂地走向责任阶段,但是遇到挑战后未能成功克服,最终又返回至初始的分配阶段。总体而言,这类教师呈现出与前两类轮岗教师不同的参与轨迹,他们的参与轨迹是非线性的。

第四,个案中少数轮岗教师呈现走向中心的趋势,表现为对共同体实践的积极参与。从参与交流的心态与动机上,他们希望通过交流轮岗为薄弱学校的教师与学生发展贡献自己的力量,也期待在与不同学校教师的跨校交流中实现自身的专业学习与发展。进入流入校之后,他们积极参与教学讨论,与其他成员建立起平等而紧密的同事关系,在教学上能够发挥自身的专业引领作用,赢得了其他同侪教师的尊重与认可。一是在教学上能够根据学生与教师的需求进行调适与创新,为其他教师提供情境化的示范与指导。在全面了解流入校学生的学业水平和教师需求的基础之上,他们对以往的教学资源与经验进行调适与创新,通过公开课示范以及集体的教学活动帮助其他教师将教学知识与自身的课堂教学结合起来,带动同侪教师的专业发展。二是他们还能够根据流入校学生与教师的实际学习需求,发起创新性的教学实践,组织并引领其他教师的共同参与。在这一过程中,轮岗教师与流入校教师的专业知识与技能都获得一定程度的提升,共同体的整体学习氛围有所改善。除了轮岗教师自身的能动作用,流入校学习共同体的支持也至关重要,如为轮岗教师提供一定的物质与资源支持、给予轮岗教师充分的自主权与专业信任,这些都是他们能够走向中心的重要因素。然而,这类教师仍然没有真正到达博尔齐洛等所划分的构筑阶段。因为在构筑阶段涉及新的知识的产生,在个案学校中轮岗教师虽然组织并尝试发起创新性的教学实践,但在这一过程中很少有新的知识产生。

二、研究结论

基于以上研究发现进一步归纳总结，得出以下主要研究结论。

(一)两校教师缺少充分的基于流入校教学情境的互动与协商

轮岗教师与流入校教师之间的教学互动受制于升学考试的压力，教师们在合作的目标上都颇为关注学生的学习成绩。轮岗教师面临着流出校与流入校的双重期待与压力，学校希望他们能够在交流轮岗的一年时间内提升薄弱学校的教学效果。在外部升学目标的压力之下，不少轮岗教师试图通过"操练"等方式，期望在短时间内提高学生的成绩。相较而言，流入校教师在关注学生当下成绩的同时也会关注学生在初中阶段的整体发展。在结构化的教研体系之下，区教研室制定的教研主题以及教学目标虽然有助于提升教师教学与学习的理论高度，但也导致同一片区教师的教学理念与教学模式趋同，压缩了轮岗教师与流入校教师的对话空间。在以考试为导向的外部目标以及教研部门主导的学习目标的影响下，轮岗教师与流入校教师之间的互动合作方式也受到了影响。研究发现，轮岗教师与流入校教师之间的实践共享方式主要表现为为轮岗教师主导下教学知识的直接转移、基于流入校课堂情境的教学示范与指导以及合作互动中的意义生成三种方式。以上三种知识共享与创新的路径都在轮岗教师与流入校教师的互动学习中发挥重要作用。轮岗教师主导下教学知识的直接转移是将流出校的教学资源直接带到流入校，传递的是没有经过充分本土化的资源。由于两校学生在知识与能力基础方面存在的差异没有得到充分的考量，教学资源在流入校未能达到理想的效果。这也进一步说明，在不同共同体中获得的教学经验如果不能通过有效的协商与调适，并不能直接分享给其他共同体的教师。基于流入校课堂情境的教学示范与指导则是由流入校教师进入轮岗教师的课堂，观察其教学，了解教学知识与策略在课堂情境中的具体应用。在这一过程中，轮岗教师将自己的教学知识置于真实的教学情境中，帮助流入校教师更好地理解自己的思维过程与策略，将知识转译为可以流动与共享的资源。但无论是教学资源的分享还是教学经验的示范,都较多地表现为知识从轮岗教师向流入校教师的单向传递,而缺乏深入的意义协商以及新知识的创生。理想的情况是,轮岗教师与流入校教师的互动学习不仅体现为知识的传递与共享,还应通过合作互动实现意义的生成。研究发现,轮岗教师与流入校教师之间缺乏充分的协商与合作,较少呈现出有意识的集体探究,仅少数教师之间能够进行较为深入的反思与研讨,实现新知识的创生。总体而言,轮岗教师与流入校教师之间的互动多体现为轮岗教师向流入校教师单向传递教学资源与经验,以分享既定的实践经验为主,而缺少基于流入校教学情境的深入探究与新知识的建构。如何实现知识的双向流动,将两校教师的互动关系从单向的指导转变为共同学习与探究的合作关系,是进一步思考的方向。

(二)两校教师的意义协商过程:和谐状态之下的矛盾

轮岗教师与流入校不同类型教师的互动关系呈现出不同的沟通样态。轮岗教师与流入校共同体内年轻教师的互动呈现出主导—被主导的互动关系。轮岗教师作为外校派出的支援教师,尽管是新来者,但是其"支援教师"的身份以及在教学经验上的优势使他们在与年轻教师的互动中多占据主导地位。在与年轻教师的互动中,基本是按照轮岗教师分派任务、年轻教师听从安排并执行的模式进行。但是在面对共同体中的资深教师(如学校领导、教研组长以及同样具备丰富教学经验的老教师)时,轮岗教师与这类教师的互动模式则有所不同。在主要由年轻教师构成的共同体中,轮岗教师很容易成为社群的主导。但是在与教龄较长且已经在共同体中占据一定地位的资深教师的互动中,两校教师往往存在话语权的博弈。一些资深教师往往为了捍卫自己在共同体中的中心地位而对轮岗教师表现出拒绝与排斥。而轮岗教师本身也在与这类教师的互动中表现得更为谨慎,不愿过多发表相左意见以避免潜在冲突。此外,校长在轮岗教师顺利融入学校、发挥专业影响力的过程中扮演着重要角色。部分流入校的校长虽然希望轮岗教师在学校中主动分享经验以带动教师与学生发展,但又缺乏对轮岗教师的充分信任与赋权。轮岗教师缺少发挥专长的自主空间,其参与和引领共同体实践活动的意愿与热情也因此受到影响。

整体上来看,轮岗教师与流入校教师的互动多倾向于保持和谐的状态。

为了保证交流轮岗任务的顺利实施，多数轮岗教师与同侪教师之间建立起和谐、融洽的同事关系。这一关系带给教师较好的情感体验，也让教师间的经验分享与观点交流得以顺利进行。但值得注意的是，成员间过于强调发展共识、注重和谐与一致，也会导致异质性的观点偏少，少有真正而深入的碰撞与交流。与此同时，尽管表面上保持着和谐的同事关系，但轮岗教师与共同体原有的领导者或资深教师之间依然可能存在潜在的矛盾以及话语权的博弈。这些内隐的"矛盾"与"博弈"影响两校教师之间的互动，导致教师之间相互介入的程度还不够。虽然根据莱夫和温格的观点，这些都是"新来者"融入新共同体时不可避免会经历的过程，但只有关注并解决这些问题，将教师之间表面的和谐转化为真正的紧密与认同，才能实现切实有效的合作。

（三）轮岗教师在共同体中的参与形态表现为非线性与多元性

受轮岗教师个体特点与所处共同体情境等多元因素复杂互动的影响，轮岗教师在流入校的参与过程呈现出多元性与非线性的参与轨迹。

在个案学校中，轮岗教师在共同体中的参与呈现出不同的参与类型，一部分教师表现为停留于共同体边缘的消极参与，他们对共同体事务的参与程度较低，更多情况下表现为共同体中的"局外人"。这类轮岗教师将自己视为交流轮岗中的"过客"，主要关注自己教室内的事务，而很少关注共同体以及其他成员的发展。他们认为，自己很难从互动交流中有所获益。因为在流入校的时间较短，他们认为自己对促进流入校教师的发展方面作用有限。这类轮岗教师避免参与核心事务，其"局外人"的定位更多是轮岗教师自我加诸的。这类轮岗教师大多处于意识阶段，通过外部行政力量的干预被动加入交流轮岗的队伍，他们并没有在流入校中找到能够促进自己学习与提升的议题。他们更多将自己定位为"支援者"的角色，将流入校教师视为需要帮扶的"受援者"，认为与流入校教师之间更多是单向地经验分享，因而不愿意更加深入地参与对话。

一部分轮岗教师表现为被动的部分参与。他们往往以服从共同体已有结构与规范、被动适应当前的环境为主。这类轮岗教师的参与形态更多表现为边缘性参与。这类教师本身并没有引领流入校教师发展的意愿，加之对流入校共同体缺乏安全感,他们选择性地参与部分实践,避免参与核心事务,以维持自己在共同体中的边缘位置。这类轮岗教师的参与程度相对高于第一类停留于共同体边缘的轮岗教师,已经从意识阶段走向初始的分配阶段。虽然他们能够分享自己的知识与经验,与其他成员进行一定程度的交流,但是由于缺乏主动参与和承担责任的意愿,他们的参与多是在外部力量如共同体领导者或其他成员的推动之下的被动参与。因此,他们在共同体中发挥的作用依然有限,尚未成为共同体中的积极参与者,仍未能充分进入分配阶段。

　　研究中也有相当一部分轮岗教师表现为从边缘走向更多参与(如进入责任阶段)而后又返回至边缘的参与轨迹。这类轮岗教师在进入流入校的初始阶段愿意积极参与共同体的事务,主动分享自己的经验,并组织共同体成员参与集体的教研活动,在共同体中承担一定的责任。但是随着他们参与的进一步深入,其发起的新的教学实践活动与提出的教学建议等并没有获得领导者和其他教师的充分支持与认可。一方面流入校的领导者和共同体的其他成员并没有为轮岗教师能动作用的发挥提供一个信任与支持的有利环境,另一方面轮岗教师提出的教学建议与经验缺乏与本土教学情境的充分结合,这导致他们的参与缺乏合法性,没有得到足够的认可,使其在进一步参与的过程中遭遇挫折。这一类教师曾从意识阶段短暂地走向责任阶段,在这一过程中他们表现出较为积极的参与以及学习意愿,将交流轮岗视为两校教师学习的机会,主动分享经验并通过组织教研活动带动其他教师发展。但是,由于缺乏来自领导者和同事的支持,以及其提出的建议与经验并没有获得原有领导者和成员的认可等,他们并没有获得进一步深入参与的合法性,故而,在较短的时间内他们又返回至初始的分配阶段。总体而言,研究中大部分轮岗教师处于分配阶段的初始阶段。

　　少数教师呈现出走向共同体中心的参与轨迹(尽管尚未完全到达中心)。相对其他轮岗教师而言,积极参与共同体实践的轮岗教师 S 是其中一个相对较为成功的案例。尽管从严格意义上来讲,轮岗教师 S 也并没有充分进入共同体中心,实现完的参与,但她的参与经历仍有较高的借鉴价值。在交流轮岗的过程中,她真诚地分享自己的教学经验,组织学校教师集体参与,共同开展创新性的教学实践活动,不仅帮助学生获得发展,也使整个教研组的学习氛围得到改善。由于这一过程较少有新知识的碰撞与生产,轮岗教师 S 仍然没有充分进入合法的边缘性参与的构筑阶段。尽管如此,相比其他经历较为挫折的轮岗教师而言,她的经历仍有较多可参考之处。首先,就轮岗教师的交流心态而言,轮岗教师 S 保持积极乐观的心态,将交流轮岗视为更新自身知识结构、实现专业发展以及帮助薄弱学校儿童发展与学校改进的重要途径。其次,面对截然不同的教学情境,她根据流入校学生的实际情况,反思自己以往的教学理念,重新设计教案并调整教学模式。通过对自我的重塑与调整,对新的教学情境进行了再适应。再次,在自身的教学专长获得认可的基础上,轮岗教师 S 对其他教师的协助与引领获得了同侪教师的尊重与信任,这也是其深入参与的重要因素。轮岗教师 S 将自身的知识与经验显现化,与其他教师展开交流并改进教学实践。研究发现,当轮岗教师带领教师取得一定的教学成绩或获得较受认可的奖项(如在市级古诗文竞赛中获奖)时,更易获得流入校教师的认同。最后,轮岗教师的经验与知识能够在共同体成员之间流动并生成新的知识,离不开其所处的共同体的同事和领导者的支持。哈格里夫斯指出,在"安排的合作"(arranged collegiality)中,通过有意识地安排改变人们的交流方式或组织的结构,可以为教师之间的共同学习与合作创造机会,从而重塑文化与实践。① 如何回应轮岗教师与流入校教师对交流的期待,如何为跨校教师合作提供联结与支持,为教师之间的有效对话创造条件,并帮助教师之间建立积极的关系,通过目标建立、资源支持、促进创新等激励教师走向深度参与,领导者在其中扮演关键角色。

综合以上讨论,为了更清晰地呈现每一位轮岗教师的参与形态,本书对文中呈现的所有参与受访的轮岗教师的参与类型、阶段以及特征进行详细划分,并将内容整理成表 7-1。

---

① Hargreaves A. Push, pull and nudge：The future of teaching and educational change[M]// Zhu, X, Zeichner K. Preparing Teachers for the 21st Century. Heidelberg：Springer，2013：217-236.

表 7-1 轮岗教师的参与类型、阶段与特征

轮岗教师的参与类型	参与阶段	特征	轮岗教师个案信息
轮岗教师停留于共同体边缘的消极参与	意识阶段	"被迫"参与交流轮岗	RT-A-LSF7-E；RT-B-LLF8-C；RT-B-LQF15-C；RT-B-LSM16-E；RT-A-LCF11-M
		仅关注自身课堂教学	
		很少参与共同体的事务	
轮岗教师被动的部分参与	初始的分配阶段	被动参与，无意做领导者，以服从既有规范为主	RT-A-LLF27-M；RT-B-LXF20-M；RT-A-LCF10-C；RT-A-LQF16-E；RT-A-LCM17-M；RT-B-FYM15-M
		选择性的部分参与，在参与内容与互动群体上有所选择	
		将自己定位为"外来人员"	
轮岗教师"受挫"之下的非线性参与	由意识阶段短暂走向责任阶段而又返回至初始的分配阶段	在初始阶段表现出参与的积极性并尝试在共同体中承担责任	RT-A-LYM12-M；RT-B-LCF16-E；RT-A-LWF19-C；RT-B-LQM17-M
		因缺乏领导者、同事的信任与支持以及自身专长不受认可等阻力，承担责任的积极性逐渐减弱	
轮岗教师对共同体实践的积极参与	从意识阶段走向构筑阶段，但未能充分进入到构筑阶段	具备积极的交流轮岗心态	RT-B-LSF15-C
		在教学专长上受到认可	
		主动承担责任发起与组织创新实践活动	

第二节 理论贡献与政策建议

本节将基于主要的研究发现与研究结论对当前国际相关学术讨论做出理论回应。根据田野调查中浮现出的主题，深入探讨轮岗教师与流入校教师合作互动的过程，提出本土化的理解，并提出相应的政策建议。

一、理论贡献

(一)对实践共同体视角下教师互动合作的回应

在追求联合事业的层面，两校教师的合作目标并不是经过彼此互动协商

建立起来的,而是服务于外部的升学目标。温格所定义的联合的愿景,强调通过成员之间的协商而共同建立。这种协商性意味着这一共享的事业具有一定的动态性与过程性,通过成员持续协调与沟通而逐步建立。这一目标指引成员的行为,为个体之间的合作提供凝聚力与推动力。[①] 在研究中,两校教师的合作都围绕升学目标展开,但轮岗教师因为交流的时间有限,且面临流出校与流入校对学业成绩要求的双重压力,部分轮岗教师更重视短期内学生成绩的提升。当教师并不具备共商目标时,轮岗教师与流入校教师围绕各自的学习目标进行个体的生产,彼此之间难以进行有效的碰撞与交流。在结构化的教研体系下,教师教研的主题与内容受到一定程度的限制。由于对教师学习的目标与内容的评价始终掌握在外部力量(如教研员)的手中,教师在追求外部定义的学习目标与标准的过程中,缺乏足够的对话与探究的空间。这进一步回应了福布斯(Forbes)和斯坎普(Skamp)以及温格、麦克德莫特与斯奈德的研究,群体的目标如果不能经过共同体内部成员之间的互动与协商达成一致,那么这一目标无法转化为共同体成员的共同追求,因而也无法产生协同增效的效果,难以建立成员对彼此发展的责任感。[②]

在共享智库的建立方面,成员之间较少生成新的人工制品。共享的智库是成员在追求联合事业的过程中,通过彼此之间的互动而生产出的一系列可供成员协商意义的资源。斯克莱布纳(Takahashi)、索耶(Sawyer)、沃森(Watson)与迈尔斯(Myers)提出,根据资源生成的方式可以将人工制品划分为预设的人工制品(designed artifacts)与生成的人工制品(emergent artifacts)。在成员互动以及社群发展的过程中,生成的人工制品会逐步取代

① Wenger E. Communities of practice: Learning as a social system[J]. Systems Thinker, 1998 (5): 2-3.

② Forbes A, Skamp K. Knowing and learning about science in primary school 'communities of science practice': The views of participating scientists in the *MyScience* initiative[J]. Research in Science Education, 2013(43): 1005-1028; Wenger E, McDermott R A, Snyder W. Cultivating Communities of Practice: A Guide to Managing Knowledge[M]. Boston: Harvard Business Press, 2002.

预设的人工制品。[①] 但是在研究中,轮岗教师更多是将已有的资源如流出校的教案、课件以及考卷等单向传递给流入校教师,而两校教师较少针对如何使用这些人工制品展开协商,这些资源并没有通过持续的互动过程得到有效共享,也没有生成新的资源。共享的智库本身并不能独立共享或生成,它存在于成员之间的互动关系中。[②] 由于缺乏深层的互动与探究,轮岗教师与流入校教师在交流过程中生成的人工制品相对较少,多数情况下更多表现为轮岗教师对自身既有资源与经验的单向传递。

在共同体中,存在多元的互动关系。轮岗教师与流入校的新教师、轮岗教师与资深教师(如经验丰富的老教师、教研组长或备课组长、学校领导)之间呈现出多元复杂的互动模式。而不同个体之间的互动体现了成员间的等级性、矛盾性以及竞争性。从研究中我们发现,轮岗教师在与较为年轻的新教师的互动中,明显处于主导地位,很多新手教师选择直接放弃自己的话语权,即使并不认同轮岗教师的观点,但考虑到轮岗教师作为自己指导师傅的角色与地位,也保持沉默。轮岗教师在与这些年轻教师的互动中明显更容易占据主导地位。与吉斯等的研究相似,在经验教师与年轻教师的互动中,轮岗教师主要负责提供教学资源和制订教学计划,而年轻教师则执行轮岗教师的安排,两者之间更多体现为领导与被领导的关系,而非平等的合作对话关系。

而从轮岗教师与较为年长的资深教师的互动中,我们发现,轮岗教师在走向共同体中心的过程中面临诸多挑战。在参与共同体实践的过程中,轮岗教师尝试将自己在流出校的经验引入并分享给流入校的教师,帮助他们在教学实践中进行改进。轮岗教师在参与实践的同时,也在逐步建立自己在共同体中的身份,如从一个边缘参与者逐渐发展成为在共同体中发挥作用、引领团队的领导者。尽管他们的参与可能给所在共同体教师的教学实践带来一定程度

---

① Scribner J P, Sawyer R K, Watson S T, et al. Teacher teams and distributed leadership: A study of group discourse and collaboration[J]. Educational Administration Quarterly, 2007 (1): 67-100.

② Takahashi S. Co-constructing efficacy: A "communities of practice" perspective on teachers' efficacy beliefs[J]. Teaching and Teacher Education, 2011 (4): 732-741.

的提升,但也可能对共同体既有成员的关系模式与互动规范造成一定的冲击。正如福克斯(Fox)所强调的,既有熟手与新来者之间可能存在权力冲突,其中隐含着矛盾、改变以及取代的可能性。[①] 研究结果进一步印证了这一观点。在逐步参与的过程中,随着部分轮岗教师在共同体中承担越来越多的责任,他们明显感受到来自资深教师如教研组长或其他经验丰富的老教师的抵触。这些资深教师担心自身在共同体中的权威与地位受到威胁,因而对轮岗教师持相对"敌视"的态度,这导致部分轮岗教师在参与的过程中遭遇挫折。本书所见,在这一过程中,经验、专长、教龄以及权威等成为影响教师间权力关系的重要因素,这也进一步印证富勒等的观点,实践共同体本身并不是一个"稳定、凝聚力强甚至包容开放的实体"[②],个体之间的不一致、挑战以及竞争都是共同体互动的重要组成部分。当带有个人观点的轮岗教师给共同体的熟手以及现有的秩序与规范带来威胁与挑战时,可能会导致他们被边缘化或排斥在外。

本书也回应了实践共同体视角下的互动合作对教师发展的影响。研究发现,轮岗教师与流入校教师基于共同体的合作,的确在一定程度上促进了两校教师专业知识的交流,并在教育教学能力上获得提升,同时也拓宽了教师的教学视野。两校教师之间的互动合作推动了教师在知识、技能、理念等方面的成长与发展。这是两校教师之间的互动交流对教师发展的积极影响,也进一步证实了基于实践共同体的对话与协商能够有效促进教师学习,提高教师的专业素养。与此同时,我们也注意到,尽管在一些共同体中,教师通过合作互动实现了技能提升与知识革新,但是研究也发现,在不少共同体中,成员之间更倾向于保持观点一致,新的知识与观念受到压制,教师的批判性思维与反思能力并没有获得充分的发展。正如奈特(Knight)所言,在互动过程中,教师之间回避、掩饰以及压抑可能存在的冲突与不同的声音,不同学校教师的教学理念

---

① Fox S. Communities of practice, Foucault and actorNetwork theory [J]. Journal of Management Studies, 2000 (6): 853-868.

② Fuller A, Hodkinson H, Hodkinson P, et al. Learning as peripheral participation in communities of practice: A reassessment of key concepts in workplace learning[J]. British Educational Research Journal, 2005 (1): 49-68.

与思维并没有得到充分的碰撞与交流。① 共同体内成员的互动主要是确认
"现有的想法与行动的正确性",而不是将集体的或个体的实践公开化以接受
检视与修订。同时研究也进一步印证了哈格尔(Hager)的观点:共同体中的
互动合作虽然能够带来创新性概念与知识的革新,但是也可能强化既有的实
践与互动模式,通过内部的制度和规范实现对个体的复制与同化。② 在研究
中发现,一些轮岗教师在初期愿意与其他教师交流、分享自己的实践经验并参
与共同体实践,但是受到流入校共同体中孤立、排他性氛围的影响,轮岗教师
向他人分享教学资源的热情以及参与共同体实践的积极性逐渐下降。

(二)对合法的边缘性参与的回应

合法的边缘性参与需要考虑到个体在进入情境之前所具备的参与动机、
能力和经验。

对于合法的边缘性参与的理解不能忽视个体在进入共同体之前的参与动
机。研究发现,轮岗教师在进入流入校之前的参与动机对他们进入流入校后
的参与有一定影响。部分轮岗教师本身并不愿意参与交流轮岗,但是因学校
校长派遣以及评定职称的压力而被迫加入交流轮岗的队伍,他们事实上并不
是以学习与交流的心态加入流入校的。由于其参与的学习动机较弱,这种被
动的参与直接影响他们进入流入校之后的表现,甚至轮岗教师抗拒与抵制的
情绪一直贯穿整个参与的过程。研究进一步印证了杜比等的观点,个体在进
入实践共同体之前的参与动机是影响其后续参与的一个重要因素,强制性参
与可能会带来一些合法性问题,影响个体在共同体中的真正投入。③

个体在进入共同体之前所具备的能力与经验是影响其合法的边缘性参与

① Knight P. A systemic approach to professional development: Learning as practice[J]. Teaching and Teacher Education, 2002 (3): 229-241; Dobie T E, Anderson E R. Interaction in teacher communities: Three forms teachers use to express contrasting ideas in video clubs[J]. Teaching and Teacher Education, 2015(47): 230-240.

② Hager P. Current theories of workplace learning: A critical assessment[M]// Bascia N, Cumming A, Datnow A, et al. International Handbook of Educational Policy. Dordrecht: Kluwer, 2005: 829-846.

③ Dubé L, Bourhis A, Jacob R, et al. Towards a typology of virtual communities of practice[J]. Interdisciplinary Journal of Information, Knowledge & Management, 2006(1): 69-93.

的重要因素。莱夫与温格对于合法的边缘性参与的理解更多关注的是在特定的实践共同体中,个体如何从新手变成熟手的过程,强调新来者如何调整自己在情境实践中的参与方式而逐步实现充分参与的变化过程。① 然而,大多数的研究者在采用此理论视角探讨个体在共同体中的参与过程时,往往没有充分考虑到个体在进入情境之前就已经具备的能力和经验。② 在研究中,轮岗教师作为特殊的"新来者",他们在进入流入校之前,在流出校就已经形成相应的教学理念与教学实践模式,并且带有流出校共同体的文化特征。当他们进入新的学习情境时,仍然会带有过去观念与经验的印记。科斯基宁(Koskinen)与皮赫兰托(Pihlanto)的研究指出,这些有经验的教师因为具备更强的教学实践能力,他们会比其他新手更加了解如何获取关键知识、如何利用共同体的资源以及如何明确自己的角色等。③ 但是本书的发现有所不同,部分轮岗教师在参与共同体实践的过程中,这些教师过去的学习经验可能成为他们在共同体中深入参与的阻力。虽然具备一定的教学经验,但如果长期形成的教学习惯与模式不能经由有效的协商与互动过程进行转化与调整,所形成的路径依赖(path dependency)反而可能会阻碍个体的学习。这一发现印证了王晓芳与黄丽锷、加德纳以及温格等学者的观点,个体在技术方面的专长以及声望并不能保证个体走向充分的参与,只有当他们能够融入本土的情境并赋予其意义时,过去的经验才不会成为他们适应、融入以及在新的实践情

① Lave J, Wenger E. Situated Learning: Legitimate Peripheral Participation[M]. Cambridge: Cambridge University Press, 1991.

② Flores M T. Navigating contradictory communities of practice in learning to teach for social justice[J]. Anthropology & Education Quarterly, 2007 (4): 380-404;Fuller A, Unwin L. Learning as apprentices in the contemporary UK workplace: Creating and managing expansive and restrictive participation[J]. Journal of Education and Work, 2003 (4): 407-426.

③ Koskinen K U, Pihlanto P. Competence transfer from old timers to newcomers analysed with the help of the holistic concept of man[J]. Knowledge and Process Management, 2006 (1): 3-12.

境中进行创新的障碍。[①] 在研究中,轮岗教师没有充分地与流入校教师进行互动协商,没有对以往的经验进行有效的转化与调整,导致这些经验在流入校并不能完全适用。轮岗教师对两校教学情境差异的关注以及如何将差异转化成学习的资源对其参与过程至关重要。缺乏充分的互动、调适以及本土化等过程可能影响知识的转移与创生。

信任与合作的同事关系是个体从共同体的边缘逐步走向中心的重要动力。尤其对于进入一个新共同体的个体而言,信任与安全的共同体氛围尤为重要,这与斯特里特(Street)的观点[②]相吻合。在个案中,部分轮岗教师因对共同体成员缺乏信任,在进入流入校之初并不愿意过多地表达自己的想法,也不愿承担较多的责任。他们担心自己的过多干预会遭到其他教师的非议,因而在进入共同体之后多表现为被动和选择性的参与。事实上,在轮岗教师持续参与的过程中,信任和安全感一直扮演着重要角色。缺乏来自同事的信任与支持会使这些轮岗教师产生消极情绪,导致他们持续参与的动力减弱,并可能出现退回至边缘的趋势。研究发现,教师之间没有充分建立起信任与支持性的同事关系,主要是因为共同体成员之间的消极性互动:一是流入校共同体的既有成员把轮岗教师提出的见解视为对其话语权的挑战而表现出抗拒;二是部分老教师坚持自己固有的教学传统,对轮岗教师的建议采取视而不见的态度,这打击了轮岗教师持续参与的积极性;三是部分流入校教师认为轮岗教师提出的教学建议缺乏与本土教学情境的充分结合,因此轮岗教师未能获得流入校既有成员的认可与信任。这些消极的情感体验使轮岗教师在参与中遇到阻力,导致其进一步参与的积极性受挫,甚至可能出现返回至边缘的趋势。本书也补充了巴克的观点,个体参与共同体实践的合法性是在与其他成员的

① Wang X, Wong J L. How do primary school teachers develop knowledge by crossing boundaries in the school-university partnership? A case study in China[J]. Asia-Pacific Journal of Teacher Education, 2017 (5): 487-504; Gardiner C M. Legitimizing processes: Barriers and facilitators for experienced newcomers' entry transitions to knowledge practices[J]. Learning, Culture and Social Interaction, 2016(11): 105-116; Wenger E. Communities of Practice: Learning, Meaning, and Identity[M]. Cambridge: Cambridge University Press, 1998.

② Street C. Examining learning to teach through a social lens: How mentors guide newcomers into a professional community of learners[J]. Teacher Education Quarterly, 2004 (2): 7-24.

互动中共同建构。在巴克的研究中,个体之所以没有获得参与共同体实践的合法性,是因为个体本身对参与持消极态度,加之来自共同体成员的消极回应而导致。[①] 研究中,尽管有些轮岗教师表现出积极参与的意愿,但是因为来自领导者和同事的抗拒或排斥而受阻。总之,轮岗教师与流入校教师在互动过程中信任的缺失是阻碍他们从边缘走向中心的关键因素。

合法的边缘性参与并不是一个线性的过程,个体的参与形式会受多种因素互动的影响,可能呈现出不同的变化。在研究中,轮岗教师呈现出多元的参与形态与轨迹。扎拉加-奥伯蒂(Zárraga-Oberty)认为,教师在共同体中的参与并不是一成不变的,而是处于动态的发展与变化过程之中。[②] 本书所见,轮岗教师在共同体中的参与轨迹并非遵循从边缘到中心的单一线性路径,而是表现出多元性、非线性的特点。

首先在意识阶段,基于博尔齐洛等的观点,边缘参与者参与实践共同体的兴趣主要源自个体想了解自身如何能够从社群的实践中获益。与博尔齐洛等研究者的观点稍有不同的是,本书发现部分轮岗教师参与共同体的动机并非出自个人对流入校共同体实践的学习兴趣,而大多是为了完成学校规定的交流与支援任务。在分配阶段,轮岗教师虽然能够与共同体的其他成员分享自己的经验,但他们并没有主动协助其他成员发展其实践,也未在成员间引领对话与讨论,因而并没有成为共同体中的积极参与者,只停留在初始的分配阶段。在这一过程中,一是大部分轮岗教师在外部力量的推动下被动地参与共同体的事务;二是他们将自己定位为"外来者""过客",认为自己不便过多干预共同体的事务;三是为了避免引起流入校教师的抗拒,与流入校教师维持相对和谐的同事关系,不少教师停留在边缘位置,并不是以进一步参与为目标。少数轮岗教师虽然尝试进入责任阶段,但由于缺乏来自同事的支持,其在较短的

① Back M. Legitimate peripheral participation and language learning:Two Quichua learners in a transnational community[J]. Language Learning,2011(4):1039-1057.

② Zárraga-Oberty, C. Communities of practice as work teams to knowledge management[M]// Hernaez O, Campos E. Handbook of Research on Communities of Practice for Organizational Management and Networking:Methodologies for Competitive Advantage. Hershey:IGI Global,2011: 32-45.

时间内旋即返回初始的分配阶段。总体来看,大部分轮岗教师处于意识阶段与初始的分配阶段,基本未能进入其他阶段。

在研究中,虽然部分轮岗教师有稍稍触及责任阶段,但最终都没有能够进入构筑与推广阶段。为何轮岗教师较少能够达到后两个阶段?根据博尔齐洛等的观点,个体在构筑阶段应该能够建立并发展创新性的议题或实践,这些创新性的实践要具有足够的潜力,能够产生新的知识。[①] 研究所见,尽管有部分轮岗教师尝试在共同体中承担责任,但是有两方面的原因导致他们未能成功进入构筑与推广阶段。首先,轮岗教师在共同体中承担的责任,多为轮岗教师对流入校教师的单向传递与帮扶,如将流出校的教学资源(试卷、课件等)带入流入校,为流入校教师提供教学方法上的示范与指导。在这一过程中,知识的流动是单向的,轮岗教师与流入校教师较少有互动与探究的空间。这是一种"利用性"(exploitative)的教师学习取向,而非"探究性"(exploratory)的学习取向,这种"利用性"的学习取向本身所具备的工具性与技术性属性会阻碍教师创新性的教学实践的发展。[②] 因而在构筑阶段所需要达到知识的创新也就很难实现,导致轮岗教师难以真正进入构筑与推广阶段。其次,轮岗教师在共同体中能动作用的发挥需要所处共同体领导者以及同事的支持。若要实现轮岗教师深入走向构筑与推广阶段,则需为轮岗教师与流入校教师的合作提供互动与探究的空间。以流入校的教学情境为基础,两校教师应围绕真实的教学实践问题展开互动协商,这是实现深度合作的重要条件。

研究发现,绝大部分轮岗教师遵循合法的边缘性参与框架的五个阶段顺次进入。尽管大部分轮岗教师在进入共同体时已经具备一定的教学经验,且他们不少人在进入共同体的初始就担任了教研组长或备课组长的职务,但是这并不意味着他们跳过初始的意识阶段与分配阶段,直接进入责任阶段。有

① Borzillo S, Aznar S, Schmitt A. A journey through communities of practice: How and why members move from the periphery to the core[J]. European Management Journal, 2011(1): 25-42.

② Wong J L. How do teachers learn through engaging in school-based teacher learning activities? Applying a knowledge conversion perspective[J]. The Asia-Pacific Education Researcher, 2015(24): 45-55.

些轮岗教师虽然一开始就承担一定的领导职责,但这并不意味着他们能够发挥责任阶段所强调的领导者的作用,如他们在专业知识与实践方面并没有获得共同体核心成员的充分认可,也没有协助其他成员发展专长或为整个社群实践的发展承担更多的责任。究其原因,其一,这些轮岗教师本身的教学专长并没有获得共同体成员的充分认可;其二,有些轮岗教师虽然一开始就承担一定的领导职务,但他们不愿意过多干涉共同体的事务,对其他教师以及共同体的发展作用有限;其三,尽管有些轮岗教师尝试承担一定的领导责任,但由于缺乏来自领导者与同事的信任与支持,最终没能充分进入责任阶段。

积极参与共同体实践的轮岗教师 S 是其中一个相对成功的个案。轮岗教师 S 与其他轮岗教师不同的地方在于:首先,轮岗教师 S 表现出积极的交流轮岗心态,她愿意为薄弱学校发展贡献力量,将交流轮岗视为实现自我学习与发展的重要途径。轮岗教师 S 秉持积极、乐观与持续学习的心态,愿意发挥其专业能量,为流入校教师与学生发展提供力所能及的帮助。其次,轮岗教师 S 经历了一个重塑自我的过程,在面临与以往截然不同的教学情境时,她根据流入校的教学情境,重新设计了自己的教案,对自己以往的教学认知与教学模式进行调整。她在教学上的投入与专长得到其他教师的肯定,将"外来的"经验转化为"本土的"经验,这是其获得认可的重要前提。再次,走出课堂,她积极协助与指导其他教师,进一步赢得了尊重,尤其是其所引领的实践活动获得了一定的荣誉或奖项,这是她被认可为"领导者"的另一项重要因素。最后,轮岗教师 S 的积极参与同样离不开共同体的同事以及领导者的支持。以上三个条件在一定程度上促成了她与其他轮岗教师参与轨迹的不同。

基于以上讨论,本书对轮岗教师与流入校教师的互动合作构建了本土化的概念框架(见图 7-1)。

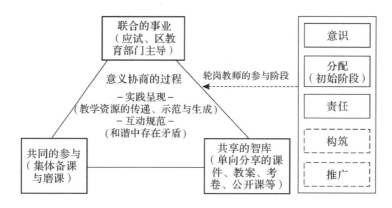

图 7-1　教师合作以及参与形态的本土化理解

二、政策建议

自上而下的交流轮岗政策循着一种确定性的思路,期望教师可以扮演忠实的"执行者"的角色,将政策落实到实践中。但是,个案研究表明,这种理想和期待在实际操作中几乎难以实现。富兰曾经指出,以往变革失败的一个重要原因就是变革的决策者未能考虑实施者在实施政策的过程中所面临的情境限制以及未能深入理解实施者本身所具备的价值观、想法以及经验。[1] 因而要实现轮岗教师的积极参与,不仅要为轮岗教师提供政策、结构与文化的支持,如完善交流轮岗的激励与选拔制度、给予教师根据本土问题自主制定教研主题以及发展目标的空间、支持教师以本土的教学实践作为校本教研的基点以在协商对话中共同建构出适合本土情境的教学方式,流入校还要为轮岗教师提供施展手脚的平台和空间,给予轮岗教师充分的专业信任和自主决策权,支持教师的创新实践;营造共同体的良好氛围,培育开放互信的文化,加强轮岗教师与流入校教师之间的长效合作。此外,也要重视倾听教师的声音,了解教师参与交流轮岗的意愿和能力,加强与轮岗教师(如"局外人")的沟通与交流,了解其价值观与经历,促进其态度与观念的转变。

① Fullan M. Planning, doing and coping with change[M] // Harris A, Bennett N, Preedy M. Organizational Effectiveness and Improvement in Education. Buckingham: Open University Press. 1997: 205-215.

（一）完善教师交流轮岗的激励与选拔制度

教师交流轮岗政策的实施不能仅仅止步于让教师"动起来"，更重要的是这些教师要在新的岗位上实现有效工作与能量的辐射，带动流入校的发展与学生的进步。唯有如此，教师交流轮岗政策才算是达成了促进义务教育优质均衡发展的初衷。但在调研中我们发现，有的教师被迫加入流动的队伍，出现"人在心不在"的现象；还有些教师在流入校的工作开展孤掌难鸣得不到支持。因而，首先，要完善教师交流轮岗的激励制度。教师如何看待交流轮岗的意义，在多大程度上认可交流轮岗对自身专业发展与薄弱学校发展的价值，这直接影响着教师参与交流轮岗的意愿及其工作表现。因此，要提升教师对交流轮岗政策的积极认知，教育行政部门与学校除了可以通过榜样宣传、政策宣讲等方式，还可以用关怀的行为获得教师的信任，增强教师对交流轮岗政策的认同。[①] 比如尊重教师的需求与意愿、通过与教师交流的方式多方面了解教师不愿意参与交流轮岗的原因、真正解决教师在交流轮岗过程中遇到的生活与专业发展的困难等。其次，要充分认识到合理配置与科学遴选轮岗教师的重要性。一是要充分尊重轮岗教师的交流需求与意愿，建立轮岗教师与学校（包括流出校与流入校）之间的双向选择机制。可以通过建立学校人才需求数据库，动态收集轮岗教师、流出校以及流入校的用人需求与意愿。通过大数据分析技术提高轮岗教师的专长与流入校需求之间的匹配度，调动教师交流轮岗的积极性，让教师真正流动到能够充分发挥其专长的学校，做到人尽其才、人校相宜。二是可以通过"组团交流"为教师提供支持。轮岗教师个人的有效工作离不开学校领导、教研组等多方面的支持。如果只是派遣单个教师进入一所学校，期望其发挥作用很难实现，教师个体可能会因为得不到有效支持而无法充分施展自身的专长。通过调研发现，轮岗教师 S 之所以能够成为共同体实践的积极参与者，在流入校中辐射自身的能量，来自校长的支持十分重要。而这一校长恰是与她来自同一所学校，进驻到 B 校的轮岗校长。轮岗校长的

---

① 叶菊艳.交流轮岗制度如何实现"人""校"双赢——教师交流轮岗制度完善的三个方向[J].人民教育,2022(23):39-44.

信任与支持对轮岗教师 S 在新岗位工作的开展发挥了重要作用。因而,在配置交流轮岗人员时,要充分认识到教师所处的学校生态对其工作的影响,可以根据岗位对轮岗人员进行合理搭配,实现组团交流,为教师能量的施展提供支持。

（二）将不同校学生之间差异的分析作为教师发展的重要依托点

研究所见,在轮岗教师与流入校教师的互动交流中,如何处理不同学校学生之间的差异是影响轮岗教师从边缘走向中心以实现充分参与的重要因素。忽视流出校与流入校在教学情境、学生水平等方面的差异,将流出校的教学经验直接传递应用于流入校,导致轮岗教师本身带来的教学资源并没有在流入校本土的教学情境中获得充分的利用,也在一定程度上成为阻碍其走向共同体中心的关键因素。然而,两个实践共同体之间的异质性恰恰为创造和生成新的意义提供了可能性。事实上,在两个缺乏共同实践基础的共同体之间无法直接进行意义的共享,个体在将一个共同体的实践引入另一个共同体时,需要与共同体的其他成员展开意义的协商以及再协商,通过对实践进行转化、协调以及联结以建立起具有共享意义的理解性框架。这一互动协商的过程,为个体能动作用的发挥提供了充足的空间,也为共同体创造出新的实践提供可能。在交流轮岗中,两所学校在学生水平、教育教学环境等方面存在的异质性为轮岗教师与流入校教师的专业发展提供了重要契机。从作为"领导者"的轮岗教师的经验看出,新的教育教学情境使轮岗教师可以重新反思自身已有的知识结构,两校教师通过互动与反思逐渐生成和建构起适合本土教学情境的教学模式。因而,当前以集团化办学为背景的校际合作的重心并不在于从优质学校引入骨干教师对流入校教师进行帮扶或培训,而是要重视校际教师发展实践共同体的建设,以对学生差异的分析作为教师发展的重要依托点。加强轮岗教师与流入校教师之间的协商互动,以流入校的教学实践问题为基础,通过对不同水平学生的分析,对不同的教学方式、教学内容的研究,在交流碰撞中实现共同发展。

（三）流入校应当为轮岗教师能动作用的发挥创设支持性与信任的环境

安全、信任的共同体环境是影响轮岗教师参与共同体实践的一个重要因素。信任、包容以及支持性的共同体氛围更有利于个体提出批判性意见，表达不同的观点，并建立起共同体成员的身份认同感和归属感。研究发现，轮岗教师领导作用的发挥离不开具有包容性的共同体文化以及学校领导的支持。学校领导的信任与支持不仅有助于调动轮岗教师参与共同体事务的积极性，而且能帮助轮岗教师更好地发挥引领作用。同时，开放、信任的共同体环境对于提升轮岗教师参与共同体事务的积极性以及增强其对共同体的认同感至关重要。相较之下，缺乏来自学校领导与同侪教师的包容、信任与支持可能导致部分轮岗教师在走向共同体中心的过程中遇到重重阻力。比如，对于选择性参与共同体活动的轮岗教师而言，在一种缺乏安全的氛围中，他们往往更倾向于服从共同体既有的结构与文化，而不愿尝试挑战、创新与改变。因而，要实现轮岗教师在流入校的深度参与，流入校更要扮演好"支持者"的角色，营造信任、合作、开放的共同体文化氛围，为轮岗教师的融入和能动性的发挥提供安全、支持性的环境，减少轮岗教师在参与过程中的种种顾虑。赋予轮岗教师充分的决策权与自主权，给予其施展才华的机会和空间，增强轮岗教师对共同体的归属感与认同感。

（四）弱化"帮扶"的标签，创设专业对话的空间

研究发现，少有轮岗教师能够进入构筑阶段和推广阶段，只有少数轮岗教师能在与流入校教师的互动交流中生成并建构起新的意义。从政策角度来看，交流轮岗这一政策本身暗含着一种假设，即轮岗教师作为"支援者"和"资源的提供者"，而流入校教师作为"受援者"和"资源的接受者"。正是基于这一逻辑，出现轮岗教师向流入校教师转移和输送知识的现象也就不足为奇。这种关系类似于在同一学校中，年轻教师向经验丰富的老教师学习。但是，与之不同的是，流入校教师本身已具备一定的教学经验。传统的"传、帮、带"模式可能仅对新入职教师有所帮助，对于流入校本身已具备一定教学经验的教师

而言,其效果未必显著。在交流的过程中,容易造成轮岗教师知识与经验的单向消耗,使轮岗教师难以获得专业提升。因而,就交流轮岗政策而言,应当弱化轮岗教师"支援""帮扶"的标签。轮岗教师与流入校教师之间的互动交流,不应仅限于流入校教师单方面学习轮岗教师的知识与经验,而应是两校教师的知识共享与共同建构。换言之,流入校教师不仅是知识的"接受者",而且也是知识的"分享者"。[①] 而要实现两校教师知识的分享与革新,学校领导者要为两校教师的探究性对话创造条件,领导者本身应当作为学习的激励者(learning motivators),聚焦教学,为教师之间跨越共同体的对话、联结与转化提供支持,通过表达对教师成长的期待、提供学习资源、鼓励教师创新等方式促进教师之间的学习。学校层面要注重培育开放的学校文化,为轮岗教师提供足够的施展空间。而在教研组层面,要发挥教研组作为学习共同体的作用,加强轮岗教师与流入校教师的专业合作。集体教研活动的设计要特别关注如何促进教师之间的专业对话,提供最大的空间让教师共同探索教育教学改革的多元可能性,甚至是学校管理改革的创新路径。

(五)将每一位教师均置于"学习者"的位置,激发轮岗教师参与的内部动机

轮岗教师对自身的定位以及对轮岗政策的理解直接影响其参与的积极性。作为具有主观能动性的个体,轮岗教师对交流轮岗政策的解读和阐释会直接影响其行动方式。研究发现,作为"局外人"的少数轮岗教师,更多地将自身界定为交流轮岗中帮扶者和资源输出者,认为自己难以从交流轮岗中有所获益,因而对流动持较为消极的态度。相比之下,作为领导者的轮岗教师则更多地将其看作学习和交流的机会。事实上,在实践共同体中,每一个人的参与在某种程度上都是合法的边缘性参与,每个人相对于未来不断变化的共同体而言都是一个新来者,持续的学习就是从边缘走向中心而后进入新的共同体

---

① Wong J L. How do teachers learn through engaging in school-based teacher learning activities? Applying a knowledge conversion perspective[J]. The Asia-Pacific Education Researcher, 2015(24): 45-55.

建构新的意义的过程。尽管轮岗教师在原校中可能位于共同体的中心,但是当进入新的教学情境,他们对于教学的把握未必就一定优于流入校教师。研究发现,不少轮岗教师在与流入校教师的反思性对话中,也能获得一定的帮助与支持,从而促进轮岗教师自身的专业发展。也就是说,每一位教师在某种程度上都是合法的边缘性参与者。因而,当前的交流轮岗政策应当改变既有的"支援"与"帮扶"的逻辑,将每一位教师都视为"学习者",激发流动教师尤其是作为"局外人"的轮岗教师参与交流的内部动机。同时,在轮岗教师的选拔上应充分给予教师表达意愿的空间,在交流轮岗的时间上可以适当延长至最有利于教师发挥其作用的时间。在管理与评价方面,需要更加关注轮岗教师的成长与发展。更重要的是,要注重改变轮岗教师的观念,促使他们走出相对封闭的自我发展模式,理解并参与学校教育的均衡发展。

第三节　研究限制与后续研究建议

一、研究的局限

本书探讨了中国教师交流轮岗政策对教师专业发展的影响,在整个研究过程中,研究者受自身的研究能力、精力、时间以及资源等方面因素的限制,从研究的选题、文献综述的撰写到资料的收集与分析及最终研究结果的呈现,始终处于探索阶段。基于研究者的个人反思,研究存在以下局限:

第一,在质性研究中,研究者本人即是研究的工具。从整个研究资料的收集,到后期数据的解读分析,都依赖研究者基于自身的理论研究与实践经验,对田野资料进行阐释。在这一过程中,不可避免地会受研究者自身背景的影响。研究者本身没有在一线学校工作的经历,对于中学教师的实际工作情况了解有限。虽然在收集资料的过程中,研究者尽可能地与老师多接触,但短时间的访谈依然使研究者与真正的浸润于田野之中了解教师的真实工作情况与情感体验存在一定的距离。虽然研究者本人在整个研究过程中不断提醒自己避免预设立场,在收集与分析质性资料时不要先入为主,避免偏见,但对资料的收集与分析仍然可能会受研究者个人以往背景与经验的影响。同时,研究者本人对研究问题以及相关文献的掌握程度,也会在一定程度上影响资料收集的丰富性以及解读的全面性。因此,研究者需要在研究过程中尽力提升对专业知识的积累,在研究过程中时刻反思并保持清醒的认知,尽量减少研究者个人经验、偏见等给资料收集与分析带来的限制与影响。

第二,选取个案可能会影响研究的解释力。本书关注的是中国教师交流轮岗政策背景下,轮岗教师与流入校教师展开互动合作的过程。本书选取的两所初中学校均是上海市某区域教育集团内部实施教师交流轮岗的学校,这一选取方式存在以下局限。一是研究中流出校派出的轮岗教师多为经验丰富的教师。而实际上,我国不同地区所采取的教师交流轮岗形式有所不同,在一些地方,不仅优秀教师参与流动,而且普通教师也被纳入流动范围。二是教师交流轮岗本身存在多种形式,研究仅关注的是上海市教育集团内部教师参与流动的情况,除了教育集团内部的交流轮岗,我国当前的教师交流轮岗还包括对口支援、全职交流轮岗、跨校兼课等多种形式。不同交流轮岗形式下教师互动的样态与参与的过程可能会有所不同。三是研究选取的两所个案学校均来自上海市同一区域、同一集团,这限制了研究对其他地区教师流动情况的考察。有限的个案难以全面而深入地揭示整体的情况,影响研究者获取在不同的学校情境中,轮岗教师与流入校教师互动资料的丰富性。在后续的研究中,可以通过增加个案的多样性,进一步探索不同地区、不同交流轮岗形式以及不同类型的轮岗教师其互动交流的过程与多元的参与形态,以提升研究的广泛性与代表性。

第三,受限于研究的时间,本书未能对轮岗教师进行更为深入的跟踪研究。本书的实地调研持续了一个多月的时间,对部分轮岗教师进行了两次或两次以上的跟踪访谈。从研究结果中我们发现,不少轮岗教师在共同体中的参与轨迹并不是线性的,而受其所处情境的影响,呈现动态变化的特征。本书关注的轮岗教师在流入校交流的时间多为一年,如果能够对交流轮岗时间更长的教师进行长期跟踪研究,深入了解轮岗教师在流入校中的参与轨迹如何演变以及哪些因素或关键事件促成这些变化,则可以挖掘更为丰富的信息。

二、未来的研究展望

未来研究可以从以下方面进一步思考：

第一，探讨具备一定教学经验的教师，在进入新共同体情境时，如何更有效地基于本土情境与其他教师展开互动。来自流出校的教师已在原有的教学情境中形成一定的教学模式与理念，其如何在新的教学情境中适应变化，并基于当地的教学情境建构新的意义，是未来研究需要进一步关注的议题。

第二，进一步深化对教师合作内涵的研究。在研究中，对于轮岗教师与流入校教师之间的合作主要从实践共享、互动规范等层面展开，但是研究者在田野调查的过程中意识到，教师合作在实践中具有一定的复杂性。在不同共同体情境中，在同一共同体中，轮岗教师与不同类型教师之间的合作模式存在差异。后续研究可以进一步考察不同的共同体情境和不同类型的教师群体，以探讨教师合作互动的复杂过程。

第三，加强对轮岗教师参与过程的追踪研究。从研究结果我们可以看出，轮岗教师在流入校的表现既受轮岗教师个人参与交流轮岗的动机、意愿等因素的影响，又深受其所处的外部情境的影响。教师在交流轮岗中的参与样态是教师个人因素与外部情境相互协商的结果，并非线性发展的，且是一个不断变化的过程。为了真正发挥优秀教师的引领示范作用，实现学校教育教学变革的根本目的，未来研究需要长期的跟踪和深入分析。及时了解轮岗教师在流入校的变化，分析其中的关键人物与事件，挖掘更为丰富的信息。

第四，后续研究可以进一步关注不同年龄与不同学科教师的专业发展轨迹。本书的相关研究发现，不同教龄以及不同学科的教师在交流协商的过程中呈现出不同的沟通模式与实践方式。限于研究的篇幅与设计，本书未能对不同教龄、学科教师在互动中的差异以及参与的样态进行更为深入的分析。未来研究可以进一步拓展教龄与学科两个维度，深入探索不同专业发展阶段以及不同学科教师参与合作互动的具体表现，以便全面地理解教师专业成长的多样性。

第五，未来研究可以进一步关注我国不同地区、不同交流轮岗形态中轮岗教师与流入校教师的互动情况以及参与样态。随着全国越来越多的地区推行教师交流轮岗政策,参与轮岗的教师所占比重越来越大,教师如何在新的岗位发挥能动作用已成为影响这一政策有效实施的关键。本书所关注的轮岗教师多是从优质校流入薄弱校,参与交流轮岗的教师多以教龄较长、经验较丰富的教师为主,而我国其他地区也存在鼓励骨干教师与普通教师共同参与流动的政策。事实上,轮岗教师不仅包含从强校到弱校的教师,还有从弱校进入强校学习的教师,这也是推动不同学校教师互动发展的重要形式。在本书关注的两所个案学校中,关于从弱校流动到强校的教师的访谈信息较少,但有限的数据表明,这类教师与本书重点关注的从强校到弱校的轮岗教师无论是在参与动机还是互动过程上都呈现出一定的差异。因此,未来的研究可以探索这类从弱校流动到强校的轮岗教师的参与形态,并分析在不同的交流轮岗情境中轮岗教师的参与过程,使研究更加丰富、全面。

参考文献

包兵兵.试析教师的自我意识及其基本结构[J].当代教育科学,2010(23):32-34.

操太圣,吴蔚.从外在支援到内在发展:教师轮岗交流政策的实施重点探析[J].全球教育展望,2014(2):95-105.

操太圣.推进"大面积、大比例"校长教师轮岗交流的策略选择[J].人民教育,2022(8):18-21.

陈桂生.我国教研组演变的轨迹[J].教育管理研究,2006(4):38-41.

陈向明.从教师"专业发展"到教师"专业学习"[J].教育发展研究,2013(8):1-7.

陈向明.质的研究方法与社会科学研究[M].北京:教育科学出版社,2000.

丁娟.交流政策背景下城乡教师专业发展面临的挑战及其对策[J].教育导刊,2015(11):23-26.

范勇,田汉族.基础教育集团化办学热的冷思考——基于成本与风险视角[J].教育科学研究,2017(6):32-36.

费孝通.乡土中国[M].北京:生活·读书·新知三联书店,1985.

高臣,叶波.教师专业发展取向下的城乡教师流动[J].上海教育科研,2015(2):59-62.

何君.在共同体活动中提升教师的教学语言修养——人文学科教师实践共同体活动的案例及反思[J].全球教育展望,2009(1):94-96.

洪艳梅.基于实践共同体的教研组建设现状调查[J].思想政治课教学,2017(1):83-85.

胡惠闵,王建军.教师专业发展[M].上海:华东师范大学出版社,2014.

胡惠闵.教师专业发展背景下的学校教研组[J].全球教育展望,2005(7):21-25.

胡艳.新中国 17 年中小学教研组的职能与性质初探[J].教师教育研究,2011 (6):50-55.

胡艳.专业学习共同体视角下的教研组建设——以北京市某区中学教研组为例[J].教育研究,2013(10):37-43.

华子荀,许力,杨明欢.面向教师专业发展的实践共同体评价模型研究[J].中国电化教育,2020(5):101-110.

黄启兵.教师轮岗制度分析[J].中国教育学刊,2012(12):23-26.

黄晓林,黄秦安.实践共同体(CoPs)中教师学习的角色冲突与教师专业发展扎根理论研究[J].教师教育研究,2021(1):86-92.

黄兴丰,张民选,吕杰昕.建构跨文化教师实践共同体:基于中英数学教师交流项目的思考[J].教育发展研究,2019(10):60-65.

李利.实践共同体与职前教师实践性知识发展——基于教育实习的叙事研究[J].教师教育研究,2014(1):80,92-96.

李彦青,孟繁华.由稀释到共生:基础教育集团化建设的突破与超越[J].中国教育学刊,2016(5):57-61.

李子健,邱德峰.实践共同体:迈向教师专业身份认同新视野[J].全球教育展望,2016(5):102-111.

林淑文.透过课堂学习研究构建实践共同体[J].基础教育,2009(6):27-33.

刘光余,邵佳明.构建基于受援学校的教师专业发展机制——教师轮岗制度的政策趋向探析[J].中国教育学刊,2010(9):19-22.

刘光余.构建基于受援学校的教师专业发展机制——教师轮岗制度的政策趋向探析[J].当代教育科学,2010(15):27-30,34.

刘利民.走内涵式综合改革之路——关于进一步推进基础教育改革的若干思考[J].人民教育,2013(10):10-15.

刘伟,朱成科.农村学校实施教师轮岗制度的困境及其对策[J].教学与管理,2010(22):6-8.

刘星喜,黄杰,张建珍.教师实践共同体:综合科教师知识之困及其解决之道——以浙江省历史与社会教师为例[J].教育发展研究,2020(12):68-73.

龙宝新.论教师专业发展取向的区域教师流动工作系统[J].教育发展研究,2017(6):27-34.

卢乃桂,王丽佳.教育改革背景下的教师专业性与教师责任[J].教师教育研究,2013(1):1-5.

卢乃桂,钟亚妮.国际视野中的教师专业发展[J].比较教育研究,2006(2):71-76.

马焕灵,景方瑞.地方中小学教师轮岗制政策失真问题管窥[J].教师教育研究,2009(2):61-64.

孟繁华,张蕾,佘勇.试论我国基础教育集团化办学的三大模式[J].教育研究,2016(10):40-45.

戚小丹.杭州市名校集团化办学的实践与思考[J].现代教育科学,2011(4):48-50.

乔雪峰,黎万红.校本教研中课程资源的开发利用:实践共同体的视角[J].全球教育展望,2016(11):32-42.

乔雪峰,卢乃桂,黎万红.从教师合作看我国校本教研及其对学习共同体发展的启示[J].教师教育研究,2013(6):74-78.

乔雪峰.中国内地课程改革下的教师合作:南京两所小学的个案研究[D].香港:香港中文大学,2014.

司晓宏,杨令平.西部县域校长教师交流轮岗政策执行中的问题与对策[J].教育研究,2015(8):74-80.

孙太雨,王青娜.完善中小学教师轮岗制度的博弈与制衡[J].教学与管理,2012(1):28-31.

王华.义务教育教师交流轮岗政策执行研究——以湖南省L县为例[D].重庆:西南大学,2016.

王建军.学校转型中的教师专业发展[M].北京:教育科学出版社,2008.

王丽佳.学校场域中的教师责任建构——基于文化问责视角的实证研究[J].全球教育展望,2014(8):92-100,128.

王丽佳.中国内地教育质量保障体系中的教师专业责任及其建构[D].香港:香港中文大学,2013.

王双龙.教师自我意识与学校支持氛围对教师专业发展的影响研究[J].教育科学研究,2017(11):74-78.

王晓芳.从共同体到伙伴关系:教师学习情境和方式的扩展与变革[J].华东师范大学学报(教育科学版),2015(3):43-52.

王晓莉.教师专业发展的内涵与历史发展[J].教育发展研究,2011(18):38-47.

王欣岩.参与实践共同体对新手教师专业成长的影响研究[D].长春:东北师范大学,2022.

文静敏.从"一头雾水"到"恍然大悟"——一位小学数学教师在实践共同体活动中的成长与收获[J].全球教育展望,2009(1):91-93.

夏智伦,刘奇军,汤毓婷.县域内义务教育学校校长教师轮岗交流对策研究——以湖南省义务教育学校为例[J].当代教育论坛,2015(3):1-10.

谢秀英.教师流动不同方式经济影响分析[J].中国教育学刊,2010(3):8-10.

徐斌艳.名师培养基地专业特征研究——基于教师实践共同体的视角[J].教育发展研究,2010(24):56-60.

叶菊艳,卢乃桂."能量理论"视域下校长教师轮岗交流政策实施的思考[J].教育研究,2016(1):55-62.

叶菊艳.交流轮岗制度如何实现"人""校"双赢——教师交流轮岗制度完善的三个方向[J].人民教育,2022(23):39-44.

袁利平,戴妍.基于学习共同体的教师专业发展[J].中国教育学刊,2009(6):87-89.

曾艳,张佳伟.名师作为学习领导者的角色实践与困境——基于上海市名师工作室的案例研究[J].教师教育研究,2016(4):92-98.

张建,程凤春.名校集团化办学的学校治理:现实样态与实践理路[J].中国教育学刊,2016(8):16-22.

张平,朱鹏.教师实践共同体:教师专业发展的新视角[J].教师教育研究,2009(2):56-60.

张四方.互助协同的教师专业发展及其实现[J].教育发展研究,2013(20):68-73.

张宪冰,刘仲丽,张蓓蓓.桎梏、追问与消释:教师专业发展共同体文化探析[J].教育理论与实践,2016(28):36-39.

赵俊婷.纪录的视角:教师实践共同体知识获得机制[J].国家教育行政学院学报,2013(1):35-38.

赵志成,张佳伟.探索院校协作中实践共同体的建设:香港优质学校改进计划"联校教师专业发展日"的个案研究[J].教育学报(香港中文大学),2012(1-2):115-134.

中国教育科学研究院.教师流动促进学校均衡发展——校长视角下的义务教育教师流动状况调查分析[N].中国教育报,2012-08-27(3).

周萍,张忠华.论教师轮岗制度的人文关怀[J].教育理论与实践,2015(29):31-33.

朱洪翠,杨跃.关于中小学教师消极轮岗的调查与反思[J].教育导刊,2013(3):28-30.

朱利霞.实践共同体取向的学校教研组文化生态变革策略研究[J].中国教育学刊,

2020(5):97-102.

Achinstein B. Conflict amid community: The micropolitics of teacher collaboration [J]. Teachers College Record, 2002(3): 421-455.

Akkerman S F, Bakker A. Boundary crossing and boundary objects[J]. Review of Educational Research, 2011(2): 132-169.

Apple M. Educating the "Right" Way: Markets,Standards,God,and Inequality[M]. New York: Routledge, 2006.

Attard K. Public reflection within learning communities: An incessant type of professional development[J]. European Journal of Teacher Education, 2012(2): 199-211.

Au W. High-stakes testing and curricular control: A qualitative metasynthesis[J]. Educational Researcher, 2007(5): 258-267.

Aydarova O. Universal principles transform national priorities: Bologna Process and Russian teacher education[J]. Teaching and Teacher Education, 2014(37): 64-75.

Back M. Legitimate peripheral participation and language learning: Two Quichua learners in a transnational community[J]. Language Learning, 2011(4): 1039-1057.

Ball D L, Cohen D. Developing practitioners: Toward a practice-based theory of professional development[M]//Darling-Hammond L, Sykes G. Teaching as the Learning Profession: Handbook of Policy and Practice. San Francisco: Jossey-Bass, 1999: 3-32.

Ball S J. Performativity, commodification and commitment: An I-spy guide to the neoliberal university[J]. British Journal of Educational Studies, 2012(1): 17-28.

Ball S J. The teacher's soul and the terrors of performativity[J]. Journal of Education Policy, 2003(2): 215-228.

Bannister N A. Reframing practice: Teacher learning through interactions in a collaborative group[J]. Journal of the Learning Sciences, 2015(3): 347-372.

Barab S A, Duffy T M. From practice fields to communities of practice[M]// Jonassen D H, Land S M. Theoretical Foundations of Learning Environments. New York: Routledge, 2000: 25-44.

Bell B, Gilbert J. Teacher development as professional, personal, and social development[J]. Teaching and Teacher Education, 1994(5): 483-497.

Bhabha H K. The Location of Culture[M]. New York: Routledge, 1994.

Billett S. Learning through work: Workplace affordances and individual engagement [J]. Journal of Workplace Learning, 2001(5): 209-214.

Bogdan C R, Biklen S K. Qualitative Research for Education: An Introduction to Theories and Methods [M]. Boston: Allyn & Bacon, 2001.

Borko H. Professional development and teacher learning: Mapping the terrain[J]. Educational Researcher, 2004(8): 3-15.

Borzillo S, Aznar S, Schmitt A. A journey through communities of practice: How and why members move from the periphery to the core[J]. European Management Journal, 2011(1): 25-42.

Boylan M. Ecologies of participation in school classrooms[J]. Teaching and Teacher education, 2010(1): 61-70.

Brault M C, Janosz M, Archambault I. Effects of school composition and school climate on teacher expectations of students: A multilevel analysis [J]. Teaching and Teacher Education, 2014(44): 148-159.

Bryk A S. Organizing schools for improvement[J]. Phi Delta Kappan, 2010(7): 23-30.

Bryk A S. Support a science of performance improvement[J]. Phi Delta Kappan, 2009 (8): 597-600.

Butler D L, Lauscher H N, Jarvis-Selinger S, et al. Collaboration and self-regulation in teachers' professional development[J]. Teaching and Teacher Education, 2004(5): 435-455.

Cheng X, Wu L Y. The affordances of teacher professional learning communities: A case study of a Chinese secondary school[J]. Teaching and Teacher Education, 2016(58): 54-67.

Cherniss C, Extein M, Goleman D, et al. Emotional intelligence: What does the research really indicate? [J]. Educational Psychologist, 2006(4):239-245.

Cho J, Trent A. Validity in qualitative research revisited[J]. Qualitative Research, 2006(3): 319-340.

Clement M, Vandenberghe R. Teachers' professional development: A solitary or collegial (ad)venture? [J]. Teaching and Teacher Education, 2000(1): 81-101.

Cobb P, McClain K, De Silva Lamberg T, et al. Situating teachers' instructional practices in the institutional setting of the school and district[J]. Educational Researcher, 2003(6): 13-24.

Cochran-Smith M, Lytle S L. Teacher learning communities[M]// Gutherie J W. Encyclopedia of Education. New York: Macmillan, 2003: 2461-2469.

Cochran-Smith M. Teaching quality matters[J]. Journal of Teacher Education, 2003 (2): 95-98.

Cochran-Smith M, Lytle S L. Relationships of knowledge and practice: Teacher learning in communities[J]. Review of Research in Education, 1999(24): 251-307.

Cohen L, Manion L. Research Methods in Education[M]. London: Routledge, 1994.

Connelly F M, Clandinin D J. Teachers as Curriculum Planners: Narratives of Experience[M]. New York: Teachers College Press, 1995.

Contu A, Willmott H. Re-embedding situatedness: The importance of power relations in learning theory[J]. Organization Science, 2003(3): 283-296.

Correa J M, Martínez-Arbelaiz A, Aberasturi-Apraiz E. Post-modern reality shock: Beginning teachers as sojourners in communities of practice[J]. Teaching and Teacher Education, 2015(48): 66-74.

Creswell J W. Qualitative Inquiry and Research Design: Choosing among Five Approaches [M]. Thousand Oaks: Sage Publications, 2013.

Curnow J. Climbing the leadership ladder: Legitimate peripheral participation in student movements[J]. Interface: A Journal on Social Movements, 2014(1): 130-155.

Curnow J. Fight the power: Situated learning and conscientisation in a gendered community of practice[J]. Gender and Education, 2013(7): 834-850.

Daniel G R, Auhl G, Hastings W. Collaborative feedback and reflection for professional growth: Preparing first-year pre-service teachers for participation in the community of practice[J]. Asia-Pacific Jjournal of Teacher Education, 2013(2): 159-172.

Darling-Hammond L, McLaughlin M W. Policies that support professional development in an era of reform[J]. Phi Delta Kappan, 1995(8): 597-604.

Darling-Hammond L, Richardson N. Teacher learning: What matters[J]. Educational Leadership, 2009(5): 46-53.

Darling-Hammond L. Standards, accountability, and school reform[J]. The Teachers College Record, 2004(6): 1047-1085.

Day C, Sachs J. Professionalism, performativity and empowerment: Discourses in the politics, policies and purposes of continuing professional development[M]// Day C, Sachs J. International Handbook on the Continuing Professional Development of Teachers. Maidenhead: Open University Press, 2004: 3-32.

Day C. Developing Teachers, the Challenge of Lifelong Learning[M]. London, Philadelphia: Falmer Press, 1999.

Denzin N K, Lincoln Y S. The Handbook of Qualitative Research[M]. Thousand Oaks: Sage Publications, 1994.

Desimone L M. Improving impact studies of teachers' professional development: Toward better conceptualizations and measures[J]. Educational Researcher, 2009(3): 181-199.

Devos C, Dupriez V, Paquay L. Does the social working environment predict beginning teachers' self-efficacy and feelings of depression? [J]. Teaching and Teacher Education, 2012(2): 206-217.

Dobie T E, Anderson E R. Interaction in teacher communities: Three forms teachers use to express contrasting ideas in video clubs[J]. Teaching and Teacher Education, 2015 (47): 230-240.

Donnell L A, Gettinger M. Elementary school teachers' acceptability of school reform: Contribution of belief congruence, self-efficacy, and professional development[J]. Teaching and Teacher Education, 2015(51): 47-57.

Dubé L, Bourhis A, Jacob R, et al. Towards a typology of virtual communities of practice[J]. Interdisciplinary Journal of Information, Knowledge & Management, 2006 (1): 69-93.

Dunne F, Nave B, Lewis A. Critical friends groups: Teachers helping teachers to improve student learning[J]. Phi Delta Kappan, 2000(4): 31-37.

Elmore R. Leadership for effective middle school practice[J]. Phi Delta Kappan, 2000 (4): 268-269.

Engeström Y, Miettinen R, Punamäki R L. Perspectives on Activity Theory.

Cambridge: Cambridge University Press, 1999.

Engeström Y. Expansive learning at work: Toward an activity theoretical reconceptualization[J]. Journal of Education and Work, 2001 (1): 133-156.

Eraut M. Informal learning in the workplace[J]. Studies in Continuing Education, 2004 (2): 247-273.

Eteläpelto A, Vähäsantanen K, Hökkä P, et al. What is agency? Conceptualizing professional agency at work[J]. Educational Research Review, 2013(10): 45-65.

Evans L. The 'shape'of teacher professionalism in England: Professional standards, performance management, professional development and the changes proposed in the 2010 White Paper[J]. British Dducational Research Journal, 2011 (5): 851-870.

Evans L. What is teacher development? [J]. Oxford Review of Education, 2002 (1): 123-137.

Fenstermacher G D. The knower and the known: The nature of knowledge in research on teaching[J]. Review of Research in Education, 1994 (1): 3-56.

Fishman B J, Marx R W, Best S, et al. Linking teacher and student learning to improve professional development in systemic reform[J]. Teaching and Teacher Education, 2003 (6): 643-658.

Fletcher C, Baldry C. A study of individual differences and self-awareness in the context of multi-source feedback [J]. Journal of Occupational and Organizational Psychology, 2000 (3): 303-319.

Flint A S, Zisook K, Fisher T R. Not a one-shot deal: Generative professional development among experienced teachers[J]. Teaching and Reacher Education, 2011 (8): 1163-1169.

Flores M T. Navigating contradictory communities of practice in learning to teach for social justice[J]. Anthropology & Education Quarterly, 2007 (4): 380-404.

Forbes A, Skamp K. Knowing and learning about science in primary school 'communities of science practice': The views of participating scientists in the MyScience initiative[J]. Research in Science Education, 2013(43): 1005-1028.

Fox S. Communities of practice, Foucault and actor-Network theory[J]. Journal of Management Studies, 2000 (6): 853-868.

Fullan M. Planning, doing and coping with change[M] // Harris A, Bennett N, Preedy M. Organizational Effectiveness and Improvement in Education. Buckingham: Open University Press. 1997: 205-215.

Fuller A, Hodkinson H, Hodkinson P, et al. Learning as peripheral participation in communities of practice: A reassessment of key concepts in workplace learning[J]. British Educational Research Journal, 2005 (1): 49-68.

Fuller A, Unwin L. Learning as apprentices in the contemporary UK workplace: Creating and managing expansive and restrictive participation[J]. Journal of Education and Work, 2003 (4): 407-426.

Gallagher T, Griffin S, Parker D C, et al. Establishing and sustaining teacher educator professional development in a self-study community of practice: Pre-tenure teacher educators developing professionally [J]. Teaching and Teacher Education, 2011 (5): 880-890.

Gao S, Wang J. Teaching transformation under centralized curriculum and teacher learning community: Two Chinese chemistry teachers' experiences in developing inquiry-based instruction[J]. Teaching and Teacher Education, 2014(44): 1-11.

Gardiner C M. Legitimizing processes: Barriers and facilitators for experienced newcomers' entry transitions to knowledge practices[J]. Learning, Culture and Social Interaction, 2016(11): 105-116.

Gelfuso A, Dennis D V. Getting reflection off the page: The challenges of developing support structures for pre-service teacher reflection[J]. Teaching and Teacher Education, 2014(38): 1-11.

Giddens A. The Constitution of Society: Outline of the Theory of Structuration[M]. Cambridge: Polity Press, 1984.

Giles C, Hargreaves A. The sustainability of innovative schools as learning organizations and professional learning communities during standardized reform [J]. Educational Administration Quarterly, 2006 (1): 124-156.

Glazer E M, Hannafin M J. The collaborative apprenticeship model: Situated professional development within school settings[J]. Teaching and Teacher Education, 2006 (2): 179-193.

Gleeson M, Tait C. Teachers as sojourners: Transitory communities in short study-abroad programmes[J]. Teaching and Teacher Education, 2012 (8): 1144-1151.

Goodson I. Studying the teacher's life and work[J]. Teaching and Teacher Education, 1994 (1): 29-37.

Grosemans I, Boon A, Verclairen C, et al. Informal learning of primary school teachers: Considering the role of teaching experience and school culture[J]. Teaching and Teacher Education, 2015(47): 151-161.

Grossman P, Wineburg S, Woolworth S. Toward a theory of teacher community[J]. Teachers College Record, 2001 (6): 942-1012.

Guise M, Habib M, Thiessen K, et al. Continuum of co-teaching implementation: Moving from traditional student teaching to co-teaching [J]. Teaching and Teacher Education, 2017(66): 370-382.

Guskey T R. Professional development and teacher change [J]. Teachers and Teaching, 2002 (3): 381-391.

Guskey T R. Staff development and the process of teacher change[J]. Educational Researcher, 1986 (5): 5-12.

Hager P. Conceptions of learning and understanding learning at work[J]. Studies in Continuing Education, 2004 (1): 3-17.

Hager P. Current theories of workplace learning: A critical assessment[M]// Bascia N, Cumming A, Datnow A, et al. International Handbook of Educational Policy. Dordrecht: Kluwer, 2005: 829-846.

Hallinger P, Lee M, Ko J. Exploring the impact of school principals on teacher professional communities in Hong Kong[J]. Leadership and Policy in Schools, 2014 (3): 229-259.

Hallinger P. Leadership for learning: Lessons from 40 years of empirical research[J]. Journal of Educational Administration, 2011 (2): 125-142.

Hardy I. The Politics of Teacher Professional Development: Policy, Research and Practice[M]. New York: Routledge, 2012.

Hargreaves A, Fullan M G. Understanding Teacher Development[M]. New York: Teachers College Press, 1992.

Hargreaves A. Changing Teachers, Changing Times: Teachers' Work and Culture in the Postmodern Age[M]. New York: Teachers College Press, 1994.

Hargreaves A. Educational change takes ages: Life, career and generational factors in teachers' emotional responses to educational change[J]. Teaching and Teacher Education, 2005 (8): 967-983.

Hargreaves A. Push, pull and nudge: The future of teaching and educational change [M]//Zhu X, Zeichner K. Preparing Teachers for the 21st Century. Heidelberg: Springer, 2013: 217-236.

Hargreaves A. Sustainable professional learning communities[M]// Stoll L, Louis K S. Professional Learning Communities: Divergence, Depth and Dilemmas. Berkshire: Open University Press, 2007: 181-196.

Hargreaves A. The emotional geographies of teachers' relations with colleagues[J]. International Journal of Educational Research, 2001 (5): 503-527.

Heredia S C, Furtak E M, Morrison D, et al. Science teachers' representations of classroom practice in the process of formative assessment design[J]. Journal of Science Teacher Education, 2016 (7): 697-716.

Hindin A, Morocco C C, Mott E A, et al. More than just a group: Teacher collaboration and learning in the workplace[J]. Teachers and Teaching: Theory and Practice, 2007 (4): 349-376.

Hodkinson H, Hodkinson P. Improving schoolteachers' workplace learning [J]. Research Papers in Education, 2005 (2): 109-131.

Hodkinson H, Hodkinson P. Rethinking the concept of community of practice in relation to schoolteachers' workplace learning[J]. International Journal of Training and Development, 2004 (1): 21-31.

Hodkinson P, Hodkinson H, Evans K, et al. The significance of individual biography in workplace learning[J]. Studies in the Education of Adults, 2004 (1): 6-24.

Hodkinson P, Hodkinson H. The significance of individuals' dispositions in workplace learning: A case study of two teachers[J]. Journal of Education and Work, 2004 (2): 167-182.

Horn I S. Teaching replays, teaching rehearsals, and re-visions of practice: Learning from colleagues in a mathematics teacher community[J]. Teachers College Record, 2010 (1): 225-259.

Hoyle E. Professionalization and deprofessionalization in education [M]// Hoyle E, Megarry J. World Yearbook of Education 1980: The Professional Development of Teachers. London: Kogan Page, 1980: 42-54.

Hughes J, Jewson N, Unwin L. Communities of Practice: Critical Perspectives[M]. New York: Routledge, 2007.

Hung H T, Yeh H C. Forming a change environment to encourage professional development through a teacher study group[J]. Teaching and Teacher Education, 2013 (36): 153-165.

Jackson T O. Towards collective work and responsibility: Sources of support within a Freedom School teacher community[J]. Teaching and Teacher Education, 2009 (8): 1141-1149.

Johnston D H. "Sitting alone in the staffroom contemplating my future": Communities of practice, legitimate peripheral participation and student teachers' experiences of problematic school placements as guests[J]. Cambridge Journal of Education, 2016 (4): 533-551.

Kaasila R, Lauriala A. Towards a collaborative, interactionist model of teacher change [J]. Teaching and Teacher Education, 2010 (4): 854-862.

Karen P I, Bush S R. Educating students to cross boundaries between disciplines and cultures and between theory and practice[J]. International Journal of Sustainability in Higher Education, 2010 (1): 19-35.

Kelly P. What is teacher learning? A socio-cultural perspective[J]. Oxford Review of Education, 2006 (4): 505-519.

Kimble C, Hildreth P, Bourdon I. Communities of Practice: Creating Learning Environments for Educators[M]. Charlotte: Information Age, 2008.

Knight P. A systemic approach to professional development: Learning as practice[J]. Teaching and Teacher Education, 2002 (3): 229-241.

Kooy M, Van Veen K. Teacher Learning that Matters: International Perspectives. New York: Routledge, 2012.

Korte R. 'First, get to know them': A relational view of organizational socialization [J]. Human Resource Development International, 2010 (1): 27-43.

Koskinen K U, Pihlanto P. Competence transfer from old timers to newcomers analysed with the help of the holistic concept of man [J]. Knowledge and Process Management, 2006 (1): 3-12.

Kwakman K. Factors affecting teachers' participation in professional learning activities [J]. Teaching and Teacher Education, 2003 (2): 149-170.

Kyndt E, Gijbels D, Grosemans I, et al. Teachers' everyday professional development: Mapping informal learning activities, antecedents, and learning outcomes [J]. Review of Educational Research, 2016 (4): 1111-1150.

Lambson D. Novice teachers learning through participation in a teacher study group [J]. Teaching and Teacher Education, 2010 (8): 1660-1668.

Lave J, Wenger E. Situated Learning: Legitimate Peripheral Participation [M]. Cambridge: Cambridge University Press, 1991.

Le Maistre C, Paré A. Learning in two communities: The challenge for universities and workplaces[J]. Journal of Workplace Learning, 2004 (1/2): 44-52.

Leithwood K, Jantzi D, Steinbach R. Changing Leadership for Changing Times[M]. Buckingham: Open University Press, 1999.

Leithwood K, Jantzi D. Transformational school leadership for large-scale reform: Effects on students, teachers, and their classroom practices[J]. School Effectiveness and School Improvement, 2006 (2): 201-227.

Levine T H, Marcus A S. How the structure and focus of teachers' collaborative activities facilitate and constrain teacher learning[J]. Teaching and Teacher Education, 2010 (3): 389-398.

Li L C, Grimshaw J M, Nielsen C, et al. Evolution of Wenger's concept of community of practice[J]. Implementation Science, 2009(4): 1-8.

Lichtman M. Qualitative Research in Education: A User's Guide [M]. Los Angeles: Sage, 2012.

Lieberman A. Practices that support teacher development: Transforming conceptions of professional learning[J]. Innovating and Evaluating Science Education, 1995 (64):

67-78.

Lieberman J. Reinventing teacher professional norms and identities: The role of lesson study and learning communities[J]. Professional Development in Education, 2009 (1): 83-99.

Lincoln Y S. Emerging criteria for quality in qualitative and interpretive research[J]. Qualitative Inquiry, 1995 (3): 275-289.

Lipponen L, Kumpulainen K. Acting as accountable authors: Creating interactional spaces for agency work in teacher education[J]. Teaching and Teacher Education, 2011 (5): 812-819.

Little J W. Inside teacher community: Representations of classroom practice[J]. Teachers College Record, 2003 (6):913-945.

Little J W. Locating learning in teachers' communities of practice: Opening up problems of analysis in records of everyday work[J]. Teaching and Teacher Education, 2002 (8): 917-946.

Little J W. Teachers' professional development in climate of educational reform[J]. Educational Evaluation and Policy Analysis, 1993 (2): 129-151.

Loh J, Hu G. Subdued by the system: Neoliberalism and the beginning teacher[J]. Teaching and Teacher Education, 2014(41): 13-21.

MacDonald D, Tinning R. Reflective practice goes public: Reflection, governmentality and postmodernity [M]// Laker A. The Future of Physical Education: Building a New Pedagogy. London: Routledge, 2003: 82-101.

MacPhail A. Becoming a teacher educator: Legitimate participation and the reflexivity of being situated [M]// Fletcher T, Ovens A. Self-study in Physical Education: The Interplay between Scholarship and Practice. London: Springer, 2014: 47-62.

Mak B, Pun S H. Cultivating a teacher community of practice for sustainable professional development: Beyond planned efforts[J]. Teachers and Teaching, 2015 (1): 4-21.

Malcolm J, Hodkinson P, Colley H. The interrelationships between informal and formal learning[J]. Journal of Workplace Learning, 2003 (7/8): 313-318.

Maskit D. Teachers' attitudes toward pedagogical changes during various stages of professional development[J]. Teaching and Teacher Education, 2011 (5): 851-860.

Maynard T. The student teacher and the school community of practice: A consideration of 'learning as participation' [J]. Cambridge Journal of Education, 2001 (1): 39-52.

McLaughlin M W, Talbert J E. Professional Communities and the Work of High School Teaching[M]. Chicago: University of Chicago Press, 2001.

McMillan J H, Schumacher S. Research in Education [M]. New York: Longman, 2001.

Miles M B, HubermanmA M. Qualitative Data Analysis: An Expanded Sourcebook [M]. Newbury Park: Sage, 1994.

Morrell E. Legitimate peripheral participation as professional development: Lessons from a summer research seminar[J]. Teacher Education Quarterly, 2003 (2): 89-99.

Niesz T. Chasms and bridges: Generativity in the space between educators' communities of practice[J]. Teaching and Teacher Education, 2010 (1): 37-44.

Nissilä S P. Individual and collective reflection: How to meet the needs of development in teaching[J]. European Journal of Teacher Education, 2005 (2): 209-219.

Ovens A, Tinning,R. Reflection as situated practice: A memory-work study of lived experience in teacher education [J]. Teaching and Teacher Education, 2009 (8): 1125-1131.

Patton M Q. Qualitative Research & Evaluation Methods[M]. Thousand Oaks: Sage Publication, 2002.

Peterson P, Baker E, McGaw B. International Encyclopedia of Education [M]. Oxford: Elsevier, 2010.

Printy S M. Leadership for teacher learning: A community of practice perspective[J]. Educational Administration Quarterly, 2008 (2): 187-226.

Putnam R T, Borko H. What do new views of knowledge and thinking have to say about research on teacher learning? [J]. Educational Researcher, 2000 (1): 4-15.

Pyhältö K, Pietarinen J, Soini T. Teachers' professional agency and learning-From adaption to active modification in the teacher community[J]. Teachers and Teaching, 2015 (7): 811-830.

Richter D, Kunter M, Klusmann U, et al. Professional development across the teaching career: Teachers' uptake of formal and informal learning opportunities [J]. Teaching and Teacher Education, 2011 (1):116-126.

Riveros A, Newton P, Burgess D. A situated account of teacher agency and learning: Critical reflections on professional learning communities [J]. Canadian Journal of Education, 2012 (1): 202-216.

Roberts J, Graham S. Agency and conformity in school-based teacher training[J]. Teaching and Teacher Education, 2008 (6): 1401-1412.

Roberts J. From know-how to show-how? Questioning the role of information and communication technologies in knowledge transfer[J]. Technology Analysis & Strategic Management, 2000 (4): 429-443.

Roberts J. Limits to communities of practice[J]. Journal of Management Studies, 2006 (3): 623-639.

Rogers R, Fuller C. "As if you heard it from your momma": Redesigning histories of participation with literacy education in an adult education class[M]// Lewis C, Enciso P, Moje E B. Reframing Sociocultural Research on Literacy: Identity, Agency, and Power. Mahwah: Lawrence Erlbaum, 2007: 75-114.

Ross E W, Gibson R. Neoliberalism and Education Reform[M]. Cresskill: Hampton Press, 2007.

Sachs J. The activist professional[J]. Journal of Educational Change, 2000 (1): 77-94.

Saigal A. Demonstrating a situated learning approach for in-service teacher education in rural India: The Quality Education Programme in Rajasthan[J]. Teaching and Teacher Education, 2012 (7): 1009-1017.

Sannino A. Teachers' talk of experiencing: Conflict, resistance and agency [J]. Teaching and Teacher Education, 2010 (4): 838-844.

Sargent T C, Hannum E. Doing more with less: Teacher professional learning communities in resource-constrained primary schools in rural China[J]. Journal of Teacher Education, 2009 (3): 258-276.

Schleicher A. Lessons from the world on effective teaching and learning environments

[J]. Journal of Teacher Education, 2011 (2): 202-221.

Schön D A. Educating the Reflective Practitioner: Toward a New Design for Teaching and Learning in the Professions[M]. San Francisco: Jossey-Bass, 1987.

Scribner J P, Sawyer R K, Watson S T, et al. Teacher teams and distributed leadership: A study of group discourse and collaboration[J]. Educational Administration Quarterly, 2007 (1): 67-100.

Sfard A. On two metaphors for learning and the dangers of choosing just one[J]. Educational Researcher, 1998 (2): 4-13.

Shulman L. Knowledge and teaching: Foundations of the new reform[J]. Harvard Educational Review, 1987 (1): 1-23.

Skerrett A. "There's going to be community. There's going to be knowledge": Designs for learning in a standardised age[J]. Teaching and Teacher Education, 2010 (3): 648-655.

Spillane J P, Halverson R, Diamond J B. Towards a theory of leadership practice: A distributed perspective[J]. Journal of Curriculum Studies, 2004 (1): 3-34.

Stake R E. The Art of Case Study Research[M]. Thousand Oaks: Sage Publications, 1995.

Star S L, Griesemer J R. Institutional ecology, translations' and boundary objects: Amateurs and professionals in Berkeley's Museum of Vertebrate Zoology, 1907-1939[J]. Social Studies of Science, 1989 (3): 387-420.

Star S. This is not a boundary object: Reflections on the origin of a concept[J]. Science, Technology, & Human Values, 2010 (5): 601-617.

Steger M B, Roy R K. Neoliberalism: A Very Short Introduction[M]. Oxford: Oxford University Press, 2010.

Stein M K, Silver E A, Smith M S. Mathematics reform and teacher development: A community of practice perspective [M]//Greeno J, Goldman S. Thinking Practices in Mathematics Science and Learning. New York: Routledge, 2013: 17-52.

Stein M K, Smith M S, Silver E A. The development of professional developers: Learning to assist teachers in new settings in new ways[J]. Harvard Educational Review, 1999 (3): 237-270.

Stoll L, Bolam R, McMahon A, et al. Professional learning communities: A review of the literature[J]. Journal of Educational Change, 2006 (4): 221-258.

Strauss A, Corbin J. Basics of Qualitative Research Techniques[M]. Thousand Oaks: Sage Publications, 1998.

Street C. Examining learning to teach through a social lens: How mentors guide newcomers into a professional community of learners[J]. Teacher Education Quarterly, 2004 (2): 7-24.

Suchman L. Working relations of technology production and use [J]. Computer Supported Cooperative Work, 1994(2): 21-39.

Supovitz J A. Developing communities of instructional practice[J]. Teachers College Record, 2002 (8): 1591-1626.

Takahashi S. Co-constructing efficacy: A "communities of practice" perspective on teachers' efficacy beliefs[J]. Teaching and Teacher Education, 2011 (4): 732-741.

Toom A, Pyhältö K, Rust F O C. Teachers' professional agency in contradictory times[J]. Teachers and Teaching, 2015 (6): 615-623.

Tsui A B M, Edwards G, Lopez-Real F, et al. Learning in School-university Partnership: Sociocultural Perspectives[M]. New York: Routledge, 2009.

Tsui A B M, Law D Y. Learning as boundary-crossing in school-university partnership[J]. Teaching and Teacher Education, 2007 (8): 1289-1301.

Tsui A B M, Wong J L N. In search of a third space: Teacher development in Mainland China [M]// Chan C K, Rao N. Revisiting the Chinese Learner: Changing Contexts, Changing Education. Hong Kong: Springer, 2009: 281-311.

Tynjälä P. Perspectives into learning at the workplace[J]. Educational Research Review, 2008 (2): 130-154.

Valli L, Buese D. The changing roles of teachers in an era of high-stakes accountability[J]. American Educational Research Journal, 2007 (3): 519-558.

Van Driel J, Beijaard D, Verloop N. Professional development and reform in science education: The role of teachers' practical knowledge[J]. Journal of Research in Science Teaching, 2001 (2): 137-158

Van Es E A. Examining the development of a teacher learning community: The case of a video club[J]. Teaching and Teacher Education, 2012 (2): 182-192.

Vangrieken K, Meredith C, Packer T, et al. Teacher communities as a context for professional development: A systematic review[J]. Teaching and Teacher Education, 2017 (61): 47-59.

Vause L P. Content and Context: Professional Learning Communities in Mathematics [D]. Ann Arbor: Toronto: University of Toronto, 2009.

Waitoller F R, Kozleski E B. Working in boundary practices: Identity development and learning in partnerships for inclusive education[J]. Teaching and Teacher Education, 2013(31): 35-45.

Walker D, Nocon H. Boundary-crossing competence: Theoretical considerations and educational design[J]. Mind, Culture, and Activity, 2007 (3): 178-195.

Wang J, Paine L W. Learning to teach with mandated curriculum and public examination of teaching as contexts[J]. Teaching and Teacher Education, 2003 (1): 75-94.

Wang X, Wong J L. Teacher leaders' brokerage practice in China: Impact on teacher learning in a school-university partnership[J]. Educational Management Administration & Leadership, 2023 (3): 751-768.

Wang X, Wong J L. How do primary school teachers develop knowledge by crossing boundaries in the school-university partnership? A case study in China[J]. Asia-Pacific Journal of Teacher Education, 2017 (5): 487-504.

Webster-Wright A. Reframing professional development through understanding authentic professional learning[J]. Review of Educational Research, 2009 (2): 702-739.

Wenger E, McDermott R A, Snyder W. Cultivating Communities of Practice: A Guide to Managing Knowledge[M]. Boston: Harvard Business Press, 2002.

Wenger E, Snyder W. Communities of practice: The organizational frontier[J]. Harvard Business Review, 2000 (1): 139-146.

Wenger E. Communities of practice and social learning systems: The career of a concept[M]// Blackmore C. Social Learning Systems and Communities of Practice. London: Springer, 2010: 179-198.

Wenger E. Communities of practice and social learning systems[J]. Organization,

2000 (2): 225-246.

Wenger E. Communities of practice and social learning systems[M]//Nicolini D. Gherardi S, Yanow D. Knowing in Organizations: A Practice-based Approach. New York: Routledge, 2002: 76-99.

Wenger E. Communities of practice: Learning as a social system[J]. Systems Thinker, 1998 (5): 2-3.

Wenger E. Communities of Practice: Learning, Meaning, and Identity [M]. Cambridge: Cambridge University Press, 1998.

Wenger-Trayner E C, Wenger-Trayner B. Learning in a landscape of practice: A framework[M]// Wenger-Trayner E, Fenton-Creevy M, Hutchinson S, et al. Learning in Landscapes of Practice: Boundaries, Identity and Knowledgeability in Practice-based Learning. New York: Routledge, 2015: 13-29.

Wentworth P A, Peterson B E. Crossing the line: Case studies of identity development in first-generation college women[J]. Journal of Adult Development, 2001 (1): 9-21.

Whitcomb J, Borko H, Liston D. Growing talent: Promising professional development models and practices[J]. Journal of Teacher Education, 2009 (3): 207-212.

Williams E J, Matthews J, Baugh S. Developing a mentoring internship model for school leadership: Using legitimate peripheral participation[J]. Mentoring & Tutoring: Partnership in Learning, 2004 (1): 53-70.

Williams J, Corbin B, McNamara O. Finding inquiry in discourses of audit and reform in primary schools[J]. International Journal of Educational Research, 2007 (46): 57-67.

Wilson S M, Berne J. Teacher learning and the acquisition of professional knowledge: An examination of research on contemporary professional development[J]. Review of Research in Education, 1999 (1): 173-209.

Wohlers A I, London M. Ratings of managerial characteristics: Evaluation difficulty, co-worker agreement, and self-awareness[J]. Personnel Psychology, 1989(2): 235-261.

Wong J L N. Searching for good practice in teaching: A comparison of two subject-based professional learning communities in a secondary school in Shanghai[J]. Compare: A Journal of Comparative and International Education, 2010 (5): 623-639.

Wong J L N. What makes a professional learning community possible? A case study of a mathematics department in a junior secondary school of China[J]. Asia Pacific Education Review, 2010 (11): 131-139.

Wong J L. How do teachers learn through engaging in school-based teacher learning activities? Applying a knowledge conversion perspective[J]. The Asia-Pacific Education Researcher, 2015(24): 45-55.

Yin R K. Case Study Research: Design and Methods [M]. London: Sage Publications, 2003.

Yin R K. Validity and generalization in future case study evaluations[J]. Evaluation, 2013 (3): 321-332.

Young A M, MacPhail A. "Standing on the periphery": Cooperating teachers' perceptions and responses to the role of supervision[J]. European Physical Education Review, 2015 (2): 222-237.

Yuan R, Burns A. Teacher identity development through action research: A Chinese experience[J]. Teachers and Teaching, 2017 (6): 729-749.

Zárraga-Oberty C. Communities of practice as work teams to knowledge management [M]//Hernaez O, Campos E. Handbook of Research on Communities of Practice for Organizational Management and Networking: Methodologies for Competitive Advantage. Hershey: IGI Global, 2011: 32-45.

Zorn T E, Taylor J R. Knowledge management and/as organizational communication [M]//Tourish D, Hargie O. Key Issues in Organizational Communication. London: Routledge, 2004: 96-112.

附　录

附录一　受访者招募书

尊敬的老师：

您好！

我是香港中文大学教育学院的博士生，正在进行一项有关交流轮岗教师的研究，很想和您聊一聊您参与交流轮岗的经历。如果您愿意参加这项研究的话，我们聊天的内容会在您允许的情况下，仅用作学术研究。您的姓名和任何可能泄露身份的信息都会被隐去。访谈大约持续一个小时。如果您对这项研究还有任何疑问，请您随时与我取得联系，非常感谢。

研究者：_____

招募日期：_____

附录二　知情同意书

第一，我已经阅读受访者招募书，并且自愿参与这项研究。

第二，我知道研究者会严格保护我的个人隐私信息，任何可能泄露我个人身份的信息都会被匿名化处理。

第三，我同意对整个访谈的过程进行录音，以便研究者进行后期的文字整理。

第四，我了解在研究过程中我随时可以终止继续参与这项研究，无需提供任何理由或担心任何不利后果。

第五，我同意研究者将研究的结果按照匿名处理的方式，仅用于学术研究。

我＿＿＿＿＿＿＿＿（姓名）已经阅读并且理解上述信息，并且愿意参加这项研究。

研究参与者：＿＿＿＿＿＿＿

签署日期：＿＿＿＿＿＿＿

附录三　田野调查的访谈提纲

对轮岗教师的访谈提纲

1. 来了一段时间,您最需要适应的是什么? 您觉得在这一过程中扮演了怎样的角色,您觉得影响您参与的因素是什么? 请举具体例子说明。

2. 您觉得在教研组或备课组中与其他教师的教研活动是为了达成怎样的合作目标? 您如何看待这一目标,对您参与教研活动有何影响? 请具体举例说明。

3. 您如何把原来学校的一些经验带过来呢? 您认为您原来学校的经验在现在这个学校合用吗? 请具体举例说明。

4. 您在教研组或备课组与其他教师的讨论过程中是否形成新的教学资源、观点或教学方式等? 是如何发展起来的? 请具体举例说明。

5. 谈一下您最近一次与组内老师交流的经验,请举具体的例子说明。

6. 在您印象最深的一次公开课的讨论中,您是如何与其他教师分享您的想法与经验的? 请具体举例说明。

7. 您与教研组或备课组中的其他老师如何处理不同的教学见解? 请举例说明。

8. 您刚开始来到交流轮岗的学校时对学校以及这里的同事有怎样的感受?

9. 您向流入校教师分享了哪些经验? 您如何领会哪些议题将有助于流入校教师的专业发展? 请围绕具体的经验举例说明。

10. 您在哪些情境协助流入校教师专业发展? 请结合具体的情境举例说明。

11. 您有在学校层面、教研组或备课组中具体担任某些职务吗? 如何承担这些责任?

12. 您如何影响流入校教师发展新的教学实践? 您如何与流入校老师共

同商讨新的教学实践？请结合具体的教学实践举例说明。

13. 您的教学实践如何在流入校的备课组或教研组以及整体学校层面被推广？

14. 在逐步融入教研组或备课组以及流入校的过程中,您遇到了怎样的困难或问题？请结合您的经历具体举例说明。

15. 您所在的交流轮岗的学校对您的到来是什么样的态度？在交流轮岗的过程中,学校对您工作的开展有给予一定的支持吗？哪些方面的支持？请举例说明。

对非轮岗教师的访谈提纲

1. 您可以跟我分享一下您最近一次或印象最深的公开课准备吗？请举具体的例子说明。

2. 轮岗教师带来了哪些资源？他们是如何与您分享这些资源的？您觉得这些经验可以用到自己的课堂上吗？请举具体的例子说明。

3. 轮岗教师在与您交流的过程中,是否形成新的教学观点或教学方式等？是如何发展起来的？请结合具体的教学观点或方式举例说明。

4. 不同的老师的见解有所不同,当遇到观点冲突时,教研组或备课组的老师们是如何处理的？

5. 您觉得在教研组或备课组中与其他教师的教研活动是为了达成怎样的合作目标？您如何看待这一目标,对您参与教研活动有何影响？

6. 轮岗教师是如何参与教研组或备课组的教研活动的？您觉得影响他们参与活动的因素是什么？为什么？请举例说明。

7. 对于轮岗教师的到来您有什么样的感受,您如何看待轮岗教师在学校交流的经历？

8. 轮岗教师刚进入学校教研组或备课组时,他们是如何与你展开交流的？

9. 您如何看待轮岗教师这一角色？您是如何与轮岗教师建立联系展开互动的？

10. 轮岗教师在教研组或备课组中承担了怎样的责任？他们是如何承担这些责任的？请举具体的例子说明。

11. 轮岗教师是否提出或发起创新性的教学实践？发起了哪些创新性的教学实践？是如何提出的？请结合具体的教学实践举例说明。

12. 对于轮岗教师提出或发起的创新性教学实践，他是如何在备课组或教研组以及整个学校层面推广这一实践的？

13. 您觉得轮岗教师在进入教研组或备课组逐步发挥作用的过程中，是否有让您觉得不太适应的地方？有哪些不太适应之处？请举具体的例子说明。

14. 您怎样看待轮岗教师在教研组或备课组以及学校层面扮演的角色？请结合您的感受举具体的例子说明。

15. 学校对轮岗教师的到来及其作用的发挥有给予一定的支持吗？给予了哪些方面的支持，请举例说明。